La ESPIRITUALIDAD de los AÑOS

"¿Es usted uno de los nacidos a mediados del siglo XX, que va a toda velocidad por la vida y al mismo tiempo quisiera dar marcha atrás para no envejecer? Todos lo intentamos. La sabiduría de este libro le hará seguir adelante con más calma, pues ilumina el sendero del crecimiento espiritual y nos ayuda a asumir nuestros fracasos y hacer la transición hacia lo que realmente importa. Los autores, un ex jesuita y una mujer de ascendencia judía, han escrito una hermosa obra gracias a sus profundas investigaciones y experiencias personales. Es el mejor libro que he leído sobre esta importantísima transición".

GAIL SHEEHY, AUTORA DE
DARING: MY PASSAGES [AUDACIA: MIS TRANSICIONES]

"Al fin, un libro sobre el envejecimiento que no ve esa etapa de la vida como un problema que resolver ni como una dificultad que superar. Ve la tercera edad como un regalo y una oportunidad. Con la edad, alcanzamos por lo menos cierta sabiduría, y esa sabiduría es pertinente para personas de todas las generaciones. Disfruté este excelente volumen y se lo recomiendo a quien siga siendo buscador de la plenitud de la vida, como espero que lo seamos todos".

HARVEY G. COX,
PROFESOR INVESTIGADOR DE DIVINIDAD,
UNIVERSIDAD DE HARVARD, Y AUTOR DE *EL FUTURO DE LA FE*

"Una mirada profunda a nuestro interior por dos especialistas en el envejecimiento, un hombre y una mujer, ambos de la generación de posguerra. Describen el envejecimiento como una experiencia espiritual y, a diferencia de muchas opiniones actuales que afirman que la gente se está alejando de la religión (sobre todo quienes dicen que son espirituales, pero no religiosos), invierten esa perspectiva.

Personas de distintas tradiciones religiosas o de ideas seculares encontrarán por igual que este libro es interesante y esclarecedor".

WADE CLARK ROOF,
PROFESOR EMÉRITO DE RELIGIÓN Y SOCIEDAD,
UNIVERSIDAD DE CALIFORNIA EN SANTA BARBARA

"Este sabio y encantador libro invita a los lectores a tomarse en serio su llegada a la tercera edad como una oportunidad para madurar con sabiduría espiritual. Los autores nos piden dar respuesta a veinticinco preguntas que nos ayudarán a alcanzar esa sabiduría. Revelan su propia forma de pensar al intentar dar respuesta a las preguntas que hacen y, de paso, nos llevan a desarrollar nuestra propia espiritualidad del envejecimiento. Los lectores coincidirán conmigo en agradecerles su generosidad y sabiduría".

REV. WILLIAM A. BARRY, S.J.,
AUTOR DE *PRAYING THE TRUTH: DEEPENING YOUR
FRIENDSHIP WITH GOD THROUGH HONEST PRAYER*
[ORAR CON LA VERDAD: PROFUNDICE
SU AMISTAD CON DIOS MEDIANTE LA ORACIÓN SINCERA]

"*La espiritualidad de los años* colma un vacío importante, pues no nos dice lo que deberíamos pensar sobre este tema, sino que nos presenta una amplia gama de preguntas vitales que pueden alimentar la imaginación de los propios lectores. Los autores saben que no existe un camino único para alcanzar la espiritualidad que viene con los años, y que tenemos que descubrir nuestras propias respuestas singulares, energizantes y motivadoras. El modelo que proponen es elocuente, razonado y útil. El tiempo que dediquemos a este libro será recompensado con gran sabiduría y orientación".

DR. ROBERT C. ATCHLEY, AUTOR DE
SPIRITUALITY AND AGING [LA ESPIRITUALIDAD Y EL ENVEJECIMIENTO]

"Para quienes respondemos al llamamiento a profundizar la espiritualidad en la tercera edad, *La espiritualidad de los años* es un recurso incomparable. Las preguntas que son la esencia de este inspirador libro son las mismas que muchos ya nos hemos hecho.

Y las respuestas llenas de experiencia de los autores, así como los ejercicios que sugieren, serán invalorables para ayudar a los lectores a entender las múltiples facetas de su propio potencial y desarrollo espiritual a medida que envejecen".

RON PEVNY, DIRECTOR DEL CENTRO
PARA EL ENVEJECIMIENTO CONCIENTE
Y AUTOR DE *CONSCIOUS LIVING, CONSCIOUS AGING*
[VIDA CONCIENTE, ENVEJECIMIENTO CONCIENTE]

"En estos tiempos se oye hablar a menudo de espiritualidad. La búsqueda espiritual es una esfera vital y continua de reflexión personal para estos autores. Nos alientan a definir lo que esa palabra significa para nosotros. Este libro nos abre la puerta a todos para explorar nuestro propio crecimiento, ideas, paz interior y aprendizaje continuo que nos llama a medida que envejecemos".

CONNIE GOLDMAN, AUTORA DE
WHO AM I NOW THAT I'M NOT WHO I WAS?
[¿QUIÉN SOY, AHORA QUE HE DEJADO DE SER QUIEN ERA?]

"Todos envejecemos, pero pocos se vuelven más sabios con la edad. En nuestra búsqueda de una práctica espiritual 'auténtica', ignoramos la que se nos dio automáticamente al nacer: la del paso de los años. *La espiritualidad de los años* nos coloca firmemente sobre ese sendero. Este libro, más que leerlo, hay que vivirlo".

RABINO RAMI SHAPIRO, AUTOR DE
PERENNIAL WISDOM FOR THE SPIRITUALLY INDEPENDENT
[SABIDURÍA PERENNE PARA ESPÍRITUS INDEPENDIENTES]

"Los autores son guías compasivos en la travesía del envejecimiento. Instan al lector a enfrentar con sinceridad y valor el camino que tiene por delante. Mediante la sabiduría que ellos mismos han ido adquiriendo, aportan una luz de esperanza para todos los que, tarde o temprano, dejaremos atrás la salud, la ilusión y la propia vida".

RABINA DAYLE A. FRIEDMAN,
AUTORA DE *JEWISH WISDOM FOR GROWING OLDER*
[SABIDURÍA JUDÍA PARA LA TERCERA EDAD]

"¡Los autores han creado una obra maestra! Este libro es una lectura obligada para todos los que enfrentamos la búsqueda de significado y propósito en las etapas avanzadas de la vida. Con sus honestas, profundas y agudas perspectivas de punto y contrapunto sobre veinticinco de los principales desafíos relacionados con la edad, esta obra enriquecerá y hará más profundas las vidas de todos sus lectores y será especialmente útil para quienes guían a adultos mayores por el camino del crecimiento psicoespiritual en la segunda mitad de la vida. ¡Este libro será mi regalo de Navidad para todos mis amigos mayores de cincuenta años!".

Dra. Jane M. Thibault,
Gerontóloga clínica y Profesora Emérita,
Facultad de Medicina de la Universidad de Louisville

"La propia estructura de este libro, conformado en torno a cuestiones sobre las que cada uno de nosotros tendrá respuestas distintas e individuales, insiste en que, en nuestros tiempos, la tercera edad puede ser un período de crecimiento y descubrimiento espiritual, de realización de la vida, y no una deprimente etapa terminal".

Mary Catherine Bateson,
antropóloga cultural y autora de
Composing a Further Life [Componer otra vida]

"Los autores han escrito una obra excepcionalmente sabia y oportuna. Al lidiar con las difíciles preguntas espirituales que tan a menudo perturban nuestros años de vejez, profundizan en busca de respuestas personales y alientan generosamente al lector a hacer lo mismo. Prepárese, pues tendrá que reflexionar sobre todas sus creencias acerca del envejecimiento y, al hacerlo, deberá aceptar sus propias respuestas. Es un libro perfecto para el crecimiento personal y para clubes de lectura y enseñanza".

Dr. John C. Robinson,
psicólogo, ministro interconfesional, y
autor de *The Three Secrets of Aging*
[Los tres secretos de la tercera edad]

"Para mi deleite, este libro me llevó a hacerme preguntas en las que nunca antes había pensado con tanta claridad. Los autores les dan sus propias respuestas, siguiendo un criterio particular que no resulta excesivo ni impositivo. Abandoné la seguridad del lector como espectador y acepté el reto del lector como participante. Mi propia indagación espiritual comenzó a ser más refrescante".

WENDY LUSTBADER, MSW,
AUTORA DE *LIFE GETS BETTER: THE UNEXPECTED PLEASURES OF GROWING OLDER*
[LA VIDA MEJORA: LOS PLACERES INESPERADOS DE LA TERCERA EDAD]

La
ESPIRITUALIDAD
de los AÑOS

Guía sobre la tercera edad
para buscadores espirituales

Dr. ROBERT L. WEBER
y Dra. CAROL ORSBORN

Traducción por Ramón Soto

Inner Traditions en Español
Rochester, Vermont • Toronto, Canadá

Inner Traditions en Español
One Park Street
Rochester, Vermont 05767
www.InnerTraditions.com

Inner Traditions en Español es una división de Inner Traditions International

Título original: *The Spirituality of Age: A Seeker's Guide to Growing Older*, publicado por Park Street Press, sección de Inner Traditions International

Las citas de las Sagradas Escrituras en la versión inglesa provienen de la New Revised Standard Version Bible © 1989, División de Educación Cristiana del Consejo Nacional de Iglesias de Cristo en los Estados Unidos de América. Utilizadas con autorización. Todos los derechos reservados.

"Casa de huéspedes" por Rumi.

"Oración para pedir la gracia de envejecer bien" por Teilhard de Chardin, utilizada con autorización: © Instituto de Fuentes Jesuíticas del Instituto de Estudios Jesuíticos Avanzados, Boston College, Chestnut Hill, Massachusetts. Todos los derechos reservados.

Algunos de los ensayos de Carol Osborn son reformulaciones de relatos o reflexiones que ella había compartido en sus blogs, que se enumeran en la sección "Acerca de los autores" en la página 242.

ISBN 978-1-62055-627-6 (pbk.)—ISBN 978-1-62055-628-3 (e-book)

Impreso y encuadernado en Canadá por Webcom Inc.

10 9 8 7 6 5 4 3 2 1

Diseño del texto por Debbie Glogover y diagramación por Priscilla Baker Este libro ha sido compuesto con la tipografía Garamond Premier Pro y la presentación con las tipografías Granjon y Futura.

A nuestra generación irreprimible de buscadores,
muchos de los cuales
se suman a nosotros para dar el salto a
la vejez no solamente como sendero espiritual,
sino como experiencia mística.

Nota a los lectores

Ofrecemos gustosamente este libro a lectores de todas las tradiciones, religiones, creencias y comunidades, y esperamos que utilicen estas veinticinco preguntas esenciales como punto de partida para conectarse con su propia fuente de orientación e inspiración. Debido a que los dos autores nos criamos en sistemas de creencias centrados en Dios, en nuestras respuestas a las preguntas solemos referirnos a la Divinidad como "Dios", pues utilizamos la terminología que mayor sentido tiene para nosotros. No obstante, reconocemos que hay muchos lectores que tal vez sean "espirituales, pero no religiosos". Este libro también es para ellos. Cuando utilizamos términos como "la Divinidad" o "lo Divino" y otros similares en las secciones de introducción, la intención no es más que extenderles una invitación abierta a entrar en una relación más íntima con aquello que, en última instancia, trasciende toda definición.

Contenido

Apéndice

Llamamiento a dar un salto de fe

Dr. Harry R. Moody

Como todos sabemos, la vejez llega aunque no queramos. Si la aceptamos conscientemente, la sensación de que nos queda poco tiempo y que tenemos muchas preguntas importantes que aún no han recibido respuesta puede ser uno de los momentos del "llamamiento": un mensaje que nos pide encontrar lo que es más profundo y auténtico en nosotros. Es el llamamiento a "regresar a casa" que tenemos la suerte de escuchar algunos de nosotros que no nos limitamos a envejecer, sino a entrar conscientemente en la tercera edad.

No todo el mundo escucha ese llamamiento y algunos se limitan a apretar el botón para acallar la alarma y seguir durmiendo: "Sí, lo haré cuando me jubile" o "Hay preguntas que simplemente no tienen respuesta", etc.

Pero si la pregunta "¿Cómo viviré?" se convierte en una duda acuciante, o incluso irresistible, pasamos entonces a la etapa siguiente de la evolución del alma, cuando reconocemos la necesidad de orientación, de un mapa. En su forma más elemental, necesitamos saber que no estamos locos. Debemos hablar con otras personas que han pasado por un proceso similar si es que queremos encontrar la orientación necesaria.

Ahí es donde *La espiritualidad de los años* se convierte en una importante fuente de ayuda. Lo que han aportado los autores Bob Weber y Carol Orsborn con su nuevo libro es el llamamiento a dar un salto de fe, a un despertar que nos exhorta a asumir la responsabilidad de nuestras vidas. Como lo demuestra *La espiritualidad de los años,* el hecho de recibir orientación buena y válida no exonera al buscador de la responsabilidad y la libertad de elegir, de emitir juicios, de buscar el camino que sea verdaderamente suyo.

Sin embargo, a veces es más fácil decirlo que hacerlo. Cuando recibimos el Llamamiento en una etapa avanzada de la vida, pronto nos encontraremos como en un bazar lleno de opciones desconcertantes: ir a la sección de autoayuda de la librería, encender el lector de libros electrónicos, comenzar a buscar en Internet, conseguir un catálogo de programas de estudios para personas de edad, visitar las iglesias o a los psicoterapeutas, o hablar con amigos y otros buscadores. El simple hecho de escribir esa lista es agotador. Tratar de hacerla realidad, y elegir bien en todo momento, es imposible... a menos que tengamos orientación.

Una vez más, ahí es donde se vuelve indispensable *La espiritualidad de los años.* Los autores nos dicen que nos volvemos sabios única y exclusivamente si aprendemos a amar las preguntas. Al igual que Sócrates, su sabiduría se deriva de la transparencia de sus propias preguntas y de su comedimiento para no imponer a otros sus conclusiones. Lo que sí es coherente en todo momento es su reconocimiento del carácter central de la búsqueda espiritual (es decir, la búsqueda de significado) en las etapas avanzadas de la vida. Y ese reconocimiento es la comprensión de que el "envejecimiento provechoso" no debe limitarse a la simple adición de nuevos aniversarios ni a la simple repetición de los pasos que hasta ahora nos han ayudado a avanzar en la vida. En otras palabras, el envejecimiento verdaderamente "provechoso" es el que viene acompañado de preguntas sobre lo que ese término significa en definitiva.

En su primer capítulo los autores citan el consejo de Rilke:

> Ten paciencia con todo lo que está sin resolver en tu corazón y trata de amar las preguntas mismas, como si fueran cuartos cerrados o libros que por ahora están escritos en un idioma muy extraño. No busques todavía las respuestas, que no se te pueden dar porque aún no podrías vivirlas. Y la idea es vivirlo todo. Vive ahora las preguntas. Tal vez luego, gradualmente y sin darte cuenta, algún día distante vivirás en la respuesta[1].

Rilke escribió esas sabias palabras en sus *Cartas a un joven poeta*. Pero su orientación se aplica por igual a las etapas avanzadas de la vida, con una importante salvedad: no podemos prever que, "gradualmente y sin darnos cuenta", llegaremos a vivir las respuestas "algún día distante". El reloj avanza y el día distante tiene que ser inminente. Escribo estas palabras en la víspera de mi septuagésimo cumpleaños, por lo que tengo muy presente que ninguno de nosotros puede saber cuánto tiempo le queda.

Por eso la orientación al buscador significa llamar nuestra atención a esta verdad fundamental: tanto el Llamamiento como la Búsqueda no llegan a término al alcanzar "la paz mental", sino en la Lucha. Esa Lucha (ese algo "extra" que cada uno debe aportar para poder envejecer sabiamente) es el tema de este maravilloso libro. Es muy afortunado el lector, porque aquí hallará la orientación que busca. Quien esté listo para adentrarse en esta aventura, encontrará en *La espiritualidad de los años* un mapa indispensable.

Harry. R. Moody es Profesor Invitado Distinguido del Programa de Longevidad y Sabiduría Creativa, del Programa de Posgrado de la Universidad de Fielding, y director emérito de Asuntos Académicos y vicepresidente de la Asociación Estadounidense de Jubilados (AARP, sigla en inglés). Es autor de numerosos libros y artículos, incluido el clásico *The Five Stages of the Soul* [Las cinco etapas del alma].

Entre sus otros títulos cabe mencionar: *Abundance of Life: Human Development Policies for an Aging Society* [La abundancia de la vida: Políticas de desarrollo humano para una sociedad que envejece], *Ethics in an Aging Society* [Ética en una sociedad que envejece] y *Aging: Concepts and Controversies* [El envejecimiento: Conceptos y controversias], un libro de texto de gerontología que ya se encuentra en su octava edición.

Harry Moody es graduado de la Universidad de Yale y Doctor en Filosofía por la Universidad de Columbia. Ha impartido filosofía en Columbia, Hunter College, la Universidad de Nueva York y la Universidad de California en Santa Cruz.

De 1999 a 2001 fue Director de Programas Nacionales de la iniciativa Fe en Acción (Faith in Action) de la Fundación Robert Wood Johnson y, de 1992 a 1999, fue director ejecutivo del Centro Brookdale de Hunter College. Anteriormente había sido administrador de los programas de educación continua de la Fundación Citicorp y también fue codirector del Centro Nacional de Política sobre el Envejecimiento del Consejo Nacional sobre el Envejecimiento en Washington D.C.

Harry Moody es conocido en Estados Unidos por su trabajo en la educación del adulto mayor y fue Presidente de la Junta de Elderhostel.

Agradecimientos

Agradecemos profundamente a las siguientes personas y grupos que, mediante su relación con nosotros, nos ayudaron a gestar este libro desde hace muchos años.

BOB WEBER

A mi esposa y mejor amiga, Pamela Enders, cuyo corazón amoroso y profundidad de mente y espíritu me cautivan y me permiten apreciar profundamente que el amor es el elemento central y el ancla de nuestra existencia. Constantemente me abre los ojos a la verdad sobre mí mismo y la realidad del amor de Dios en el mundo. Su presencia en mi vida es "el mejor de todos los regalos".

A mi padre y mi madre, Louis y Mary, que me trajeron al mundo, me dieron amor y me criaron para que yo pudiera llegar a ser cada vez más quien soy. Agradezco en especial a mi padre por haber sembrado en mi joven corazón los dones de la gratitud, el perdón y las lágrimas y un perpetuo espíritu infantil. Mi madre me dio el sentido de una presencia inalterable y, al mismo tiempo, no impositiva. Su propia experiencia con el sufrimiento me da ánimo ahora que la edad me va trayendo distintos tipos de sufrimiento, y la manera en que me habló al conocer lo mucho que yo temía a la muerte me dio el valor para no negar la realidad, sino hacerle frente y vivirla a plenitud.

A mi hermana, Gerri, y mi hermano, Gene: su presencia en mi vida me ha ayudado y sigue ayudándome a crecer en mi capacidad de amarlos y vivir en comunidad con ellos y otros hermanos y hermanas en el mundo, sin eludir los conflictos inevitables que toman tiempo para sanar y madurez para enfrentarlos.

A la Compañía de Jesús y a sus numerosos miembros, los jesuitas, que enriquecieron mi espiritualidad mediante su amistad, orientación y aliento, y que me dieron la libertad de llegar a ser más quien realmente soy.

A la Sociedad Estadounidense sobre el Envejecimiento y al Foro sobre Religión, Espiritualidad y Envejecimiento, por haber creado una comunidad en la que he sido bien recibido y alentado a entretejer tres importantes hilos de mi vida personal y profesional: la salud mental, el envejecimiento y la espiritualidad. Este libro es el fruto de esos esfuerzos como tejedor.

Por último, ¡qué gran privilegio y qué buen regalo ha sido la oportunidad de tener como coautora de este libro a Carol Orsborn! Me aportó a mí y a nuestro trabajo la riqueza de su mente, su corazón y su espíritu. Su energía y entusiasmo contagiosos llenaban todas nuestras conversaciones. Ojalá que nuestra amistad y colaboración continúen durante muchos años.

CAROL ORSBORN

Como siempre, agradezco de todo corazón a Dan y a mis familiares y amigos que dan corazón a mi vida y alas a mis palabras.

A los colaboradores y lectores de *Fierce with Age, the Digest of Boomer Wisdom, Inspiration and Spirituality* (Tenacidad de los años: Compendio de sabiduría, inspiración y espiritualidad para la generación de posguerra), así como los participantes en mis retiros de "Tenacidad de los años". Antes fui una llanera solitaria, pero ahora me encanta bajar de mi caballo y chapotear en la laguna cada vez mayor del movimiento orientado al envejecimiento consciente y de su epicentro: la Alianza para el Envejecimiento Consciente.

Merece un reconocimiento particular mi coautor Bob Weber. No puedo imaginarme mejor interlocutor en esta aventura de la mediana edad. Me inspiras y me haces reír; muchas veces, ¡al mismo tiempo! ¡Una combinación rara y valiosa!

In Memoriam: a mi querida amiga y guía espiritual, la Dra. Diane Caughey.

Mi agradecimiento a todos ustedes es verdaderamente tenaz.

LOS COAUTORES

Este libro no habría sido posible sin el aliento y la ayuda de nuestros colegas profesionales y del extraordinario equipo editorial.

Nuestro agradecimiento a Rick Moody y Andy Achenbaum por su apoyo desde un inicio a nuestra visión de *La espiritualidad de los años*. Gracias por su prefacio y epílogo, tan alentadores.

A la Sociedad Estadounidense sobre el Envejecimiento y a Alison Biggar, de la publicación *Aging Today,* por habernos proporcionado una plataforma tan prestigiosa desde la cual proponer la tesis esencial de nuestro artículo: "Las cuestiones de la edad: Exhortación a una nueva visión del envejecimiento espiritual", publicado en *Aging Today* en su número de marzo-abril de 2013.

A Linda Roghaar, agente literaria extraordinaria, por ayudarnos a elaborar nuestro concepto original y convertirlo en un libro que se pudiera publicar, además de encontrar exactamente la editorial más adecuada para hacerlo. Apreciamos tu sinceridad, conocimiento, visión, persistencia y fe.

Por último, pero no por ello menos importante, no tenemos palabras para expresar suficientemente nuestra valoración del equipo de trabajo de la editorial Inner Traditions/Park Street Press: Jon Graham, editor de adquisiciones; Jeanie Levitan, editora principal; Nancy Yielding, nuestra correctora de estilo; al equipo de mercadotecnia, sobre todo a Manzanita Carpenter y al director de ventas, John Hays; así como a la diseñadora del interior del libro, Debbie Glogover, y a la diseñadora de la portada, Peri Swan. Merece mención especial Laura Schlivek, editora del proyecto en Inner Traditions. Esperamos que se sientan complacidos con estos reconocimientos personales, acompañados de nuestro mayor elogio: "Cada uno de ustedes es uno de nosotros".

PRIMERA PARTE

EXHORTACIÓN A UNA NUEVA VISIÓN DEL ENVEJECIMIENTO ESPIRITUAL

Casa de huéspedes

Este ser humano es una casa de huéspedes,
cada mañana un nuevo visitante.

Una alegría, una depresión, una maldad.
Un poco de conciencia momentánea aparece
como un huésped no esperado.

¡Da a todos la bienvenida y déjalos pasar!
Aun cuando solo sean una multitud de pesares
que, de manera violenta, arrasan tu hogar
y lo dejan sin muebles,
De todos modos, trata a cada huésped con honor.
Puede que esté haciendo en ti un espacio
para alguna nueva delicia.

El pensamiento oscuro, la vergüenza, la malicia,
recíbelos en la puerta sonriendo, e invítalos a
     entrar.

Agradece a quien sea que venga,
porque cada uno ha sido enviado
como un guía del más allá.

Rumi,
Poemas esenciales de Rumi

1

El envejecimiento como sendero hacia la madurez espiritual

Una vez que llegamos a la mediana edad y la sobrepasamos, las formulaciones que impone la sociedad sobre el envejecimiento nos dan tres opciones. La primera, que influye en todas las demás, sea consciente o inconscientemente, es que nuestro destino consiste en quedar cada vez más marginados y desvinculados a medida que envejecemos, hasta que caemos en un triste y lento deterioro. Es una idea que aterra el corazón de cualquier persona mayor de cincuenta años.

La segunda postura respecto del envejecimiento es más popular, pero consiste en un estado de total negación: la vejez no es más que una extensión de la edad mediana, que nunca termina. Si abrimos cualquier revista, veremos esa idea reflejada en todas las consignas contra el envejecimiento, que prometen que "los cincuenta son los nuevos treinta". ¿No nos gusta la idea de ponernos viejos? Pues no envejezcamos.

La tercera opción, que es una variante de la negación, surge a partir de ideas profundamente arraigadas en las teorías académicas contemporáneas sobre el envejecimiento. Según esa visión positiva sobre el envejecimiento satisfactorio, la tercera edad es un momento que debe llenarse de actividad y productividad. Esa es la perspectiva en que se basan el movimiento de "reinvención" y los artículos periodísticos que ensalzan a nonagenarios ejemplares que corren en maratones y abren nuevos negocios. En otra versión muy idealizada de esa visión positiva del envejecimiento, envuelta a menudo en jerga espiritual, se encumbre el lado oscuro de la edad madura y se promete que será una etapa de sabiduría, serenidad y paz.

Un número cada vez mayor de los que transitamos por el nuevo y difícil territorio de la edad mediana, y más allá, rechazamos todas esas formulaciones. En su lugar, propugnamos cada vez más una cuarta perspectiva sobre el envejecimiento que nos llama a tener en cuenta tanto el lado luminoso como el lado oscuro de ese proceso. Es cierto que, para establecer y mantener una visión sobre el proceso de envejecimiento que sea al mismo tiempo esperanzadora y realista, hace falta tener un nivel de madurez espiritual que casi nadie ha alcanzado. Pero ese es el único camino para aceptar la totalidad de nuestras vidas como consumación de nuestro propósito espiritual.

Cuando los autores de este libro nos referimos a la dificultad de avanzar hacia un nuevo nivel de madurez espiritual, no lo hacemos en términos solamente teóricos. De hecho, el libro nació a partir de uno de esos momentos de transición, un encuentro fortuito que demuestra tres de las principales premisas del libro: (1) que el crecimiento y las oportunidades espirituales pueden llegarnos en el momento menos esperado, independientemente de si sentimos o no ser merecedores de ello; (2) que tales momentos de intervención divina pueden darse no solamente a pesar de los desafíos que nos impone el envejecimiento, sino gracias a ellos; y (3) que la Divinidad es al mismo tiempo misteriosa y amorosa.

EL NACIMIENTO DE ESTE LIBRO

Lo que dio inicio a este libro comenzó al pie de una escalera en San Francisco en la primavera de 2011. Rick Moody y Bob Weber recién habían terminado de hacer una presentación en un salón repleto para el Foro sobre Religión, Espiritualidad y Envejecimiento en la Reunión Anual de la Sociedad Estadounidense sobre el Envejecimiento (ASA, sigla en inglés). La presentación se titulaba "El envejecimiento como monasterio natural: Una etapa de contemplación", título que resultó del diálogo de Bob con la Dra. Jane Marie Thibault. Carol Orsborn, que había terminado de hacer una presentación sobre el tema de las fases del desarrollo de la adultez en hombres y mujeres estadounidenses de la generación de posguerra, formaba parte del público, pues se sintió atraída al tema por razones personales y profesionales.

Desde el momento en que entró en el vestíbulo del hotel, Carol tuvo la intuición de que aquella conferencia de la ASA sería distinta a otras en las que había intervenido antes. Para empezar, después de haber participado durante años como experta en el tema del envejecimiento, sin ser una persona que se considerara parte de ese grupo demográfico, se dio cuenta con cierto espanto de que los miles de hombres y mujeres de la tercera edad que llenaban el vestíbulo eran, en realidad, sus contemporáneos. Ya ella no era la joven que ofrecía sus conocimientos como experta en "la mujer de edad". De hecho, en la conferencia de la ASA de 2011, cayó de pronto en la cuenta de que los representantes de su generación ya no nos limitábamos a participar en calidad de expertos, encargados de la formulación de políticas, vendedores, líderes institucionales, profesionales de ayuda, cuidadores y personas que deseaban hacer el bien al prójimo. También asistíamos a la conferencia porque queríamos beneficiarnos personalmente.

Muchos de los buscadores espirituales allí presentes, al igual que

Carol, se habían sentido atraídos por la descripción que aparecía en el programa sobre la presentación de Rick y Bob: "La tercera edad es un momento para entrar en el espacio sagrado de las circunstancias especiales de su propio envejecimiento de una forma contemplativa. En esta sección se analizará el tema desde esas perspectivas, considerándolo como una etapa para crecer más espiritualmente, profundizar la vida y la práctica espirituales y expandir la plenitud de la vida". Profundamente conmovida por la presentación, Carol se quedó sentada, pensativa, en la sala de reuniones mientras los entusiastas participantes abandonaban el salón y comenzaba a entrar el siguiente grupo, para una charla sobre otro tema. Cuando al fin salió, fue caminando hasta las escaleras junto al pasillo, pero no estaba segura de si debía subir o bajar, ni a dónde debía ir.

Allí mismo se encontraron de casualidad Carol y Bob, en el primer descansillo entre un piso y otro, con miles de personas que pululaban para arriba y abajo. La sorpresa y la sincronía del momento los inspiró a iniciar una conversación de más de una hora en el descansillo, que se extendió en un diálogo ininterrumpido que, a la postre, dio como resultado el libro que ahora tiene en sus manos.

Travesías paralelas

Nos dimos cuenta de inmediato de que los dos habíamos emprendido viajes espirituales distintos pero paralelos, motivados por nuestro propio envejecimiento y el deseo de encontrar sentido a la segunda mitad de nuestras vidas. Además, cada uno sentía cierto grado de soledad en nuestros intentos de aceptar no solamente las posibilidades del envejecimiento, sino también el lado sombrío. Durante esa primera conversación establecimos que había algo que faltaba, no solamente en la propia Asociación, sino en la mayoría de los sistemas disponibles de apoyo espiritual relacionados con el envejecimiento. Decidimos aunar recursos y emprender una exploración mutua de las posibilidades. En las primeras semanas y meses, nos pareció que nuestras conversaciones eran sanadoras y rejuvenecedoras, y nos habría bastado con eso.

Pero a la larga, poco a poco, los dos comenzamos a reconocer que las preguntas que nos hacíamos, las cuestiones que tratábamos y los procesos que juntos estábamos creando, con resultados tan beneficiosos para ambos, representaban en conjunto algo que debíamos compartir con otros. Por supuesto, eso no salió de la nada, pues los dos llevamos décadas escribiendo sobre temas del corazón y dando charlas al respecto como profesionales. No obstante, al darnos cuenta de que podíamos utilizar enseñanzas de nuestra aventura personal relacionada con la espiritualidad y el público maduro, esto fue una agradable sorpresa para los dos: era una forma de integrar nuestras aptitudes y tendencias profesionales con el llamamiento más profundo de nuestros espíritus.

Llegar al público

El regocijo que transmite este libro proviene no solamente de la introspección privada, sino sobre todo del diálogo rejuvenecedor, y a menudo difícil, entre compañeros y colegas. Aunque a menudo nos parece que compartimos el mismo sentido de que la Divinidad influye en nuestras vidas, aportamos a este proyecto experiencias divergentes, aunque sinérgicas. Bob fue jesuita; Carol es de formación judía. Bob es hombre y Carol es mujer. Bob recibió formación como psicólogo clínico, en tanto Carol tiene un doctorado en Historia y Teoría crítica de la religión. Nuestros círculos de influencia son individuales, pero con muchas coincidencias mutuas. Sobre todo, tenemos el mismo sentido de nuestra misión: el deseo de compartir nuestro proceso y descubrimientos espirituales a medida que avanzamos de la edad mediana hacia la tercera edad, y de invitar a otros a participar en ese diálogo.

Hicimos nuestro debut con las interrogantes que forman la base de este libro en la Quinta Conferencia Anual sobre Envejecimiento

Positivo celebrada en Los Ángeles, donde abordamos el tema: "El desarrollo de la capacidad de adaptación mediante el ejercicio espiritual en la segunda mitad de la vida" aproximadamente un año después de nuestro primer encuentro. Poco después, se nos invitó a escribir un artículo que hiciera reflexionar, que ahora hemos incorporado en este libro, titulado: "The Question(s) of Age: Calling for a New Vision of Spiritual Aging (La cuestión/cuestiones de la edad: Exhortación a una nueva visión del envejecimiento espiritual)". El artículo apareció en la influyente publicación *Aging Today,* de la Sociedad Estadounidense sobre el Envejecimiento. La respuesta positiva a nuestro creciente cúmulo de trabajos, con inclusión de charlas, entrevistas, artículos y blogs nos ha reafirmado en la convicción de que hemos dado con un tema importante y que representa una forma de servir al prójimo.

LA NECESIDAD DE UNA NUEVA VISIÓN DEL ENVEJECIMIENTO ESPIRITUAL

Nuestro anhelo de alcanzar con la edad una espiritualidad que tenga en cuenta tanto el lado luminoso como el lado sombrío de la vida durante la mediana edad y los años posteriores tiene sus raíces en la historia reciente de la gerontología*. En los años sesenta y setenta, las dos teorías predominantes sobre el envejecimiento que surgieron en el campo de la gerontología fueron la teoría de la "desvinculación" y la teoría de la "actividad"[1].

Según la teoría de la desvinculación, a medida que se acerca la vejez, tiene lugar entre el individuo y la sociedad un alejamiento inevitable y mutuamente convenido[2]. Esa separación

---

*La gerontología es una especialidad que estudia las dimensiones social, psicológica, biológica y cognitiva del envejecimiento. Aunque guarda relación con la geriatría, esta última es una especialidad que trata las enfermedades del adulto mayor como rama de la medicina.

o desvinculación mutua es vista como un proceso de desarrollo, que ocurre universalmente y que tiene implicaciones para el mantenimiento provechoso de la sociedad y para el ajuste del individuo en lo que respecta a su nivel de ánimo. Según la teoría, con la desvinculación no se menoscaba el ánimo, puesto que se alcanza un nuevo nivel de equilibrio en lo que respecta a la interacción social.

Por otro lado, la teoría de la actividad sostiene que el ajuste a la vejez depende de un alto nivel de actividad, especialmente en lo que se refiere a interacciones sociales y participación en las funciones sociales[3]. Desde esa perspectiva, se considera que la desvinculación no es una elección propia, sino algo que se le impone a la persona de la tercera edad debido a las condiciones socioculturales[4].

Esas dos perspectivas han tenido una gran influencia en los círculos gerontológicos, aunque siguen surgiendo otros puntos de vista sobre el envejecimiento, en gran parte porque ahora vivimos más tiempo y la cultura estadounidense reconoce con mayor claridad la realidad de la vejez. Si bien hay algunas excepciones dignas de señalar, por ejemplo, el nuevo movimiento por el envejecimiento consciente, la mayoría de las teorías vienen acompañadas de una postura general de rechazo hacia el propio proceso de envejecimiento, una especie de "negación de la muerte", como la describió Ernst Becker mucho antes de nuestros tiempos[5].

Definitivamente hay razones que explican por qué nuestra cultura opta por tratar de soslayar las duras y poco amenas realidades de la vejez, como la disminución de las funciones físicas, la erosión de los preciados roles sociales, la pérdida de nuestros seres queridos y el fin de nuestra forma acostumbrada de estar en el mundo. El teólogo Henri Nouwen, en su premonitorio libro publicado hace cuarenta años, *Aging: The Fulfillment of Life* [La tercera edad: Realización de la vida], describió distintas tendencias existentes en la cultura estadounidense en relación con la vejez, como la segregación, la desolación y la pérdida del respeto propio[6]. Más recientemente, Susan Jacoby escribió sobre temas similares en *Never Say Die: The Myth and Marketing of the New Old Age* [Nunca hay que morir: Los mitos y la mercadotecnia de la "nueva vejez"]. Ese libro corrobora nuestra experiencia de que está en marcha una fuerte tendencia cultural "contra el envejecimiento" que ha dado lugar a toda una industria que, al mismo tiempo que promueve "la nueva vejez", evita hablar de "la verdadera vejez"[7]. Para la mayoría de las personas, la vejez verdadera no representa ni representará el momento de descubrir la fuente de la juventud.

No hace tanto tiempo, mientras ofrecía sus servicios a marcas reconocidas como una de las principales expertas en mercadotecnia para las mujeres de la generación de posguerra, Carol percibió que el mismo ethos de sentimiento antivejez estaba presente en la publicidad y los medios de comunicación. En una sociedad obsesionada con la juventud, los mensajes aspiracionales no buscaban motivar a la persona a dar lo mejor de sí en sus condiciones actuales, sino a comportarse y pensar como si fuera varias décadas más joven, y a procurar tener una apariencia acorde. Si la mujer en cuestión no practicaba el alpinismo, si no se vestía como su propia hija, si no cuidaba su propio viñedo, o si no se escabullía hacia una puesta de sol, tomada de la mano de su esposo estimulado por la Viagra, muchos especialistas en mercadotecnia actuaban como si esa consumidora no valiera su esfuerzo.

Una perspectiva holística

No tiene nada de malo querer seguir siendo lo más juvenil, activo y positivo posible. Si tiene los recursos necesarios para mantenerse activo, ¡adelante, pues! La sabiduría y la experiencia de una vida que ha alcanzado la tercera edad puede y debe ser útil para la sociedad en general, pues le aporta la generatividad vital y la integridad del ego (sabiduría) que describe el experto en etapas del ciclo de vida Erik Erikson*[8].

No obstante, lo que sí resulta problemático es el sesgo y la distorsión de la imagen cabal del envejecimiento y la negación de las otras oportunidades inherentes a ese proceso. ¿Cuál es la naturaleza de esas oportunidades? Se refieren a la valoración del potencial espiritual del envejecimiento que casi nunca encuentra plena expresión en el mundo profesional de la gerontología. Aunque no esté del todo ausente, lo cierto es que está subexpresado. Esa visión del envejecimiento, insuficientemente representada, se refiere a la oportunidad de crecer espiritualmente a lo largo de la vida, que es parte integral de nuestro proceso de envejecimiento, la nueva comprensión que representa el corazón y el alma de la misión de este libro.

Reconocemos que no todo el mundo comprende ni comparte nuestra decisión de aceptar por igual el lado de la sombra y de la luz del envejecimiento, sin excluir nada, ni siquiera las enfermedades, el deterioro ni la mortalidad, al mismo tiempo que hacemos todo lo posible por mantener una vida plena. "Vivir la vida a plenitud" presenta sus dificultades. Como escribió T. S. Eliot: "La especie humana no puede soportar demasiada realidad"[9]. Quizás por eso es que, sobre todo en lo que se refiere al envejecimiento, la tendencia es a no reconocer la realidad y dejar de hacernos las preguntas importantes. Las preguntas surgen en medio de la confusión, la incertidumbre y la imprevisibilidad, pero no nos gusta vivir en

---

*Según Erikson, la generatividad es una preocupación para las personas, además del propio yo y la familia, que normalmente surge durante la mediana edad. Esa preocupación se manifiesta especialmente como la necesidad de educar y guiar a los jóvenes y contribuir a la siguiente generación. La integridad del ego constituye la cumbre de sus ocho etapas de desarrollo psicosocial. Erikson escribió: "No conozco ningún término mejor que el de la integridad del ego para referirme al fruto de esas siete etapas (...) la confirmación acumulativa que tiene el ego de su proclividad al orden y el significado" (Erikson, *Infancia y sociedad,* 259-260).

esas condiciones. Queremos claridad, certidumbre y previsibilidad. Incluso estamos dispuestos a conformarnos con mentiras disfrazadas de verdades, antes que enfrentar las cuestiones existenciales más profundas que son ineludibles. El poeta Rainer María Rilke mantuvo correspondencia con un joven angustiado porque no sabía si debía dedicarse a la poesía. Rilke le escribió: "Por encima de todo, hazte esta pregunta en la hora más silenciosa de la noche: ¿debo escribir? Ahonda en ti mismo hasta encontrar una respuesta profunda". Rilke invitaba al joven a adentrarse en su propia "noche oscura" y hacerse la pregunta más importante que debía encarar en ese momento: "¿debo escribir?"[10].

Ese es el equivalente de lo que invitamos a los lectores a hacer con nosotros: adentrarnos en la "noche oscura de la vejez"; no evitar las preguntas y no conformarnos con respuestas fáciles. En lugar de ello, esperamos que nuestros lectores sigan el consejo de Rilke: "Ahonda en ti mismo hasta encontrar una respuesta profunda".

Al igual que Rilke, queremos rogarle al lector que, en la medida de lo posible, tenga paciencia con todo lo que está sin resolver en su corazón y trate de amar las preguntas mismas... que no busque todavía las respuestas, que no se le pueden dar porque aún no podría vivirlas. Y la idea es vivirlo todo. Debe vivir ahora las preguntas. Tal vez luego, gradualmente y sin darse cuenta, algún día distante vivirá en la respuesta. Debe tomar todo lo que venga con gran confianza y, solamente si proviene de su propia voluntad, de alguna necesidad desde lo más profundo de su ser, asúmalo y no odie nada"[11].

Nuestra esperanza para los lectores

Gary Larson dibujó una maravillosa caricatura del propietario de una galería de arte, sentado en su butacón de recibir. En las paredes hay pinturas, todas con los marcos torcidos hacia la derecha. Al volver a mirar al propietario, vemos que su cabeza también está inclinada hacia la derecha y por eso todas las obras cuelgan al mismo nivel de su perspectiva distorsionada[12].

Tenemos la esperanza de que nuestros lectores vuelvan a examinar su percepción del envejecimiento y reconozcan nuevas realidades y posibilidades inherentes a ese proceso. Al viajar con nosotros a través de este libro, cocrearemos una conexión a tierra, no solo para examinar la "demasiada realidad" de Eliot, sino para descubrir que la podemos soportar. Confiamos en que su visión de la realidad se modificará para mejor, no mediante la exclusión de ninguna realidad, sino mediante la inclusión de todas, y la capacidad de verse de una manera distinta al mirarse en el espejo y contemplar a esa persona mayor que tiene delante. Confiamos en que experimente nuestra visión del envejecimiento como una perspectiva enraizada en experiencias no tan distintas de la suya, aunque no sean precisamente iguales; es decir, una visión basada en una espiritualidad madura, sea cual sea su tradición religiosa o práctica espiritual.

Hasta ahora, la inmensa mayoría de nosotros no hemos acogido con agrado el envejecimiento. Cuando comenzamos a sentirlo llamar, tratamos de trancar bien la puerta, con cualquier medio a nuestro alcance. Si en lugar de ello siguiéramos los consejos de Rumi, comenzaríamos a ver el envejecimiento como otro visitante inesperado en la casa de huéspedes de nuestra humanidad. Rumi dice que debemos invitar a todos los huéspedes inesperados y no deseados y llegar a conocerlos, incluso a los "pensamientos oscuros" que puedan crear:

> *¡Da a todos la bienvenida y déjalos pasar!*
> *Aun cuando solo sean una multitud de pesares*
> *que, de manera violenta, arrasan tu hogar.*
> *y lo dejan sin muebles,*
> *De todos modos, trata a cada huésped con honor.*

Puede que esté haciendo en ti un espacio
para alguna nueva delicia[13].

Lo principal en este caso es la esperanza. Lo que más deseamos a nuestros lectores es que su esperanza aumente al encarar la realidad. La esperanza no es cuestión de imaginar quimeras. La esperanza nace y se cultiva en medio del caos de la vida, en el que el envejecimiento desempeña un papel fundamental. La esperanza no nace cuando tratamos de eludir las duras realidades, sino cuando nos adentramos profundamente en la finitud de nuestra existencia, con todo lo que ello implica, incluso sufrimiento y muerte.

En su libro, *Christ and Apollo: The Dimensions of the Literary Imagination* [Cristo y Apolo: Dimensiones de la imaginación literaria], el jesuita William F. Lynch, se refiere a ese concepto como "lo finito regenerativo", es decir, el terreno en que debemos estar enraizados, no solo para sobrevivir, sino para prosperar[14]. Esa nueva visión de la espiritualidad del envejecimiento nos permitirá abrirnos a posibilidades novedosas para la transformación de nuestra relación con nosotros mismos, con el prójimo y con el fundamento del significado de nuestras vidas. También nos permitirá apoyar la vida espiritual de nuestros seres queridos. Todo esto sucederá, no a pesar de las nuevas dificultades que afrontamos después de la mediana edad, sino debido a ellas.

2

Nuestras biografías espirituales

Al final del libro, encontrará las biografías oficiales de los autores, con sus títulos, cargos y credenciales. Pero nuestros currículums solo revelan una parte de la historia. Antes de adentrarse en la esencia de este libro, creemos que debemos hacer otro tipo de presentación. Al compartir con usted desde ahora nuestras biografías espirituales, esperamos que nos reconozca como compañeros de viaje hacia la madurez espiritual.

El envejecimiento contemplativo: Vivir la vida a plenitud
Dr. Robert L. Weber

Mi viaje comenzó poco después de nacer en 1946 (efectivamente, pertenezco a la generación de posguerra), con mi bautismo en la Iglesia Católica Romana. En la cultura católica de los años cuarenta y cincuenta, antes del Concilio Vaticano Segundo, que fueron los años de mi niñez, no se concebía mejor destino para un hombre que el de tomar el sacerdocio. Por lo tanto, después de terminar mis estudios en la Universidad de Princeton, más un año de posgrado en Harvard, me incorporé a la Provincia de Nueva Inglaterra de la Compañía de Jesús, una orden religiosa de la Iglesia conocida como los Jesuitas, fundada a mediados del siglo XVI por Ignacio de Loyola.

Durante diez años viví, trabajé y me formé como jesuita con la intención de ordenarme. Mi ordenación habría tenido lugar en junio de 1975. No obstante, surgieron dudas y, con buena orientación espiritual, pedí licencia para ausentarme y determinar si mi camino era el de la vocación sacerdotal. Gradualmente, tomé la decisión de abandonar la Orden, después de haber comenzado un programa de doctorado en Psicología Clínica en la Universidad de Temple, en Filadelfia. Luego me casé y me volví a mudar a Boston para estudiar una pasantía predoctoral y tomar una beca de investigación posdoctoral en la Facultad de Medicina de Harvard en el Hospital General de Massachusetts, y en los años ochenta comencé una fructífera y muy satisfactoria carrera profesional como psicólogo.

Luego, a mediados de los años noventa, centré más intensamente mi interés en la vida espiritual, una vida enraizada en mi formación jesuita y en los ejercicios espirituales de San Ignacio[1]. Después de los cincuenta años, comencé también a interesarme y tomar cada vez mayor conciencia sobre mi propio envejecimiento y ulterior muerte. Como consecuencia de ello, mi carrera dio un giro y me interesé profundamente en la integración de tres importantes hilos de mi vida: mi trabajo como psicólogo, la vida espiritual y el envejecimiento.

Mi amigo y colega de hacía mucho tiempo, Richard B. Griffin, que para entonces frisaba los ochenta y como periodista tenía que ver con el tema de la gerontología, me sugirió que asistiera a mi primera reunión de la Sociedad Estadounidense sobre el Envejecimiento (ASA). También me alentó a que me reuniera con la Dra. Jane Marie Thibault, profesora de gerontología de la Facultad de Medicina de la Universidad de Louisville. La Dra. Thibault llevaba muchos años trabajando en la integración del envejecimiento, la espiritualidad y la gerontología. Participé activamente en el Foro sobre Religión, Espiritualidad y Envejecimiento (FORSA) de la ASA y se me animó a que formara parte de su Consejo de Liderazgo. En 2011, me invitaron a hacer una presentación con motivo del día especial del FORSA en la ASA, donde conocí a Carol Orsborn. En 2014, recibí el Premio FORSA de Religión y Espiritualidad de la Sociedad Estadounidense sobre el Envejecimiento, con el que se reconoce a "personas, programas y servicios en los temas de religión, espiritualidad y envejecimiento".

Mi introducción en el mundo profesional de la gerontología comenzó durante mis estudios de posgrado en 1978. Estudié con la Dra. Diana Woodruff, profesora y protegida del Dr. James Birren, preeminente gerontólogo de la Universidad del Sur de California, donde la Dra. Woodruff obtuvo su título de doctorado en Gerontología. Estimulado por sus enseñanzas y entusiasmado por estudiar con tan insigne profesora, decidí escribir mi tesis de maestría en Psicología sobre el tema "Cambios de valores y ajuste en los ancianos".

No me imaginaba que esto sería un preludio de mi interés actual, que también se concentra en los cambios y ajustes que ocurren con la edad. En aquel momento tampoco me imaginaba que mi interés en ese tema estaba motivado por una mayor conciencia de la vejez y la mortalidad de mis padres y que se trataba de una reacción inconsciente para luchar contra la fobia que me producían esas realidades.

Por ironía de la vida, seis años después de haber terminado mi maestría y mi doctorado, el 12 de abril de 1984, mi padre falleció de repente, el día antes de que me correspondiera realizar el examen para obtener mi licencia en Psicología. De un modo muy real, el avance en la vida que me llevó a convertirme oficialmente en psicólogo, fue "sobre el cadáver de mi padre".

El hecho de que no me siento tan incómodo ante el envejecimiento y la muerte se lo atribuyo a mi crianza, inmerso en una cultura católica de pueblo pequeño, en la que no viví sobreprotegido de la realidad del paso de los años y la muerte. Recuerdo que, cuando falleció mi vecino, lo velaron en su ataúd en la sala de su casa. También recuerdo mis días de monaguillo, cuando debía mantenerme en pie junto a las sepulturas mientras bajaban los ataúdes ante la mirada de familiares y amigos y que, en ciertas ocasiones, algunos hijos trataban de lanzarse a la tumba detrás del cadáver de su madre.

Mi experiencia más reveladora fue cuando tenía siete años y cobré una profunda conciencia de que mis padres morirían algún día. Al darme cuenta de eso, caí en una depresión que duró varias semanas. Mi madre se percató de mi pesadumbre y me preguntó lo que me pasaba pero, por miedo y también por hacerme el niño valiente, le respondí que no me pasaba nada. Al fin, un día me convenció y, en medio de grandes sollozos y lágrimas, le dije de pronto: "¡Te vas a morir! ¡Te vas a morir!".

Me colocó la mano sobre el hombro y me aseguró que, efectivamente, algún día moriría, "pero ese día está muy lejano". Entonces, lentamente y en voz baja, añadió: "Así que, mientras tanto, ¿por qué no sales a jugar un rato con tus amigos?". Eso me hizo cambiar de estado de ánimo al instante: salí a jugar con mis amigos... y no he dejado de hacerlo desde entonces.

Este fue el regalo que me hizo mi madre: me convenció de salir a vivir, ahora, haciendo frente a la muerte, pero sin negarme la vida ni la muerte. Lo que espero al escribir este libro es que otros puedan descubrir las oportunidades de vida que hay al enfrentar la muerte, y que se relacionen con esta no como una realidad mórbida y desalentadora, sino como algo que también contribuye a la vida.

Hay cierta ironía en mi vida. Mientras fui jesuita, es decir, miembro de la Compañía de Jesús, no estaba seguro de mis creencias sobre Jesucristo. En aquella época no era capaz de hacer una confesión de fe que hubiera reflejado el credo de la Iglesia Católica. No obstante, en los últimos diez años, esa imagen de Dios, más que Padre y Espíritu, que predominaba antes, ha pasado a ser el eje sobre el que gira mi fe. Esto se debe en gran parte a que Jesús fue una encarnación humana como todos nosotros, de modo que experimentó la vida tal como la conocemos, la vivimos, la sufrimos y, al final, morimos.

Hacernos más tenaces con el paso de los años

Dra. Carol Orsborn

En la tradición judía, cada niño recibe al nacer un nombre hebreo que, según los místicos, contribuirá a determinar el curso de su vida. Siempre he considerado apócrifo que mi nombre hebreo, Chai, signifique "Vida" y que mi segundo nombre signifique "Alegría". Desde que tengo uso de razón, creía que mi apelativo era un derecho de nacimiento y que me dedicaría a eliminar cualquier obstáculo que se interpusiera, no solo en mi camino, sino en el de cualquier otra persona en el mundo. Evidentemente, se trataba de una tarea monumental, por lo que también me he dedicado a buscar las alegrías de la vida, y a aprender a asumir las decepciones y reveses.

Mi primera infancia estuvo, al mismo tiempo, llena de alegrías y de sombras. Pertenezco a la misma generación que Bob, por lo que recuerdo cómo nos hacían escondernos bajo los pupitres del jardín de infancia durante los simulacros de ataques con bombas atómicas. Mi padre era médico y acostumbraba traer su trabajo a casa, por lo que las conversaciones de sobremesa solían centrarse en enfermedades y males de nombres engorrosos, sobre todo el más terrible, el que empieza con "C", que se llevó a un primo mío desde una edad temprana. En lugar de rechazar esos temas prohibidos, me sentía fascinada. Quizás eso explique lo mucho que me gustaba ir al Museo de Ciencia e Industria de Chicago. En un rincón perdido del museo, estaba expuesta una representación a tamaño natural de una niña en su lecho de muerte, en los tiempos anteriores al descubrimiento de la penicilina. El médico le tomaba la mano, sin poder hacer nada por salvarla. Su madre lloraba sentada, y la música que se escuchaba por los altoparlantes era la sonata *Claro de Luna*, de Beethoven.

Quizás lo que me salvó de la morbosidad fue el inmenso sentido del humor de mi padre y el regocijo que experimentaba por el hecho de estar vivo. El relato que mejor capta su espíritu se remonta a la Segunda Guerra Mundial. Papá prestaba servicio como médico en el frente en Filipinas cuando se contagió de malaria. Los asistentes médicos lo acostaron en un catre, en una tienda de campaña junto con muchos otros soldados. Su mente afiebrada entró en un estado de delirio. Ante el avance del enemigo, la tienda de campaña fue desmontada con premura y sus ocupantes fueron trasladados a un lugar seguro. Excepto uno de ellos. En aquel pánico, habían dejado atrás a mi padre, solo y tirado en el catre en medio del campo de batalla. Al verse tan indefenso, hizo lo único que le vino a la mente para tener mayores probabilidades de sobrevivir: comenzó a reír. Recuerda cómo estaba tirado en aquel campo de batalla, desternillado de la risa por las ironías de la vida, y por la situación derivada de las limitaciones del ser humano. A la postre, los asistentes médicos lo recordaron, volvieron a buscarlo y lo salvaron, de modo que pudo vivir el resto de su vida y llegar a los noventa años. Mi padre nunca dejó de reír, y a él es a quien debo mi actual capacidad de asumir simultáneamente la sombra y la luz.

Decidida a consumar el legado de mi apellido y mis antepasados, me hice buscadora, deseosa de aprender de los maestros, fuese cual fuese su orientación espiritual o religiosa. La Universidad de California en Berkeley en los años sesenta fue un imán para la espiritualidad alternativa y, como estudiante, acudí a todo tipo de charlas, desde las impartidas por el Dalai Lama y Swami Muktananda, hasta las del rabino Shlomo Carlbach y el yogui Maharishi Mahesh. En mis vacaciones viajaba a lugares como Suiza, donde me senté a los pies de Krishnamurti, o al norte de California, donde hice un retiro de silencio en el monasterio budista zen de Green Gulch. También me mantuve activa en el movimiento de la conciencia, en cuyo marco fui avanzando espiritualmente, comenzando por los seminarios de EST y pasando por la autorrealización, hasta que llegué al método de Temenos.

Entretanto, me ganaba la vida como especialista en mercadotecnia y en 1971 fundé mi primera agencia de relaciones públicas. Pero no podía evitar percatarme de la discrepancia entre lo que estaba aprendiendo acerca de la manera de vivir una vida plena y llena de alegría, y la manera en que vivía la mayoría de las personas con quienes me topaba en mi vida laboral cotidiana. Por supuesto, yo también me daba cuenta de que entre la teoría y la práctica puede haber una amplia brecha, por lo que comencé a llevar un diario sobre las dificultades con que tropezaba y lo que iba aprendiendo sobre la marcha. Cerca de los cuarenta años tuve la oportunidad de hacer públicas mis observaciones privadas mediante lo que primero fue una serie de libros (veinticinco hasta la fecha) que contenían la esencia de mi práctica espiritual: buscar el discernimiento mediante la palabra escrita.

Escribí y publiqué mis diez primeros libros sobre la espiritualidad y los consejos sobre calidad de vida para los norteamericanos de la generación de posguerra, antes de decidir que sería útil tener una preparación formal en religión. Con el apoyo de mi esposo y mis hijos, matriculé en la facultad de Divinidad de la Universidad de Vanderbilt, donde realicé mis estudios teológicos y obtuve una maestría en ese tema. Durante ese tiempo hice las investigaciones que me llevaron a escribir mi undécimo libro: *The Art of Resilience: 100 Paths to Wisdom and Strength in an Uncertain World* [El arte de la resiliencia: Cien caminos de sabiduría y fortaleza en un mundo incierto]. En esa época ya había transitado por diversas formulaciones espirituales que me habían parecido insuficientes para lidiar con las dificultades de la vida real. Por ejemplo, el pensamiento positivo y, sobre todo, las interpretaciones que tratan de hacernos creer que uno puede controlar todo lo que le sucede, con solo poner todas sus fuerzas en ello. Decidí escribir un libro que pudiera defenderse ante todas las circunstancias, por indeseadas o amenazadoras que fueran.

Lo irónico es que, poco después de haber escrito el libro, y antes de su publicación, me diagnosticaron cáncer de mama, "así de pronto". De hecho, recibí el diagnóstico el mismo día en que me comunicaron que había sido aceptada para el programa de posgrado doctoral en Historia y Teoría Crítica de la Religión. Lo que me fascinaba era cuánto crecemos y cambiamos a lo largo de todas las etapas de la vida. Tenía una curiosidad especial en cuanto a la forma en que alcanzamos la madurez espiritual, la experiencia de "sabiduría" que tan directamente relacionamos con la edad avanzada. También me preguntaba por qué existía una desconexión, de la que tenía cada vez mayor conciencia, entre, por una parte, mi respeto cada vez mayor por los ancianos y, por otra, la marginación que la sociedad imponía a las personas desde que alcanzaban la mediana edad, sobre todo a las mujeres. Mis áreas de especialización, el desarrollo del adulto y los estudios rituales, me permitieron conocer obras bibliográficas e investigaciones que podía aplicar tanto a nivel personal como profesional.

Después de recibir tratamiento por el cáncer de mama y sanar por completo, y con mi doctorado recién adquirido, decidí dedicarme a ayudar al mayor número posible de personas. Aunque disfrutaba impartir clases de ética y liderazgo en universidades como Pepperdine, Loyola Marymount, Vanderbilt y Georgetown, sentí que podía tener el mayor impacto si volvía a dedicarme a la mercadotecnia con mi nuevo acervo de conocimientos espirituales y religiosos. (Por supuesto, ese cambio de rumbo también tuvo algo que ver con las dificultades con que tropecé al tratar de conseguir "a mi edad" un puesto de profesora universitaria con posibilidades de contrato fijo). Por eso no fue sorpresa para nadie que, basándome en mis estudios sobre el desarrollo de los adultos, decidiera hacer frente a la obsesión contra la vejez: haría todo lo que estuviese en mi poder para inspirar a la sociedad en general, mediante la influencia de los anunciantes y los medios de información, a tratar con respeto a todas las personas, independientemente de la fase de la vida en que se encontraran. En respuesta a ese llamamiento, mi misión me llevó a ser una de las primeras expertas en mercadotecnia para la generación de la explosión demográfica de posguerra y, en particular, para la mujer mayor de cincuenta años.

Durante la primera década posterior a mi doctorado, escribí libros sobre el tema, impartí charlas en conferencias importantes, presté servicios de consultoría a algunas de las marcas más reconocidas, e hice todo lo que estaba en mi poder para ayudar a la cultura popular a asumir un concepto más sano del envejecimiento, en el que se aceptaran tanto las sombras como las luces.

Si bien logré avances en mi misión, cuando al fin llegué a la conferencia de la ASA en 2011, me encontraba en lo que ahora describiría como un estado funcional de desesperanza. Mi cliente principal, un sitio web que ofrecía asesoramiento a grandes marcas en materia de mercadotecnia a mujeres de más de cincuenta años, había tomado un giro decididamente antivejez y promovía la idea de que las mujeres de la mediana edad y años posteriores debían verse por lo menos una década más jóvenes que su edad cronológica. Yo era la anfitriona en línea del sitio web, lo que me funcionó bastante bien durante mi quinta década de vida. Pero, mientras más tiempo pasaba, sobre todo cuando crucé el umbral de los sesenta años, más deseaba comportarme y expresarme con el debido respeto a la verdadera etapa de la vida en que me encontraba. Claramente, en lo personal, lo profesional y lo espiritual, me encontraba ante una encrucijada en la que me preguntaba si debía superar mi resistencia y buscar un nuevo empleo en el mismo campo al que ya había dedicado tanto esfuerzo, o si debía tomarme un merecido descanso para reconsiderar las decisiones que había tomado en el pasado, los cambios que se me imponían y mi derecho a escuchar el anhelo de mi corazón en busca de algo más significativo. En pocas palabras, ¿quién debía ser? ¿Cómo iba a sacar el máximo provecho del resto de mi vida?

Cuando me encontré con Bob en la escalera después de su presentación sobre un enfoque contemplativo respecto del envejecimiento, me sentía profundamente conmovida y por eso le dije atropelladamente: "Me alegro tanto de haberme tropezado con usted. Estoy en un momento de decisión en lo personal y lo profesional. Tengo tanto que dar y hay tantas cosas que quiero hacer. Pero ahora mismo todo es muy difícil. Hay mucha resistencia y se requiere un esfuerzo muy grande. ¿Tal vez me corresponda batirme en retirada, buscar un lugar donde pueda profundizar en mi espiritualidad y desarrollarme como el ser contemplativo que sé que llevo en mi interior? ¿O debo superar mi resistencia a mantener una relación activa con el mundo? ¡Estoy tan confundida!".

Bob asimiló bien todas mis palabras, me escuchó con gran atención, suspiró profundamente y luego respondió: "Yo también".

Con esas dos palabras tan sencillas, me di cuenta de repente de que mi anhelo de orientación divina no era menos que el llamamiento de mi propio espíritu y de lo Sagrado, siempre presentes y a mi alcance, esperando pacientemente a mi regreso. Por si fuera poco, no estaba sola.

El libro que ahora tiene en sus manos constituye un testimonio de que es posible buscar el tiempo necesario para hacernos las grandes preguntas espirituales y, simultáneamente, comprometernos a seguir sirviendo al mundo. Mantengo mi decisión de buscar la alegría, al mismo tiempo que aumento mi capacidad de asumir la vida tal como venga. Es cierto que puede haber muchas oportunidades paradójicas, pero no tiene por qué existir una dicotomía. Como ha expresado mi amiga, la autora Connie Goldman, podemos aspirar no solo a ponernos más viejos, sino a volvernos más íntegros[2].

3

La guía del buscador espiritual

Navegar por el espacio indómito
de los años posteriores a la mediana edad

PIDE Y RECIBIRÁS:
PREGUNTAS COMO EJERCICIO ESPIRITUAL

Hace miles de años un joven místico escaló la montaña más alta de su tierra. Estaba decidido a dedicarse a una profunda contemplación hasta que recibiera la respuesta a la pregunta: "¿Cuál es el significado de la vida?".

El místico meditó en la cumbre de la montaña durante años y décadas hasta que fue muy anciano. A lo largo de su vida, su reputación de dedicación y sabiduría llegó a todos los confines de su región. Al cabo de mucho tiempo, en la aldea al pie de la montaña comenzó a circular el rumor de que el maestro espiritual pronto llegaría al final de su vida.

Un joven indagador, exactamente de la misma edad que tenía el místico cuando comenzó su peregrinaje a la cumbre, decidió hacer lo que fuese necesario para encontrar al gran maestro y preguntarle cuál era la respuesta a la misión de su vida. Después de muchos días de camino, se sentó a los pies de su gurú, deseoso de hacerle su acuciante pregunta.

"Maestro, ¿cuál es el significado de la vida?". El gurú desvió la mirada del horizonte y la concentró directamente en los ojos del devoto.

"Ah, hijo mío", dijo al fin. "He reflexionado sobre eso durante muchos años y al fin tengo la respuesta. Es la puesta de sol".

"¿La puesta de sol? ¿Eso es? ¿Es ese el significado de la vida?", replicó el buscador.

Tras una larga pausa, el gurú respondió: "¿Qué quieres decir? ¿Que no es la puesta de sol?"[1].

Al igual que el gurú y el devoto, por supuesto que a todos nos gustaría recibir respuestas claras y definitivas, no solo sobre el significado de la vida, sino sobre toda clase de preocupaciones importantes. Pero la realidad es que, en un universo en el que abundan las paradojas, los significados suelen ser elusivos y un poder que nos trasciende está envuelto a menudo en un profundo misterio. Por lo general, las propias preguntas son lo único que está verdaderamente a nuestro alcance y que nos hace entrar en contacto con nuestro espíritu y nos ayuda a avanzar por el sendero espiritual.

La primacía de las preguntas

No es de sorprender que el propio hecho de hacer preguntas tenga un papel fundamental en la práctica espiritual de la mayoría de las tradiciones filosóficas, religiosas y espirituales. Desde el koan zen y el diálogo socrático hasta el discernimiento ignaciano y el discurso talmúdico, ese impulso espiritual tan básico es algo que tienen en común los buscadores espirituales de distintos milenios, entornos geográficos y creencias.

La pregunta, o la búsqueda, en el sentido espiritual se deriva del impulso común de convertir la duda, el miedo y la confusión, el amor, la confianza y la compasión, en palabras capaces de servir como vehículo para entrar en una relación más profunda con nosotros mismos, con el prójimo y con lo Sagrado. A menudo tenemos que contentarnos con el sendero espiritual como proceso, y hallar en la fe las fuerzas, el confort y la esperanza de que, por solo hacer preguntas, la vida nos acerca cada vez más a las respuestas que buscamos.

En el primer capítulo del Evangelio de Juan, se le hace a uno de los discípulos una pregunta que desempeña un papel fundamental en la tradición cristiana. Esta es la esencia de ese intercambio: Jesús pregunta: "¿Qué buscan?". Los discípulos responden preguntando: "¿Dónde te hospedas?". Y Jesús responde: "Vengan y vean" (Juan 1:38-39). Su propósito es invitar a la persona inquisitiva a adentrarse en las posibilidades más profundas de la vida.

Una de las contribuciones importantes de Ignacio de Loyola, fundador de los Jesuitas y autor de los *Ejercicios espirituales,* es lo que él denomina "discernimiento"[2]. El manual de *Ejercicios espirituales* está orientado al crecimiento en esa materia, basado en la propia búsqueda de San Ignacio. Mediante su experiencia de oración, meditación y contemplación, descubrió que debía poner en duda lo que se experimenta como resultado de esos ejercicios. Llegado el momento de tomar una decisión, daba un paso atrás, observaba y estudiaba lo que estaba experimentando para poder tener claridad sobre la decisión que debía adoptar.

En el siglo XII, el filósofo judío Maimónides reconoció la primacía de la indagación en su obra clásica, *Guía de perplejos o descarriados*[3]. En ese texto esencial abordó preguntas cruciales del tipo: "¿Cómo deberíamos describir a Dios?", y "Si Dios creó el universo, ¿por qué existe el mal?". En el método talmúdico del judaísmo, se prepara a los estudiantes para formular preguntas perceptivas no solo sobre el texto original, sino sobre los comentarios de distintos estudiosos que han contribuido al diálogo a lo largo de los siglos. Según la tradición judía, se entiende comúnmente que el propósito es llevar al talmudista más allá de las interpretaciones, siempre buscando el principio más profundo en que se basa el significado. Al tratar de encontrar aclaraciones e iluminación, los buscadores utilizan el formato de pregunta y respuesta en su intento de reconciliar entre sí las contradicciones aparentes.

Preguntas en la mediana edad y los años posteriores

Al adentrarnos en los años a partir de la mediana edad, nuestras preguntas adquieren una mayor urgencia. Tropezamos con interrogantes sobre el sentido y el propósito y con la necesidad de hacer frente a la mortalidad, que nos permitiríamos ignorar en la juventud, pero que ya no podemos postergar más. La realidad esencial es la que hace que nuestra búsqueda se haga aún más apremiante y pertinente en la vida cotidiana.

Una de nuestras influencias contemporáneas, que compartió el privilegio de las interrogantes en un libro que cada uno de nosotros había descubierto independientemente es el psicoanalista junguiano James Hollis, autor del libro *Finding Meaning in the Second Half of Life: How to Finally, Really Grow Up* [Encontrar sentido en la segunda mitad de la vida: Cómo madurar de una vez por todas]. En el libro se plantea una pregunta esencial: ¿Qué significa realmente ser un adulto maduro en el mundo de hoy?, seguida de una serie de preguntas que abordan desde distintas perspectivas esa preocupación esencial, de forma que se nos guía y se nos tienta, alternativamente, hacia una sabiduría mayor[4].

Una tarea nada sencilla

Lidiar con la irresolución para contribuir a una mayor sabiduría no es tarea fácil, sobre todo cuando tenemos que buscar respuestas a las preguntas que nos acosan en la segunda mitad de la vida. La naturaleza humana es querer una respuesta rápida que lo resuelva todo. Es más, ¡sea cual sea la respuesta, no la queremos hoy, sino ayer!

Frente a esa tendencia, lo que le pedimos al lector es que reciba nuestra orientación, uniéndose así a las múltiples tradiciones cuyo liderazgo espiritual se deriva de la disposición a hacer preguntas y esperar pacientemente la respuesta. El verdadero líder espiritual mantiene apasionadamente su interés en el misterio, la pesquisa, la interrogante, pues entiende los límites de su conocimiento. Entre los frutos de esa espiritualidad figura la capacidad infantil de maravillarse, sorprenderse, sentir compasión, fascinarse y asombrarse y, al hacerse aún más preguntas, la invitación a salir a jugar.

LECCIONES APRENDIDAS

Los consejeros espirituales aprenden esta lección desde los comienzos de su formación. Cuando Carol trató de obtener una certificación posdoctoral en asesoramiento espiritual en el Nuevo Seminario de Manhattan, la primera lección que aprendió fue que la forma de ofrecer orientación a los clientes no consistía en compartir sus conocimientos y consejos. Lo que debía trascender de la relación de asesoramiento no tenía nada que ver con ella personalmente. Más bien, la tarea del consejero espiritual consistía en quitarse de en medio para ayudar a facilitar una relación directa entre el buscador y la Divinidad.

Del mismo modo que los buscadores espirituales, los psicólogos tienen mucho que ganar con este humilde enfoque sobre la vida. Cuando Bob comenzó su carrera como psicólogo, su ansiedad radicaba en que debía conocer y comprender con absoluta certidumbre a sus clientes y a sí mismo. El desconocimiento no era una opción. No obstante, con el paso del tiempo, Bob llegó a comprender de otra manera su propio trabajo. Hubo un momento crucial en un encuentro con una paciente en particular, que iba a terminar sus sesiones con Bob después de un largo período de psicoterapia intensiva.

En la última sesión, Bob le preguntó qué había sido lo más útil de su trabajo conjunto. La paciente respondió: "Le puedo decir esto, Dr. Weber, ¡no fueron sus brillantes interpretaciones, pero me dijo que estaría aquí todas las semanas, y así fue!". En ese momento Bob experimentó una honda sensación de alivio porque se dio cuenta de que no tenía que ser "brillante" ni expresar a la perfección todas las respuestas o interpretaciones. ¡Estaba permitido no saber! De hecho, esa era la única opción, en vista de que la persona que venía a su consulta semana tras semana era todo un misterio. Lo más importante era estar presente ante el propio yo, en el instante, en el ahora. A partir de ese momento, Bob dejó de sentirse obligado a dirigir el proceso de la terapia. En lugar de ello, solo necesitaba ser capaz de seguirlo y colaborar con su paciente. Terapeuta y cliente se convirtieron en dos personas, tan misteriosas para sí mismas como lo era una para la otra, y reconocieron que eso era aceptable. Mucho más: era la verdad.

Carol tuvo un momento similar de avance durante su formación como consejera espiritual cuando aplicó la técnica de la interpretación de roles en un encuentro con un cliente que pasaba por una crisis personal. Dada su experiencia anterior de profesora, autora y oradora, Carol estaba acostumbrada a comportarse como una persona que tenía respuestas o, por lo menos, opiniones informadas. Pero, cuando se encontró en medio de este ejercicio particular, se dio cuenta de que la parte que correspondía al otro estudiante que hacía el papel de cliente no era una simple actuación, sino que este compartía con ella algo real, profundo y personal. Esto hizo que a Carol se le trabara la lengua, cosa que no era característica de ella, pero trató de concentrarse lo más que pudo a pesar de la incomodidad que le producía comprobar que no se le ocurría absolutamente nada útil que decir. Al final, después de pasar varios largos minutos luchando contra su deseo de hacer algo que aliviara la incomodidad que tanto ella como su cliente sentían, dejó de intentarlo y se limitó a escuchar.

El ejercicio continuó durante media hora más y dejó embelesados a su profesor y otros observadores. Cuando al fin se indicó que el tiempo había terminado, Carol estaba segura de que había defraudado a su cliente y al resto de los presentes. En lugar de ello, quedó sorprendida cuando su compañero del juego de roles la miró a la cara, con lágrimas en las mejillas: "¡Jamás podré agradecerle suficientemente lo que acaba de decir; era exactamente lo que necesitaba escuchar!". La verdad es que Carol se había mantenido en silencio durante casi toda la sesión y, aun así, ese había sido su encuentro más fructífero hasta la fecha.

AFLOJAR LA MANO

En esencia, Bob y Carol aprendieron lo siguiente: no podemos llevar la vida como si estuviéramos conduciendo un automóvil con las manos bien apretadas sobre el volante del destino, dirigiéndonos hacia lo que la cultura estadounidense nos ha hecho creer que representa el éxito y la realización personal. Solamente insistimos en el esfuerzo porque no soportamos la ansiedad de soltar el timón y enfrentar lo que se nos hace cada vez más evidente a medida que envejecemos: aunque podamos influir en gran parte de las cosas que nos suceden a lo largo del camino, en definitiva no somos nosotros quienes llevamos la batuta. Esperamos que, al acompañarnos en el viaje que hacemos en este libro en busca de respuestas, usted logre al fin aflojar un poco la mano sobre el volante de la vida. En su lugar, puede disfrutar cada vez más el viaje propiamente dicho y encontrarse en lugares inesperados más allá de su propia imaginación y esfuerzo.

Eso es, en esencia, lo que le invitamos a hacer con nosotros: estar dispuestos a entrar en la segunda mitad de la vida, los desafíos y oportunidades, y afrontar las preguntas difíciles que ello nos plantea; no eludir las preguntas y no conformarnos con respuestas poco veraces. Cuando hacemos preguntas, nos avivamos y avanzamos hasta los mismos confines del conocimiento humano y las limitaciones personales. Paradójicamente, si no nos resistimos a las preguntas (y las dejamos ayudarnos a avanzar por el sendero espiritual) podremos asumir la experiencia de integridad que tanto deseamos.

SEGUNDA PARTE

25 Preguntas

*Un viaje de
indagación espiritual*

Comenzamos la parte principal del libro con una serie de preguntas que le ayudarán a analizar con mayor profundidad no solo su origen y procedencia, sino los avances que ha realizado con el paso del tiempo hacia lo que denominamos "madurez espiritual". A lo largo del camino, el propio hecho de tratar de responder estas preguntas tiene el potencial de transformar el proceso de envejecimiento en un sendero espiritual, e incluso en una experiencia mística.

Sobre la base de tradiciones milenarias, confiamos en que tanto las preguntas como los comentarios representarán una contribución a su viaje espiritual a medida que busca vivir con mayor plenitud, sin importar la situación que esté afrontando en su vida, ni las preocupaciones o posibilidades que ocupen su mente.

4

¿Qué es la madurez espiritual?

1. ¿Hay una visión del envejecimiento que sea sana desde el punto de vista psicológico y espiritual?

2. ¿De qué manera su espiritualidad ha cambiado y se ha profundizado con el paso del tiempo?

3. ¿Cómo han madurado sus conceptos de la Divinidad después de la niñez?

4. ¿Qué relación hay entre la espiritualidad y la religión?

5. ¿Cómo puede evaluar su avance hacia una espiritualidad más madura?

LA CUESTIÓN DE LA MADUREZ ESPIRITUAL

¿Cómo definir este concepto? La madurez espiritual es una etapa de nuestro desarrollo que nos permite mirar a la vida de frente, sin negar ninguna realidad, con intensa capacidad de valoración y profunda confianza, sin dejar por ello de asumir las sombras y la incertidumbre. Los teólogos, los filósofos, los psicólogos del desarrollo, e incluso los neurobiólogos, observan que el punto máximo del desarrollo humano presenta sorprendentes similitudes. Está claro que existe una correlación entre la dedicación a la práctica espiritual con el paso del tiempo y las cualidades que aspiramos a incorporar cada vez más en nuestras vidas a medida que envejecemos: compasión, aceptación, paz, gratitud, perdón, etc.

Pero también está claro lo que esto implica en cuanto a los modelos de crecimiento espiritual. La madurez espiritual no es algo que podamos alcanzar de una vez y ya. Es más bien un proceso de evolución y desarrollo a lo largo de toda la vida, que comienza en el nacimiento y continúa hasta nuestro último aliento. Por el camino descubrimos, una y otra vez, que el sendero espiritual puede estar lleno de altibajos. Tropezamos a menudo y la visión se nos nubla y empaña por las personas, cosas y sucesos de la vida, y las reacciones que surgen dentro de nosotros. Lo bueno es que siempre iremos avanzando, si persistimos en poner un pie delante del otro: no importa si emprendemos el camino en un estado de paz o de lucha.

Lo irónico es que, mientras más avanzamos desde nuestros conceptos antiguos sobre lo Sagrado y sobre el significado hacia la madurez espiritual, mayor es nuestro potencial de ser más infantiles. Pero tenga en cuenta que "infantil" no es lo mismo que "pueril". A medida que avanzamos, tenemos el potencial de desarrollar una nueva capacidad de sorprendernos, una libertad interna que tal vez no hayamos experimentado desde la primera infancia. Tal vez descubramos que prestamos mayor atención a las cosas pequeñas de la naturaleza, de otras personas y de nosotros mismos, acompañada de una sensación de asombro. Es posible experimentar esto aunque el cuerpo sienta cada vez más el peso de los años.

Al adentrarnos en la segunda mitad de la vida, habrá ocasiones en las que nos dejarán perplejos las dudas que irán surgiendo en función de nuestras circunstancias. En esos momentos, será importante haber establecido una base firme que sirva como punto de partida. Identificarse plenamente con las preguntas de este libro es un buen comienzo, pero seguimos siendo una obra a medio terminar. Sepa que en sus años venideros deberá hacerse muchas otras preguntas, en su búsqueda de respuestas que le abran los ojos a nuevas oportunidades espirituales que se van presentando a medida que surgen esas preguntas.

Al igual que Pablo, que fue derribado de su caballo en el camino a Damasco y quedó cegado por una luz intensa, necesitaremos viajar a un lugar donde podamos recibir lo que necesitamos para recuperar la visión (Hechos 9:3-4). Estas preguntas van indicando el camino.

Pregunta 1

¿Hay una visión del envejecimiento que sea sana desde el punto de vista psicológico y espiritual?

Carol Orsborn

En el primer capítulo, Bob y yo señalamos los aspectos más problemáticos de los conceptos populares y académicos sobre el envejecimiento que predominan actualmente en la sociedad. En pocas palabras, nos referíamos al hecho de que no se reconoce la oportunidad de crecimiento que está presente en esta etapa de la vida, en la que se toma en consideración tanto la sombra como la luz. Al distorsionar la imagen hacia los extremos de lo positivo y lo negativo, lo que queda afuera es una visión del envejecimiento que sea sana desde el punto de vista psicológico y espiritual y que tenga su base, simultáneamente, en la realidad y la esperanza.

¿Qué queremos decir con esto? Veamos una sencilla evaluación que usted mismo se puede hacer para determinar las teorías del envejecimiento que han operado en su vida. Para comenzar, le pido que se imagine a una anciana sentada en un banco de un parque, con la mirada perdida en el vacío. ¿Qué comienza a suponer? Si su reacción automática es pensar que la mujer se siente deprimida y marginada, y que eso representa un problema, usted estaría bajo la influencia de la teoría de la actividad. Si cree que la mujer se va distanciando poco a poco de la vida, en una especie de acercamiento elegante y gradual a la muerte, pero que eso no tiene nada de malo, estaría bajo la influencia de la teoría de la desvinculación. Si se resiste por completo a hacer este ejercicio, estaría en un estado de negación. Pero si aunque sea por un momento le pasa por la cabeza la idea de que tal vez la mujer esté en medio de una experiencia trascendente, y que no está desvinculada ni marginada sino que, más bien, asume la totalidad de la vida en un estado silente de éxtasis y asombro, usted sería un pionero de la gerontología y se encontraría entre los expertos más avanzados que tratan de establecer una visión radicalmente novedosa y emocionante del envejecimiento, y una nueva comprensión de las oportunidades que ese proceso nos puede traer.

Ese concepto va más allá de ver la espiritualidad como una forma de extraer el máximo provecho del envejecimiento mediante la mayor mitigación posible de sus efectos negativos. Más bien, ese nuevo enfoque nos permite percibir el propio envejecimiento como un sendero espiritual. En esa idea cabe hasta lo que se describe convencionalmente como aspectos negativos del envejecimiento, como el menoscabo del ego, la realidad de experimentar mayores pérdidas, e incluso el dolor y el sufrimiento, y considerar que contribuyen al avance de la madurez espiritual. El grupo humano que se identifica más directamente con esa nueva comprensión de las oportunidades de la tercera edad es el movimiento por el envejecimiento consciente antes mencionado. Como Bob y yo revelaremos, hay elementos, lecciones y enfoques que permiten cambiar de una perspectiva sobre el envejecimiento como problema a otra del envejecimiento como sendero espiritual, que se encuentra en casi todas las tradiciones religiosas y espirituales.

Para mí personalmente, esto representa un cambio radical en materia de comprensión. Hace apenas cuatro años, cuando cumplí los sesenta y tres, se me vinieron abajo mis conceptos románticos sobre el envejecimiento y me sentí amilanada. Esa experiencia de descenso (y redención) quedó recogida en mi memoria *Fierce with Age: Chasing God and Squirrels in Brooklyn* [La tenacidad de los años: Tras Dios y las ardillas en Brooklyn]. Durante ese año, mientras hacía frente a las ramificaciones físicas, sociales y emocionales no deseadas del paso de los años, me vi obligada a encarar mi incapacidad de hacer que las cosas salieran como yo deseaba. En un inicio estaba asustada, y luego sentí cada vez más humildad, al descubrir que muchos de mis viejos trucos ya no daban resultado. Pero lo irónico fue que, a lo largo del camino, comencé a darme cuenta de que gran parte de lo que había experimentado como una sensación de dominio y control había sido mayormente una mera ilusión. Por fin me vi obligada a dejar atrás la ilusión de que yo era quien lo determinaba todo y a confrontar la realidad de mis limitaciones.

Como escribí en una de las anotaciones de mi diario hacia fines de ese año:

Resulta ser que, cuando se le mira a través de la óptica de la psicología y la madurez espiritual, es bueno que esto suceda.

Cuando eliminamos las imposiciones, las fantasías y la negación, comenzamos a reconocer que el envejecimiento tiene el potencial de activar nuevos niveles sin precedentes de autoafirmación, significado y crecimiento espiritual.

Como he descubierto, esa visión sana del envejecimiento desde el punto de vista psicológico y espiritual deja espacio para la paz y la serenidad. Pero también da cabida a la posibilidad de hacer travesuras y vivir la vida con la mayor plenitud posible.

A mi entender, una visión del envejecimiento que sea sana desde el punto de vista psicológico y espiritual incluye ahora la libertad y el valor de ampliar mi capacidad de dar y recibir amor, y hacer todo lo que esté a mi alcance (a veces mucho, a veces poco), para ayudar de alguna manera al prójimo. Mientras siga creciendo, habrá momentos de ansiedad, lamentaciones y dudas. Pero también habrá transiciones, transformaciones y superación de obstáculos[1].

Paradójicamente, he llegado a descubrir que, mientras más decidida estoy a abandonar la ilusión de control, menos me preocupo de lo que otros piensan de mí y mayor es el nivel de libertad interior que alcanzo. Al desenredarme de la madeja de la sociedad, me imagino la tercera edad como una época de pura creatividad, en la que ya no tendré que buscar la manera de vender mis talentos y habilidades. Aquella mujer sentada en el banco tal vez estaba deprimida. O tal vez se sentía marginada. Pero quizás sea yo misma, simplemente tomando un descanso antes de continuar la caminata, tratando de idear un título para el próximo libro, o disfrutando el momento sin más.

Aspiro a poder hacerme muchas veces una pregunta esencial, que el psicólogo y místico Jim Finley formuló de una manera tan incisiva: "¿Que pasaría conmigo si decidiera entregarme por completo a esa gracia?"[2]. Por el simple hecho de hacerme esa pregunta, he dejado de resistirme a los temerosos estereotipos sobre la vejez para, en su lugar, lanzarme hacia la misma esencia del envejecimiento.

¿Hay una visión del envejecimiento que sea sana desde el punto de vista psicológico y espiritual?

Bob Weber

Durante varios años, fui notando que iba perdiendo gradualmente la claridad de la vista. Aunque el oftalmólogo me había diagnosticado cataratas, parece ser que yo no era muy consciente de lo que en realidad me pasaba. Ahora, al analizar retrospectivamente ese período, creo que se debía a mi incapacidad de aceptar la realidad de mi propio envejecimiento. ¡Solo las personas mayores necesitan semejante procedimiento quirúrgico!

Al fin, en el otoño de 2011, se justificó mi operación porque las cataratas habían "madurado" lo suficiente. Una vez que se estableció la fecha de la intervención, no podía seguir negando la realidad de que tenía cataratas y me estaban cayendo los años. Ello quedó verificado en el mes de junio siguiente, cuando recibí mi tarjeta de Medicare (el seguro médico para las personas de la tercera edad) y mi esposa me dijo, medio en broma, que me estaba "poniendo viejo".

Aunque tenía mis dudas sobre esa realidad, lo cierto es que enseguida pude valorar e incluso disfrutar esos cambios, del mismo modo que disfruté el resultado de mi operación. Recuerdo vívidamente la nueva experiencia de tener buena vista. No recordaba nunca antes haber visto con tanta claridad, ser capaz de apreciar los colores con tanta intensidad y no tener que soportar más el resplandor de las luces nocturnas que representaban un peligro cuando conducía. Podía ver con mayor claridad en la "luz diurna" y conducir con mayor confianza en la "oscuridad de la noche".

Con el paso del tiempo me he ido percatando de cuántas semejanzas hay entre la madurez psicológica y la madurez espiritual. Como psicólogo dedicado a la práctica profesional de la psicoterapia, veía que lo que esperaba de mis pacientes no era muy distinto de lo que deseaba para mí mismo en mi práctica espiritual personal.

Una de las primeras metas de la psicoterapia psicoanalítica consiste en pasar de un somnoliento estado de inconsciencia a un estado de mayor conciencia en relación con lo que pienso, lo que siento y lo que hago, para así poder vivir la vida con mayor plenitud y libertad. Una segunda meta consiste en corregir las múltiples distorsiones creadas por el estado vital inconsciente: distorsiones sobre mí mismo, sobre otros y sobre la vida en general. La tercera es alcanzar una mayor libertad, ser el sujeto o agente activo de nuestras vidas. En cuarto lugar, a medida que nos abrimos paso con las metas anteriores, vamos desarrollando de forma lenta pero segura un sentido más profundo de nuestro propio valor como seres humanos.

Ese sentido de congruencia entre la psicología y la espiritualidad se vio reforzado cuando comencé a leer la obra del psicoterapeuta, jesuita indio, director espiritual y sacerdote Anthony de Mello. En su libro *Caminar sobre las aguas,* escribió que la espiritualidad es: (1); despertar; (2) vivir sin ilusiones; (3) nunca quedar a merced de ninguna persona, objeto o acontecimiento; y (4) descubrir y valorar la mina de diamantes que tenemos dentro[3]. Su conceptualización de la espiritualidad es congruente con el paradigma psicoanalítico pero, para Anthony de Mello y para mí, este concepto incluye otro elemento esencial que Sigmund Freud no incluyó: Dios.

En un libro titulado *The Psychology of Mature Spirituality* [La psicología de la espiritualidad madura], los autores Polly Young-Eisendrath y Melvin E. Miller describen la madurez espiritual como un fenómeno de tres dimensiones: integridad, sabiduría y trascendencia[4]. Como se definió anteriormente, la integridad y la sabiduría del ego son los términos que utilizó Erik Erikson en su análisis sobre la última etapa del desarrollo, es decir, la vejez[5]. Al vivir en esa etapa, se nos da la oportunidad de integrar todos los elementos de nuestras vidas: lo bueno, lo malo y lo feo. Si esa integración se deshace, o si no se logra por completo, se pierde la esperanza. El fruto de esa integración es la sabiduría, la capacidad de percibir la verdad de nuestra existencia más claramente porque seguimos viviéndola con libertad y plenitud.

Esto implica una perspectiva trascendente, no porque hayamos pasado por alto la realidad concreta y finita de nuestras vidas, sino porque hemos penetrado en ella y la hemos experimentado más profundamente, con una visión que incluso nos permite reconocer y asumir lo que el rabino Irwin Kula, en su libro *Yearnings* [Anhelos], ha denominado "el sagrado caos de la vida"[6].

Pregunta 2

¿De qué manera su espiritualidad ha cambiado y se ha profundizado con el paso del tiempo?

Bob Weber

Según un proverbio portugués, "Dios escribe derecho con trazos torcidos". Mi propia vida es testimonio de la veracidad de ese proverbio. En mi juventud, creía que la vida en general, y la mía en particular, eran lineales. Estaba convencido de ello. Una de las cosas que tenía clara era que algún día me haría sacerdote. Mi propio padre predijo que yo recibiría las órdenes sagradas. Su sueño se convirtió en mi propio sueño. ¡Cómo no iba a desear darle esa satisfacción a mi padre, a quien tanto yo amaba!

Aunque quería que yo fuera cura, me advirtió que no me convenía entrar en un seminario desde una edad muy temprana, a pesar de que los curas de mi parroquia deseaban que yo matriculara en un liceo preparatorio para el seminario. Mi padre "predijo" que yo estudiaría secundaria y preuniversitario, que me destacaría en el plano académico y deportivo, y que también lo haría en la Universidad. Después que todas esas profecías se cumplieran, me prepararía para el sacerdocio.

Por fin ese día llegó mientras me encontraba en el primer año de mis estudios de posgrado, preparándome para estudiar magisterio. Una serie de acontecimientos y personas conspiraron para que yo entrara en la comunidad jesuita y emprendiera el camino hacia el sacerdocio. Cuando tomé esa decisión, me sentí más seguro que nunca. Estaba convencido de que mi vida era un reflejo de lo que había leído sobre el concepto de "vocación" en la obra de Thomas Merton *No Man Is an Island* [Nadie es una isla]: "Toda persona tiene vocación de ser alguien; pero debe entender claramente que, para hacerla realidad, solo puede ser una persona: ella misma"[7]. Yo había llegado o, por lo menos, eso creía.

Después de muchos años como jesuita, que resultaron fructíferos y contribuyeron a mi crecimiento, caí en la depresión, pero seguí viviendo la vida con la que me había comprometido en mis votos. Llegó un momento en que pedí licencia para aclarar mis dudas y mi confusión. Con la orientación y el aliento de buenos directores espirituales, decidí al fin, con gran tristeza y convicción, abandonar la comunidad jesuita.

La paz que sentí posteriormente confirmó la validez de mi decisión, a pesar de que mi padre reaccionó inicialmente con ira y enfado por haber cambiado de parecer y frustrarle sus sueños. Con el paso del tiempo, logró expresarme que lo único que deseaba para mí era mi felicidad. Aunque él nunca hubiera sido capaz de decirlo, supe que mi decisión era correcta.

Al cabo de los años me casé y obtuve mi título de doctorado en Psicología Clínica. Llevo casi cuatro décadas trabajando como psicólogo. Todos los trazos torcidos van convergiendo en un punto de intersección a medida que trato de integrar tres vertientes fundamentales de mi vida: mi profesión como psicólogo, mi propio envejecimiento e interés en la gerontología y mi dedicación de siempre a vivir una vida espiritual. Estas tres vertientes y su entrelazamiento me permiten servir al prójimo. Definitivamente, "Dios escribe derecho con trazos torcidos".

¿De qué manera su espiritualidad ha cambiado y se ha profundizado con el paso del tiempo?

Carol Orsborn

En muchas culturas premodernas, hay un ritual clásico al alcanzar la mayoría de edad en el que se separa al adolescente de la familiaridad de la vida cotidiana de la tribu. A veces se le deja a solas en un medio hostil, o se le aísla en una cabaña, o se le ata a un árbol para que lo ataquen las hormigas pero, en esencia, siempre se trata de la misma prueba terrible. Para alcanzar la adultez, el joven debe someterse a una serie de pruebas que inician al participante en una nueva etapa de la vida.

Los científicos sociales sugieren que las personas que pasan por una transición en cualquier etapa de su vida experimentan una secuencia transformativa similar, que a menudo redunda en su crecimiento espiritual. Un modelo particularmente útil para el crecimiento durante toda la vida se basa en la labor sobre la mitología cultural realizada por los doctores David Feinstein y Stanley Krippners[8]. Conocí su obra gracias a mi compañera de investigación, la Dra. Jimmy Laura Smull, con quien escribí el libro *The Silver Pearl: Our Generation's Journey to Wisdom* [La perla de plata: El viaje de nuestra generación hacia la sabiduría]. Según ese modelo, el niño nace con una visión original del mundo, que incluye creencias religiosas y espirituales. Esas creencias, constructos y apreciaciones acerca de cómo funciona el mundo son los que dan significado a su vida. En el desarrollo normal, cuando la persona que va madurando encuentra nueva información que difiere del "mito" original, simplemente modifica o sustituye esa información. En efecto, uno se "des-ilusiona" literalmente de la programación que antes tenía, pero hace un espacio para que su lugar lo ocupen apreciaciones nuevas y más auténticas. No obstante, las consecuencias de la desilusión pueden ser grandes, pues se nos han inculcado muchas formulaciones según las cuales, si discrepamos con las autoridades que nos han dicho lo que tenemos que creer, somos nosotros los que estamos equivocados, locos, perdidos o condenados a la ruina. Aun así, muchos llegamos a un punto en el que ya no estamos dispuestos a seguir negando nuestro propio sentido de la vida, su significado y su verdad.

Para muchos de nosotros, la iniciación en una espiritualidad más madura es un proceso duradero y recurrente. Hay muchos catalizadores que nos obligan a profundizar, no solo los factores externos como las enfermedades, el divorcio, los problemas económicos o el hecho de abandonar el hogar. También hay instigadores internos, como la incapacidad de tomar una decisión, la persistente impresión de que otros nos perciben de una manera distinta a como nos sentimos por dentro, el persistente abandono de nuestras necesidades físicas o emocionales, la ansiedad sin causa aparente, etc. Al fin, uno encara esos mensajes de frente, no como problemas que hay que resolver, sino como oportunidades de crecimiento. Porque, al mismo tiempo que los antiguos conceptos van quedando atrás, también van surgiendo los brotes y señales de nuevos comportamientos, actitudes y creencias.

La tendencia inicial es a rebelarnos contra las ilusiones de la juventud. Cualesquiera que sean las ideas que nos inculcaron en la niñez, es probable que nos sintamos inspirados a hacer precisamente lo contrario. De ese modo, uno podría creer que al final ha encontrado la libertad, pero lo cierto es que, mientras estemos motivados por la tendencia a reaccionar irreflexivamente contra el pasado, solamente habremos sustituido un conjunto de programas por otro grupo de creencias igualmente limitadoras. Pero no pierda la esperanza. Según las palabras de Bill Bridges, que escribió sobre la desilusión en su libro *Transitions* [Transiciones]: "Uno tiene que rendirse, entregarse al vacío y dejar de luchar por escapar de él. El caos no es un desastre. Más bien, es el estado primario de energía pura al que vuelve la persona para poder tener verdaderamente un nuevo comienzo. Solamente desde la perspectiva de la forma antigua es que el caos inspira miedo. Desde cualquier otra perspectiva, el caos se parece a la vida misma, a la que aún no se ha dado forma mediante el propósito y la identificación"[9].

Si bien la desilusión no es algo que uno desearía experimentar jamás, lo cierto es que trae consigo un nuevo período de crecimiento espiritual. Al final, conseguimos ir más allá de la victimización pasiva y de la rebeldía reactiva, y nos convertimos en lo que algunos enunciados psicológicos y tradiciones espirituales llaman "personas realizadas". La señal de haber llegado a esa etapa es la autenticidad: convertirnos en un todo que sea capaz de abarcar las tensiones opuestas. La espiritualidad madura es imperturbable, específicamente porque lo incluye todo y no omite nada. Claro que anhelamos la serenidad, la posibilidad de sentirnos resueltos y seguros acerca del futuro, y de experimentar una alegría profunda, renovada y adecuada al momento presente. Nos dan gusto los momentos en que, como lo describen los místicos, "el cielo desciende y besa la tierra". Sin embargo, al realizarnos, nos damos cuenta de que lo sublime no es más que una parte de la imagen de conjunto. Al habernos esforzado tanto por recuperar una visión del mundo que ofrece la promesa de la espiritualidad madura, tenemos más probabilidades de alcanzar estados exaltados más a menudo.

No obstante, como llegamos a comprender mi compañera de investigación Jimmy Smull y yo, así como los cientos de mujeres mayores de cincuenta años que participaron en nuestro estudio, lo que nos toma por sorpresa es el hecho de que, aún en medio de nuestro dolor (en los momentos difíciles en que tenemos que luchar con la pena, la ansiedad, la ira o cualquiera de los otros tonos oscuros de la escala emocional), seguimos pensando de todos modos que este sendero espiritual es una aventura que bien vale la pena.

¿Cómo han madurado sus conceptos de la Divinidad después de su niñez?

Carol Orsborn

Cuando todavía era muy pequeña, mis padres me llevaron a visitar a Papá Noel. Recuerdo vívidamente la tienda por departamentos, decorada por todas partes con acebo verde intenso y rojas flores de Pascua. Esperamos en la fila y, mientras más tiempo pasaba, más inquieta me ponía. Ni el sonido de las campanillas ni los coloridos globos aliviaban mi ansiedad cada vez mayor. Cuando al fin me sentaron sobre el regazo de Papá Noel, el nerviosismo me hizo vomitar sobre el buen San Nicolás. Esa experiencia no fue para nada de su agrado.

Según la tradición, los judíos creen que los humanos no tenemos la capacidad de representar a Dios, ni visualizarlo ni referirse a Él por su nombre. Por eso, la versión secular de Papá Noel, sentado en una tienda departamental, era en mi imaginación lo que más podría aproximarse a representar mi relación con la Divinidad. Y lo que es más importante, la desafortunada reacción de este Papá Noel me demostraba lo que siempre me había sospechado: que hay un poder más grande que nosotros, cautivante en apariencia, pero que no titubearía en hacernos sentir vergüenza.

Quizás al lector no le cueste mucho imaginarse que me convertí en una perfeccionista. Realmente quería hacer buenos actos. Sin embargo, al igual que el oso Winnie the Pooh atascado en el frasco de miel, yo siempre me las arreglaba para meterme en problemas. En mi tradición no se habla del fuego embravecido del infierno. Pero el rabino principal de mi congregación me advirtió muy claramente que Dios solamente toleraría hasta cierto punto mi tendencia a salirme de los confines de la tradición. Efectivamente, tenía apenas veintiún años cuando descubrí exactamente dónde estaba ese límite. Me enamoré de un cristiano en una época en que los matrimonios entre personas de distintas religiones eran muy poco comunes y superaban los límites de lo aceptable, incluso en nuestro templo liberal. Por eso mi rabino se negó a oficiar en nuestro matrimonio.

Como yo había estudiado en la universidad cuatro años antes, me había familiarizado con muchas otras tradiciones, creencias y conceptos de Dios. Aunque el rechazo del rabino representó un golpe para mí, eso no me hizo alejarme de la espiritualidad y la religión. Al contrario, me impulsó a asumir un nuevo concepto de Dios.

Para ser breve, dejé de preocuparme por complacer a un Dios sentencioso, y adopté una nueva estrategia, que no era necesariamente mejor: comencé a darle órdenes a Dios. Exploré muchas cosas, desde el pensamiento positivo hasta las artes marciales y el movimiento de la conciencia, y me dediqué a escribir afirmaciones en las que explicaba al detalle los resultados que esperaba recibir, y el momento y lugar en que los deseaba. Retrospectivamente, me doy cuenta de lo compasivo y amoroso que fue Dios al tener tanta paciencia ante mi impudicia y presunción.

Comencé a perder poco a poco la confianza en que Dios era mi asistente especial mucho antes de sobrevenirme una crisis que me cambió la vida: el diagnóstico de cáncer de mama que recibí en 1997. Estar frente a frente a la posibilidad de morir suele hacernos aprender más rápido. Hay un relato maravilloso de la tradición de los Doce Pasos que describe exactamente el punto en que me encontraba.

Una joven que va por un sendero en una montaña resbala y se cae. Se aferra a una rama y queda colgando sobre un abismo de cientos de metros de profundidad. La joven siempre había creído en Dios, pero no pensaba demasiado en esa relación. De repente, se le ocurrió que ese sería un buen momento para recurrir a Él y pedirle ayuda.

"Dios, ¿estás allá arriba?", gritó.

"Sí, hija mía. Aquí estoy. ¿Qué necesitas?".

"Dios, estoy aterrada, estoy colgando sobre un precipicio. ¿Qué debo hacer?". En ese momento, la rama comenzó a rajarse. "Dios, te ruego que me respondas. Haré lo que me pidas".

Dios replicó: "Suelta la rama".

"¿Que suelte la rama?".

"Sí, hija mía. Suelta la rama".

Hubo una larga pausa. La joven miró hacia abajo y luego volvió a mirar hacia arriba. Al fin, gritó: "¿Hay alguien más allá arriba?".

Como resultado de mi roce con la mortalidad, recibí una apreciación mucho más profunda de Dios. Nunca debí esperar que me recompensara con el cumplimiento de mis deseos a cambio de mi obediencia ni como reconocimiento de mis cualidades especiales. En lugar de ello, Dios es quien me pide que confíe lo suficiente como para soltarme de la rama.

¿Cómo han madurado sus conceptos de la Divinidad después de su niñez?

Bob Weber

En 1979, la Dra. Ana-Marie Rizzuto, psicóloga radicada en Boston, publicó el libro *The Birth of the Living God: A Psychoanalytic Study* [El nacimiento del Dios viviente: Un estudio psicoanalítico]. En su obra, la Dra. Rizzuto examinó las imágenes de Dios que cuatro personas fueron desarrollando con el tiempo y estudió los fundamentos de las distintas visiones de la divinidad que se fueron formando. Cada una de ellas se creó una imagen distinta: un Dios "sin bigotes"; un Dios "reflejado en el espejo"; Dios, "el enigma"; y Dios, "mi enemigo"[10].

Poco tiempo antes de la publicación del libro de Rizzuto, traté de hacerme mi propia imagen de Dios durante mi etapa de discernimiento sobre mi vocación jesuita. El discernimiento es un proceso de toma de decisiones, basado en la oración y en la orientación espiritual que, en este caso, me llevó a abandonar la comunidad jesuita en la que había entrado diez años antes. En determinado instante mientras oraba, apareció una imagen de Dios y experimenté un punto de inflexión.

Lo que recuerdo de aquel momento era un Dios severo, sentencioso y punitivo, un Dios más inclinado a condenar que a tener la piedad de perdonar, un Dios más dado a la ira que al amor. En ese momento, me llené de cólera por dentro. Alcé un puño, miré hacia el cielo y exclamé con una rabia adornada con unas cuantas obscenidades: "¡Si esa es la clase de Dios que eres, piérdete, no quiero tener nada que ver contigo!".

Entonces, me llené de miedo e imaginé que el cielo se abría y que desde él caía sobre mí la ira de Dios y me reducía a la nada. En lugar de ello, experimenté el silencio más profundo y lleno de paz que jamás había conocido. Respiré aliviado. Desde entonces, he vivido siempre con un nuevo sentido de la piedad, el perdón y el amor de Dios. Aunque en ocasiones se ha vuelto a manifestar cierto pavor lleno de condena, ya no era esa la sensación predominante.

Mi experiencia fue similar a la del profeta Elías. Cuando Elías se refugió en el monte Horeb para huir de la ira asesina de los profetas de Baal, sintió consuelo cuando Dios se reveló ante él, no en forma de tormenta ni de viento huracanado, sino en la quietud.

Como heraldo del Señor vino un viento recio, tan violento que rompía las montañas y hacía añicos las rocas; pero el Señor no estaba en el viento. Al viento lo siguió un terremoto, pero el Señor tampoco estaba en el terremoto. Tras el terremoto vino un fuego, pero el Señor tampoco estaba en el fuego. Y después del fuego, el susurro de una brisa apacible. (1 Reyes 19:11–12)

Al igual que Elías, lo que experimenté fue el Dios que había conocido en mi infancia, cuando iba a la misa de las 6:30 a.m. en mi parroquia, en la tranquilidad de la tenue luz del amanecer. Había una quietud llena de paz, sin ninguna imagen particular de Dios. Ahora diría que se trataba de Dios el Padre, una imagen derivada de mi relación con mi propio padre, a quien amaba y admiraba profundamente en mi niñez.

Con el paso del tiempo, esa imagen fue enturbiada por la influencia de las enseñanzas de la Iglesia Católica Romana anterior al Concilio Vaticano Segundo, que hacían hincapié en el pecado y la confesión y conferían proporciones exageradas a mi propio superego, lleno de severidad. Cada semana, y a veces cada día, si pensaba que había cometido un pecado mortal, mi escrupuloso superego me hacía ir a confesarme. Por suerte, en todos esos años, solamente una vez me encontré con un sacerdote que me hizo sentir aún más culpable y sin esperanzas después de la confesión.

Mientras le contaba mis pecados, aquel sacerdote insistía en preguntarme: "¿Estás seguro de que no lo cometiste más veces de lo que has dicho? ¿Cuáles otros pecados no has mencionado aún?". Poco a poco, me di cuenta de que el cura no me transmitía un concepto de redención, sino de condena. Aquel hombre tenía una idea completamente equivocada de cómo debía ser la confesión.

Aquel momento en que alcé el puño me limpió de todo vestigio de aquel sacerdote y del dios castigador y condenatorio que él representaba y que aún quedaba dentro de mí. También me libró del superego castigador y de la consiguiente escrupulosidad que yo mismo me imponía. Estaba libre al fin, para vivir.

En mi época de jesuita descubrí claros paralelos entre mi experiencia y la de Ignacio de Loyola, fundador de la comunidad conocida como la Compañía de Jesús. San Ignacio también tuvo que luchar con la escrupulosidad durante un período de su viaje espiritual que estuvo lastrado por una sensibilidad exacerbada hacia su capacidad de pecar, hasta que un confesor tuvo que decirle, en esencia: "¡Para ya! Concéntrate en vivir tu vida". Cuando San Ignacio escribió sus *Ejercicios espirituales,* incluyó una larga sección dedicada a las formas de controlar la escrupulosidad[11].

Pregunta 4
¿Qué relación hay entre la espiritualidad y la religión?
Bob Weber

Harvey Cox, un conocido teólogo de la Facultad de Divinidad de Harvard, describe a los "EPNR", cierto tipo de personas que han surgido en el paisaje religioso-cultural norteamericano. Un EPNR es una persona "espiritual, pero no religiosa"[12]. En gran medida, aunque no con carácter exclusivo, este grupo está compuesto por la generación de Carol y mía, es decir, de los nacidos después de la Segunda Guerra Mundial, un período que se caracterizó por la prosperidad económica y el gran crecimiento demográfico después que los soldados regresaron a su patria y volvieron a adoptar la vida doméstica y familiar.

En sus estudios sociológicos sobre esa generación, Wade Clark Roof destacó las condiciones de la cultura estadounidense que contribuyeron a definirnos en los ámbitos religioso y espiritual. El libro *A Generation of Seekers: The Spiritual Journeys of the*

Baby Boom Generation [Una generación de buscadores: Los viajes espirituales de la generación de la explosión demográfica], según una reseña literaria publicada en el periódico *The New York Times,* identificó "las corrientes de creencia de la generación que se rebeló" y concluyó que "la numerosa generación de los nacidos entre 1946 y 1964 ahora está volcándose hacia la religión. Ese es el grupo que experimentó el terremoto espiritual de los años sesenta, sintió las réplicas de los años setenta y, mediante su mera superioridad numérica, se convirtió en una fuerza imparable en pos del cambio social". En esencia, este proceso tumultuoso ha constituido una búsqueda, que aún continúa, "de significado y valores en un mundo complejo"[13].

Varios años después, Roof volvió a entrevistar a muchos de los que habían servido de base para su primer estudio. Escribió otro libro, titulado *Spiritual Marketplace: Baby Boomers and the Remaking of American Religion* [El mercado espiritual: Los hijos de la explosión demográfica y la reformulación de la religión en Estados Unidos], y concluyó que estaba teniendo lugar un "alejamiento de la religión en su forma tradicional y un acercamiento a enfoques más diversos y creativos". Observó que esa diversidad religiosa se reflejaba en el tipo de libros que ocupaban las estanterías dedicadas a la religión en las grandes librerías: allí podría encontrarse obras sobre una gran diversidad de temas religiosos y espirituales, por ejemplo, "ángeles, sufismo, viajes espirituales, recuperación, meditación, magia, inspiración, judaísmo, astrología, gurús, Biblia, profecías, evangelismo, la Virgen María, budismo, catolicismo y esoterismo"[14]. Treinta años después de publicado ese libro, sigo notando esos cambios en las librerías de la plaza de Harvard.

Roof señaló cinco subculturas emergentes en el "mercado espiritual": los dogmáticos, los cristianos renacidos, los creyentes convencionales, los creyentes y buscadores metafísicos, y los secularistas. Los organizó en función de los contrastes entre sus identidades religiosas y espirituales[15]. Por supuesto, yo tenía que colocarme en una de las categorías o crear una completamente nueva. Comencé por eliminar las que sabía que no se avenían conmigo, hasta que solo quedó una, la de "creyentes convencionales". Según la tipología de Roof, soy una persona del tipo "religioso y espiritual", que no es lo mismo que los modernos EPNR.

Muchos de mis colegas profesionales, e incluso varios de mis amigos personales, no entienden por qué sigo siendo católico. No pueden comprender cómo es posible que una persona instruida siga adhiriéndose a una religión que parece exigir a sus feligreses una sumisión infantil a una institución, la Iglesia, que profesa la creencia en una historia que parece como un cuento de hadas, que practica rituales que les resultan ridículos y que está conformada por una comunidad de personas muy distintas a mí.

Así es la religión. Dicho en los términos más sencillos, se trata de una comunidad de creyentes, acompañada de rituales y prácticas que manifiestan, apoyan y reafirman las creencias. ¡Es cierto que a veces parece un juego de niños! Pero no hay nada más alejado de la verdad, puesto que su esencia es la vida espiritual que pretende cultivar, e inculcar, un modo de vivir y de ser que supera con mucho las imágenes culturalmente más aceptables de la madurez: el éxito y el estatus, el prestigio y la riqueza.

La vida espiritual, como yo la siento, me hace despertar a lo que realmente vale y me ayuda a reconocer lo que es verdaderamente importante. Me ayuda a penetrar en la falsedad que tanto abunda en la vida y hace que se disipen las ilusiones que nos hemos creado a nivel individual y cultural. Ya lo dijo George Carlin: "Le llaman el sueño americano porque hay que estar dormido para creerlo"[16]. El hecho de profundizar cada vez más en mi espiritualidad también me libera de estar a merced de cualquier persona, objeto o acontecimiento, al ponerlo todo en la perspectiva adecuada. Además, la vida espiritual me permite mantener mi dignidad como ser humano, amado y bendecido, aunque esto sea difícil de reconocer cuando nos encontramos en los momentos más difíciles.

Para muchas personas la religión convencional ya no funciona. Refiriéndose a la espiritualidad y la religión, el sacerdote jesuita Anthony de Mello describe ese aspecto cuando añade que "el propósito de la religión es llevarnos hasta allí"[17]. Para muchos de los participantes en los estudios de Roof, los creyentes y buscadores metafísicos y los secularistas, la religión tradicional ya no cumple ese propósito. Mi base católica romana sigue contribuyendo a mi búsqueda espiritual, aunque le he añadido matices con el paso de los años. Muchas personas, incluida mi esposa, no entienden cómo es que sigo tolerando a la Iglesia Católica, en vista de sus múltiples problemas y escándalos, sobre todo los abusos sexuales cometidos por curas y la gradual regresión e involución hacia la cultura que existía antes del Concilio Vaticano Segundo.

Mi respuesta es sencilla. Mi espiritualidad y mi fe me sostienen frente a toda la complejidad de la vida. El Dios en el que deposito mi fe es piadoso y misericordioso, no se enoja fácilmente, está lleno de bondad y compasión (tanto, que encarnó en Jesucristo para estar con nosotros), es amoroso por encima de todo, y me considera (como a toda la humanidad) digno de su amor aunque me comporte como el hijo pródigo de la parábola cristiana.

En la actualidad siento un apoyo mayor con la llegada del nuevo líder católico, el Papa Francisco, que nos está ayudando a imaginar una Iglesia que hace mayor hincapié en la flexibilidad pastoral que en la rigidez dogmática.

¿Qué relación hay entre la espiritualidad y la religión?

Carol Orsborn

Toda tu vida está enredada en grandes fuerzas vivas, terribles por desconocidas.

EVELYN UNDERHILL

Al hablar de la distinción entre la religión y la espiritualidad, debo señalar una ironía: si se toma lo mejor de cada una, no hay diferencia entre ellas. La espiritualidad es, en esencia, una relación íntimamente personal y directa con un poder que está por encima de nuestra existencia ordinaria. En el núcleo de todas las grandes tradiciones religiosas hay un elemento progenitor: alguien que no solamente experimentó a nivel personal esa unidad, sino que fue capaz de expresarla y transmitir el poder de la Divinidad a los demás. No importa si se trataba de Moisés y Abraham como padres del judaísmo, o de Jesucristo y el cristianismo, Mahoma y el islamismo, o Buda y el budismo: en un inicio, la espiritualidad y la religión eran una misma cosa.

No obstante, se plantean dificultades cuando la espiritualidad trasciende la experiencia individual y se convierte en un fenómeno comunitario. Con el paso de las generaciones, existe la tendencia a que el núcleo espiritual original se solidifique en doctrina, y a que la experiencia directa de la Divinidad se organice en reglas y códigos basados en la interpretación de algunos.

Cuando la religión da supremacía a la forma y a la obediencia, en lugar de la verdad espiritual, a los líderes comunitarios les resulta más fácil y conveniente hacer promesas que no podrán cumplir. "Hagan lo que decimos y no les pasará nada malo. Si se descarrían, serán castigados". Quienes se resisten a tales manipulaciones son acusados de deslealtad y son expulsados o marginados. Pero el potencial de manifestación de lo Divino siempre existe, independientemente de si uno forma parte de una institución religiosa reconocida. Dios nos puede encontrar dondequiera que estemos: en el dolor, en la disfunción, y también en la alegría y los logros.

Pero a veces (espero que a menudo), la religión logra superar las tendencias al distanciamiento y la solidificación cuando ofrece lo mejor de ambos mundos: el respeto y el cultivo de la relación directa del individuo con la Divinidad, junto con el amoroso apoyo, la camaradería y la orientación que puede brindar una comunidad de maestros y colegas. Se puede sentir palpablemente cuándo un grupo religioso está lleno de espíritu. Los miembros de esa afortunada comunidad, donde convergen ambos aspectos, logran tener la experiencia de ser al mismo tiempo individuos y comunidad, y en lugar de menoscabo, encuentran apoyo a su capacidad cada vez mayor de escuchar los anhelos más profundos de su alma.

A veces hace falta valor para salirse de las cómodas rutinas e insuflar verdadera vida en nuestra relación personal con la Divinidad. Ante el diagnóstico de una enfermedad potencialmente mortal, me vi obligada a encarar mis limitaciones y lidiar con circunstancias más allá de mi control. En mi diario, escribí que creía haber llegado al límite máximo de mi fe y que había caído de cabeza al vacío. No obstante, aunque la propia realidad de mi vida me estaba dejando al desnudo, me había convertido, sin saberlo, en candidata a una mayor intimidad con Dios, más allá de cualquier cosa que hubiera experimentado antes. Sea dentro o fuera de una entidad o institución religiosa en particular, la realidad siempre encuentra la manera de poner al descubierto nuestras falsas interpretaciones de la vida, de Dios y del significado, y hacernos encarar las profundidades del misterio. En la oscuridad, tuve que dejar atrás mis conceptos preferidos, mi confort e incluso mi nivel de confianza en las prácticas espirituales. ¿Qué hacer entonces? Tenía que dejar de aferrarme a las cosas, hallar en mí la capacidad de esperar, con paciencia o con ansiedad, sola o acompañada, a recibir la inspiración, el significado y la esperanza.

Quienes aspiramos a llevar una vida espiritual madura no estamos obligados a seguir fielmente a una comunidad religiosa, sino que tenemos el deber sagrado de abrir las ventanas para que los sonidos de la naturaleza penetren en nuestros corazones con su fascinante música.

Cuando vivimos y respiramos la verdad a la sombra del misterio, ni la religión ni la espiritualidad verdaderas pueden garantizarnos resultados, comodidad ni seguridad durante toda la vida. En lugar de ello, obtenemos algo infinitamente superior. Como afirma el escritor J. MacMurray: "No temas: es muy probable que las cosas que temes te sucedan efectivamente, pero no hay que tenerles miedo"[18].

Pregunta 5

¿Cómo puede evaluar su avance hacia una espiritualidad más madura?

Carol Orsborn

Cuando estoy frente a un público, a menudo pregunto: "¿Quién sabe hoy más de lo que sabía hace diez años?". Invariablemente, todos alzan la mano. Hay muchas maneras de madurar con el paso del tiempo y nuestro nivel espiritual es parte del proceso. Pero no siempre es posible medir el progreso, aparte de la forma en que lidiamos con nuestras dificultades y oportunidades cotidianas. Por ejemplo, ¿cómo afronta usted sus problemas de salud? ¿En qué estado se encuentran sus relaciones con sus hijos adultos? ¿Ha logrado avanzar en cuanto a sus asuntos pendientes, incluidas las situaciones que lamenta y las metas no alcanzadas?

Ya me he referido a un estudio de investigación que realicé con la experta en ciencias sociales Jimmy Laura Smull, en el que nos propusimos observar cómo va ocurriendo el crecimiento espiritual de la mujer, en particular, al pasar por la mediana edad y las etapas posteriores. Formamos grupos de sondeo, hicimos entrevistas personales y en grupo y enviamos encuestas en busca de mujeres maduras que hubieran logrado dominar una o más esferas de sus vidas. Las respuestas confirmaron nuestra teoría: a diferencia de lo que sucede con el desarrollo físico, a medida que uno envejece, aumentan sus posibilidades de alcanzar con mayor plenitud su potencial psicoespiritual[19].

No encontramos muchas mujeres que hubieran logrado ese dominio en todos los aspectos. Pero muchas personas tenemos ámbitos en los que hemos avanzado y otros en los que nos hemos estancado. Afortunadamente, el crecimiento espiritual y psicológico puede ocurrir a cualquier edad. De hecho, descubrimos que la sensación de descontento es uno de los principales indicadores de progreso hacia la madurez espiritual: significa que seguimos intentando hacer realidad la promesa de la vida.

Avanzamos en el plano espiritual cuando dejamos atrás las antiguas creencias y patrones que ya no nos sirven y adquirimos un mayor nivel de conciencia sobre la persona en que estamos convirtiéndonos. Esa es la puerta de entrada hacia el crecimiento espiritual: uno tiene que estar dispuesto a acercarse, en lugar de alejarse de las situaciones incómodas y sin resolver de su vida.

¿Cómo puede evaluar su avance hacia una espiritualidad más madura?

Bob Weber

¿Cómo puede evaluar su avance hacia una espiritualidad más madura? Si es capaz de entender esta paradoja: "Les aseguro que si ustedes no cambian y se vuelven como niños, no entrarán en el reino de los cielos" (Mateo 18:3).

Tal vez el lector tenga que invertir por completo su idea de la espiritualidad madura y, paradójicamente, volverse como un niño para alcanzar esa madurez. Los adultos tienen muchas respuestas a muchas preguntas, aunque a veces desconocen realmente lo que afirman saber. Pero, ¿un experto que ha alcanzado la madurez espiritual no debería tener las respuestas? No, simplemente debe tener la capacidad de reconocer que no sabe. En ese momento, el "salto de fe" es posible.

Recuerdo que, cuando era niño, veía con desprecio al "dudoso Tomás" cada vez que mencionaban su historia. Después de la resurrección de Jesús, Tomás fue el que dudó, el que dijo "si no". ("Si no veo en sus manos la marca de los clavos y meto mi dedo en el lugar de los clavos, y meto mi mano en su costado, no creeré" (Juan 20:25). No obstante, esa persona llena de dudas, preguntas e incertidumbre fue quien al final dio la más contundente profesión de fe entre todos, cuando dijo: "¡Señor mío y Dios mío!" (Juan 20:28).

Por supuesto, los niños que nos criamos en la fe católica creíamos tener todas las respuestas, que se nos habían inculcado mediante el Catecismo de Baltimore antes de la Primera Comunión. Cuando nos prepararon para la confirmación, nos hicieron memorizar más respuestas. El obispo que la presidía hacía preguntas a los alumnos y aplaudía al escuchar las respuestas recitadas con absoluta precisión.

¿Qué era lo que realmente sabíamos en ese momento? Muy poco, dada nuestra extrema juventud y escasa experiencia en la vida. ¿Cuántos nos hacíamos verdaderas preguntas sobre la vida y la fe? Ahora que hemos acumulado mucha más experiencia, han surgido más dudas y, probablemente, hemos cultivado la ansiedad y el miedo al darnos cuenta de lo poco que en realidad sabemos y del escaso control que tenemos sobre esta vida tan misteriosa.

Al fin tenemos la oportunidad de convertirnos en expertos de la vida. Siempre tuvimos ese potencial, pero se ha visto enturbiado por nuestra necesidad de saber, incluso cuando no podíamos saber. Quizás esa sea la esencia del pasaje sobre el pecado original en el libro del Génesis, en el Antiguo Testamento.

Recordemos el relato: Adán y Eva vivían con entera libertad en el jardín del Edén. Tenían permitido probar los frutos de todos los árboles, excepto el del árbol del conocimiento del bien y del mal. Antes de ese momento, eran como niños en un parque infantil, que disfrutaban todo lo que les rodeaba sin tener conciencia de sí mismos, colmados de felicidad y, seguramente, de asombro ante el misterio que los rodeaba. Ante los misterios de la vida, los niños hacen tantas preguntas que a veces enloquecen a sus padres con su bombardeo en busca de explicaciones: ¿Por qué es azul el cielo? ¿Por qué existe el aire? ¿Por qué? ¿Por qué? ¿Por qué? Al hacernos adultos, ya no queremos las preguntas, solo las respuestas. Nos volvemos insensibles y perdemos la capacidad de maravillarnos.

Maravillarse es estar lleno de preguntas, como un chico que ve el mundo con nuevos ojos. Con el paso del tiempo, el niño que todos llevamos dentro desarrolla "cataratas espirituales" que le restan capacidad de experimentar el verdadero asombro. Este queda tan diluido en las expresiones comunes, que su sentido sagrado se pierde cuando la cultura dominante lo secuestra para sostener y promover las ilusiones sobre la vida y el valor propio. Nos hemos distanciado de la verdadera sensación de asombro. ¿Cuántas veces habremos oído el calificativo de "asombroso"? ¿No será que esto nos ha hecho perder la capacidad de apreciar su significado real?

El asombro es la capacidad reverente de maravillarse, matizada con el temor que inspira lo sublime. Si las palabras *temor* y *temeroso* nos producen rechazo y nos disuaden de desear experimentar el verdadero asombro, puedo confesarle que al principio a mí me pasaba lo mismo. Cuando recuerdo hasta qué punto mi experiencia inicial relacionada con la religión y la espiritualidad estaba cargada de temor y terror, con el consiguiente y profundo sentido de culpabilidad y vergüenza, se me forman nudos en el estómago. Esto iba en menoscabo de mi libertad de elección y me impedía ser quien soy en la actualidad, un hombre lleno de vivacidad. Después que descubrí el verdadero significado del temor relacionado con la sensación de asombro, volví a sentir la libertad y la plenitud de la vida. Por eso conviene dedicar un tiempo a considerar el verdadero sentido de esta definición (el asombro es la capacidad reverente de maravillarse, matizada con el temor que inspira lo sublime), sobre todo de la palabra *sublime*.

En su artículo titulado "La represión de lo sublime", Frank Haronian escribió: "el propio tedio y la falta de satisfacción que nos llega a producir la gratificación de los sentidos es lo que nos hace comenzar a buscar significados más elevados en la vida", y anhelar lo sublime[20]. Una dimensión de ese deseo es "la necesidad de hacernos y respondernos la pregunta existencial básica: ¿Quién soy? ¿A dónde voy?"[21]. El fruto de esa indagación es la experiencia de lo sublime: lo que nos hace más parecidos a un niño, no contaminados por el hastío socioculturalmente reforzado de una persona adulta. En esos momentos sublimes, poseemos "el sentido de comunión y dedicación a algo que está por encima de nosotros [y] experimentamos ese impulso espiritual básico. Puede ser un impulso religioso, agnóstico o ateo; no requiere creer en Dios, pero es coherente con esa creencia"[22].

¡Ese es un indicador del avance hacia la espiritualidad madura! Uno se convierte en niño y entra en el reino de los cielos, el reino espiritual.

5

¿Qué es el despertar espiritual?

6. ¿Por qué deseamos seguir dormidos?

7. ¿Qué nos hace despertar?

8. ¿Ha habido una experiencia en particular que por fin le ha hecho despertar?

9. ¿Hacia qué cree usted que lo quiere guiar lo Sagrado al despertarle?

10. ¿El arrepentimiento, la vergüenza y el sentimiento de culpabilidad tienen algún papel constructivo?

LA CUESTIÓN DEL DESPERTAR

¡Despertar! En la mañana, a menudo nos resulta difícil espabilarnos. Cada mañana tenemos mil razones para ignorar el despertador y cubrirnos por completo con las mantas, para volver a caer en un estado de somnolencia aunque sepamos que es hora de levantarnos. Incluso a lo largo del día, a menudo vamos por la vida como sonámbulos y realizamos nuestras tareas sin entusiasmo, de forma casi inconsciente, en piloto automático.

También en la psicoterapia la gente tiene dificultad para cobrar mayor conciencia de lo que realmente está pasando en su interior. Nos quedamos atascados sin reconocer lo que nos podría liberar de las mismas cosas de las que nos quejamos. La gente prefiere lo familiar y lo predecible, aunque ello le cueste una vida libre y plena. De hecho, los supuestos problemas que tenemos no son más que soluciones que no estamos dispuestos a ver como tales. Vemos este mismo fenómeno en los sistemas carcelarios, cuando los presos, después de ser puestos en libertad, presentan un alto índice de reincidencia. Nosotros mismos somos quienes construimos las prisiones en las que nos hemos encarcelado para cumplir sentencia de muerte.

La ilusión es que, si seguimos así, estamos más seguros. Como ha dicho alguien: "Pasé la vida construyendo una fortaleza, pero luego descubrí que en realidad había creado mi propia prisión"[1]. En esas prisiones de nuestra propia creación, malgastamos la vida para evitar los riesgos y temores asociados con lo que no queremos saber.

No somos los únicos que creamos este estado de cosas mediante nuestra tendencia a la negación. En ese sentido recibimos mucha ayuda de la familia, las instituciones y la cultura, como le sucedió a Buda antes de despertar, experimentar la realidad de la vida y la muerte y abrirse paso hacia la iluminación. Su padre lo crió aislado del mundo para protegerlo de las duras realidades de la vida. Cuando al fin Buda salió a la calle, dejó atrás el estado de negación que había contribuido a crear junto con su padre y, por primera vez, a los veintinueve años, encaró lo que siempre había existido: la enfermedad, el sufrimiento y la muerte.

A fin de cuentas, "la negación de la muerte" es lo que pasa a primer plano cuando estamos cara a cara con la vejez. Como ya hemos indicado, los estadounidenses estamos permeados por una fuerte "cultura antivejez", que ha contribuido a que surja un sinnúmero de tratamientos, ungüentos y programas que promueven la lucha contra el envejecimiento mediante un estado generalizado de negación. Pero es imposible eludir la realidad, sobre todo si se tiene en cuenta la mayor expectativa de longevidad de nuestra generación. Aunque no queramos "entrar dócilmente en esa noche tranquila"[2], lo cierto es que, de una manera u otra, no tenemos otra opción. Lo bueno es que, cuando al fin lo hagamos y dejemos a un lado el estado de negación, descubriremos una "noche oscura" donde, paradójicamente, abundan las riquezas espirituales.

Si encaramos esos temores, por decisión propia o por las circunstancias, ese es el momento en que despertamos, al fin respiramos aire fresco y somos capaces de VIVIR, quizás por primera vez. Como dijo William Faulkner: "Ten temor. No podrás evitarlo. Pero no tengas miedo"[3].

Pregunta 6
¿Por qué deseamos seguir dormidos?

Bob Weber

¿Usted se llena la boca de bombones de chocolate, deja caer al suelo parte de las golosinas que se está comiendo, o se toma rápidamente una copa más de vino tinto sin darse cuenta de que ya va por la tercera? Esa es la definición de comer sin prestar atención.

También se trata de un estado de negación: no querer admitir el peligro de que su nivel de colesterol ya es demasiado elevado; no reconocer el sobrepeso que pone en mayor riesgo su salud; y no ver el peligro al que se expone al conducir de regreso a casa después de una fiesta. En momentos como estos, actuamos de manera inconsciente, como dejados llevar por una especie de sonambulismo.

¿Por qué deseamos seguir dormidos y mantenernos en ese estado de negación? Quizás no es exactamente que "lo deseemos". Si todo fuera cuestión de conciencia y comprendiéramos plenamente el costo personal que pagaríamos por seguir en la negación, dejaríamos de hacerlo. La negación surge desde lo más profundo de nuestro ser, de las dimensiones de la vida que, en su mayor parte y casi todo el tiempo, se mantienen a un nivel inconsciente. Son como el ochenta por ciento de un iceberg, la parte que no es visible porque está oculta bajo la superficie, pero que de todas maneras no deja de estar presente.

De esas profundidades es que viene la verdad. Sabemos que, en realidad, no vivimos nuestras vidas. Creemos que lo hacemos, porque hemos adquirido lo que otros admiran, porque tenemos una posición de estatus y prestigio en el mundo, y porque todos nos conocen y hablan bien de nosotros. Sin embargo, la parte más profunda y verídica de nuestro ser no navega por un mundo cuyos valores se basan en lo que tenemos, lo que hacemos y lo que otros piensan de nosotros. Esa parte sabe que vivimos en una mentira.

No respondemos a nuestra vocación, a nuestro llamamiento, a la voz en lo más profundo de nuestro interior. Ante todo, esa vocación entraña convertirnos en el "ser humano" que somos, por nuestras elecciones y decisiones. El problema es que, al mantenernos dormidos y en un estado de negación, seguimos siendo "hacedores humanos". Solamente cuando logramos un feliz matrimonio entre nuestra parte del "ser" y la del "hacer" es que nos realizamos de veras.

En la mediana edad y los años posteriores abundan las

oportunidades para reconectarnos con la vida, para volver a vivir de nuevas maneras. Con ese fin, es necesario dar la cara a todos los riesgos que ello entraña, del mismo modo que, al enamorarnos, pasamos por una experiencia que es al mismo tiempo maravillosa y aterradora, sobre todo cuando tenemos en cuenta lo que significan los votos matrimoniales. Entramos en esa relación como tenemos que entrar en la propia vida: "para bien o para mal, en la riqueza y en la pobreza, en la enfermedad y la salud, hasta que la muerte nos separe".

Preferimos la ilusión de la vida y el amor antes que la vida y el amor verdaderos, y no toleramos que nos rompan esas ilusiones. Pero de todas maneras se hacen añicos en la mediana edad y los años posteriores, cuando perdemos la salud y las funciones del cuerpo; cuando perdemos nuestro papel en la vida y la identidad que habíamos vinculado con este; cuando perdemos a nuestros seres queridos y, de una forma muy real, a nuestro propio ser, el que hemos creado. No podemos evitar esa disolución y desilusión a medida que envejecemos, y tampoco podemos evitar las entrañables ilusiones acerca de nuestro ser amado, de las que ni siquiera somos conscientes. Como dijo el filósofo español Miguel de Unamuno: "El amor es hijo de la ilusión y padre de la desilusión"[4]. Cuando vivimos en estado de negación, nuestras vidas también son hijas de la ilusión, e inevitablemente engendrarán la desilusión.

Cuando nos llega ese momento en la segunda mitad de la vida, si no antes, tenemos la oportunidad de responder y hacer realidad la vocación que siempre ha clamado por nuestra atención, la voz que no hemos querido escuchar debido a nuestra tendencia a la negación, a seguir dormidos sin oírla. Debido a esa decisión inconsciente, es mucho lo que nos hemos perdido.

Nos hemos perdido la experiencia del momento en el aquí y el ahora. Siguiendo el mismo ejemplo de comer y beber sin prestar atención, sería mejor imaginarse la maravillosa anticipación que implica el sonido del corcho al sacarlo de la botella de vino seleccionada para la cena. Después de servir el vino, imagínese que se detiene a apreciar su profundo tono tinto, como de rubí, y a disfrutar su aroma, su fragancia afrutada. Imagine que retiene en la boca el sabor del vino que acaba de beber, y que requirió muchas horas de luz solar, lluvia y esmero del vinicultor para poder crear ese líquido de sedosa textura que algunos llaman "el néctar de los dioses".

Quizás por eso es que hacemos chocar las copas antes de beber el primer sorbo. El ritual es necesario para que el vino apele a todos los sentidos y el tintineo que complementa los otros cuatro sentidos (vista, olfato, gusto y tacto) y de ese modo añade a la experiencia el otro sentido que faltaba y nos permite disfrutarla a plenitud. Creo que hay otra razón: la intención de que cobremos conciencia de lo que vamos a hacer, lo que está sucediendo y lo que va a suceder. Representa un toque de atención, un llamamiento a experimentar la plenitud del momento, la plenitud de la vida en general que se ha mantenido oculta en la modorra provocada por nuestro estado de negación.

¿Por qué deseamos seguir dormidos?

Carol Orsborn

Si quieres volverte sabio, primero tendrás que escuchar a los perros salvajes que ladran en tu sótano.
NIETZSCHE

Creía que tenía la respuesta a esta pregunta y comencé a escribir. Pero, en medio de mis reflexiones, estuvo a punto de sobrevenir una tragedia. Nuestra querida perra Lucky (que en inglés significa "afortunada"), una mezcla de maltés con Yorkshire de menos de cuatro kilogramos, fue atacada ferozmente por un enorme pastor alemán. Yo llevaba a Lucky atada con su correa, y ella y mi esposo me seguían a unos pasos. Sin que nos diéramos cuenta, el pastor alemán se puso al acecho bajo un banco mientras su dueño almorzaba en una cafetería al aire libre. Sentí un tirón de la correa y, cuando me di rápidamente la vuelta, escuché los gritos de mi esposo y de otros transeúntes y, lo que es peor, el aullido de la perrita, seguido de su silencio (lo que me resultó aún más aterrador). Dan y otro hombre necesitaron diez largos segundos para forzar al pastor alemán a abrir la boca y soltar a Lucky, que fue a parar a mis brazos. Lucky sufrió heridas graves pero, con las debidas atenciones, y haciendo honor a su nombre, logró recuperar su personalidad alegre. Pero si hago este relato es por lo que sucedió en medio del ataque, cuando vi el diminuto e indefenso cuerpo de la perrita atenazado en las mandíbulas de la bestia y me di cuenta de que ya podría estar muerta.

Al procesar este incidente, comprendo que mi reacción de horror ante la perspectiva de perderla fue completamente normal. Sin embargo, como ya había tenido que vérmelas cara a cara con la posibilidad de mi propia muerte (por el cáncer de mama que me diagnosticaron hace dieciocho años), pensé que ya había hecho las paces con la mortalidad. Pero parece ser que no.

Como si el encuentro de Lucky no fuese suficiente para convencerme de lidiar con mi ansiedad no procesada, me doy cuenta de que aún no había asimilado verdaderamente la difícil realidad de la muerte de varias personas cuya espiritualidad a lo largo de las décadas me había servido como faro de inspiración y esperanza. La primera fue Diane Caughey, mi consejera espiritual en Los Ángeles. El segundo fue John Mogabgab, amigo y editor de Henri Nouwen, y esposo de mi antigua compañera y guía espiritual de Nashville, la autora Marjorie Thompson. El tercer caso fue cuando falleció, a los ochenta y nueve años, el rabino Zalman Schachter-Shalomi, autor de un libro esencial, *From Age-ing to Sage-ing: A Profound New Vision of Growing Older* [De la madurez a la sabiduría: Una nueva y profunda visión del envejecimiento]. Al ser uno de los pioneros del movimiento por el envejecimiento consciente, los problemas de salud, las luchas espirituales y los triunfos de Zalman fueron registrados en una crónica durante los años de "diciembre" de su vida por la escritora Sara Davidson en su libro *El proyecto diciembre*.

Algunos aspectos de cada uno de esos fallecimientos (aparte de la edad relativamente joven de John y Diane y de la trayectoria repentina de la enfermedad de John) me tomaron desprevenida, y me recordaron que, si bien la madurez espiritual es un fin en sí misma, no siempre se puede contar con ella para mitigar el dolor y el sufrimiento.

Al procesar la dura realidad del fallecimiento de tres de las personas más espirituales que he conocido, he cobrado una conciencia mucho mayor de que (en las mejores circunstancias) me queda un tiempo limitado en la Tierra y, lo que es más pertinente, que ni siquiera mis recursos espirituales me dan ninguna garantía de poder eludir las dudas, el dolor ni el sufrimiento.

Ahora tengo más años que cuando recibí el diagnóstico de cáncer de mama y el paso del tiempo ha marcado la diferencia. Ahora me doy cuenta de que, si bien el cáncer era grave, por lo menos era algo de lo que podía esperar recuperarme. También podría tener la esperanza de beneficiarme de las oraciones tanto mías como de otras personas. Pero es que el envejecimiento no es algo de lo que nadie se recuperará nunca. La vida exige cada vez más y mis fantasías espirituales se someten a pruebas cada vez más rigurosas. Ojalá que pudiera echar atrás el reloj y volver a los tiempos en que creía que nunca enfrentaría nada que no se pudiera vencer mediante la oración y el pensamiento positivo, pero la vejez hace que la ilusión de inmortalidad sea más difícil de mantener.

"¿Por qué deseamos seguir dormidos?". Quizás porque la verdad pura suele ser más fuerte de lo que podemos tolerar. Hay ocasiones en que no solo queremos, sino que necesitamos tener, la sensación confortable de vivir en el presente, poniendo simplemente un pie delante del otro para poder llegar al final del día, sin buscar significados ni respuestas.

No obstante, a la larga, pagamos un precio por el esfuerzo de dar la espalda a las preocupaciones más importantes. ¿No será que algunos ponemos todo nuestro esfuerzo en la reinvención profesional, no porque necesitemos el dinero, ni porque nos motive la pasión, sino por el temor de dejar pasar de largo nuestro momento de contribución vital? ¿La intensa ambición de dejar un legado duradero proviene del deseo sincero de marcar la diferencia o de la preocupación ansiosa de que, si no lo hacemos, seremos olvidados?

De hecho, el filósofo existencial Rollo May y el psicoterapeuta Irvin Yalom afirman que todas nuestras ansiedades, desde la preocupación por los hijos hasta la angustia por saber si nos alcanzará el dinero, provienen de una fuente más profunda y universal de lo que normalmente reconoceríamos. En pocas palabras, los dramas cotidianos que amenazan con arrastrarnos durante los años posteriores a la mediana edad son poco más que un sustituto de lo que realmente nos molesta: el profundo y universal temor sobre el fin de la existencia cuando termina la vida. Es un miedo muy molesto que, como un camaleón, se adhiere a cualquier cosa sobre la que tengamos la más mínima ilusión de control. Por muy incómodo que sea, es preferible antes que enfrentar lo que realmente nos aterra: la nada.

Por ejemplo, podría parecer que la ansiedad sobre nuestros hijos y nietos es por su estabilidad financiera, o sus posibilidades de encontrar a la pareja adecuada y llegar a su vez a criar hijos felices y prósperos. Por supuesto, es normal y natural tener cierto grado de preocupación por el bienestar de las personas que amamos. No obstante, cuando la expresión de ansiedad es excesiva e irracional, es una señal para que nos examinemos más profundamente y veamos si esas preocupaciones no son más que un antídoto contra el miedo a la muerte, basado en la esperanza vana de alcanzar la inmortalidad mediante nuestra descendencia. La ansiedad por el futuro financiero tiene raíces similares. Por ejemplo, ¿nuestra resistencia a planificarnos económicamente para el futuro se debe a que, al hacerlo, tenemos que encarar el hecho de que no viviremos eternamente? ¿Nos organizamos cuando un planificador financiero nos pregunta cuánto tiempo pensamos vivir, o eludimos por completo ese proceso, a sabiendas de que la mortalidad es un tema sobre el que deberíamos pensar? ¿Tenemos dificultad para tomar decisiones, y mucho menos asumir compromisos, porque al hacerlo concluimos que nuestras posibilidades en la vida están disminuyendo en lugar de aumentar? Ante el miedo a la muerte, queremos seguir dormidos simplemente por lo doloroso que resultaría despertar.

Si es así, ¿para qué despertar?

Como afirma Sogyal Rinpoche en *El libro tibetano de la vida y de la muerte*: "Cuando al fin sabemos que vamos a morir, y que todos los demás seres dotados de sentidos también morirán, comenzamos a experimentar una ardorosa y casi desgarradora percepción del carácter frágil y precioso de cada momento y cada ser y, a partir de esa sensación, podemos desarrollar una compasión profunda, clara e ilimitada por todos los seres"[5].

Rinpoche nos insta a vivir de manera profunda, intensa y plena mientras nos liberamos de la sensación de ser víctimas del paso del tiempo y, en lugar de ello, nos hacemos más tenaces con los años. En caso contrario, nuestras ansiedades cotidianas hacen que nos agitemos a nivel superficial, arrastrados para aquí y para allá por corrientes más profundas que ni siquiera sabemos que tienen poder sobre nosotros.

Sí, los perros salvajes ladran en el sótano, pero también lo hacen nuestras mascotas queridas, como Lucky, cuando se salvan de los colmillos de la bestia para poder volver a besar en la nariz a sus amorosos dueños.

Lo cierto es que la vida es, al mismo tiempo, misteriosa, asombrosa y pavorosa. Al final, despertamos porque solamente podemos estar vivos a plenitud en la medida en que estemos dispuestos a tomar conciencia de la enormidad de la existencia.

Pregunta 7

¿Qué nos hace despertar?

Carol Orsborn

En páginas anteriores nos referimos a la desilusión como vía de entrada para el crecimiento espiritual: es un giro que nos lleva a enfrentar las situaciones incómodas y sin resolver de nuestras vidas, en lugar de ignorarlas. El dolor que implica darnos la vuelta y enfrentar lo que hasta ahora habíamos podido eludir no es un simple acto de resignación apática. La raíz griega de donde se deriva la palabra apatía no se refiere en realidad a la experiencia del sufrimiento, sino a la tendencia a evitarla. De hecho, ir retirando gradualmente las capas ilusorias para enfrentar lo que los filósofos orientales y los místicos occidentales experimentan como "la nada" resulta ser la propia base del despertar. La escritora Dorothy Lessing lo ha expresado de esta manera: "Casi todos los seres humanos... nos imaginamos cosas extrañas. Lo más extraño de todo es la creencia en que solo es posible avanzar mediante el mejoramiento. Los que son capaces de entender se darán cuenta de que es mucho más necesario eliminar que añadir cosas"[6].

Las crisis frustran nuestras expectativas, nos hacen dejar a un lado la falsa seguridad del statu quo, y comportan el potencial de hacernos despertar. Tarde o temprano todos tenemos que vernos cara a cara con las dificultades, el cambio y la incertidumbre. Aun así, tener que lidiar con una crisis no puede ser por completo la respuesta a la pregunta "¿Qué nos hace despertar?", porque todos conocemos a muchas personas que, a pesar de las desgracias que les han sucedido, de todos modos han perdido la oportunidad de transformación. Resulta ser que, cuando nos vemos cara a cara con los problemas indeseados de nuestras vidas, tenemos ciertas opciones que no son solo las de aprovechar el potencial de desarrollo espiritual. Podemos ignorar la situación, como hace quien sigue viviendo con un cónyuge abusivo y literalmente pone la otra mejilla. Quizás esa persona trate de racionalizar su negación y quiera convencerse a sí misma y a quienes la rodean de su valoración sobre su caso: "Él me ama y sus golpes son solo por lo mucho que me quiere". Cualquiera puede convertirse en víctima pasiva de las circunstancias y anestesiarse con interpretaciones contrarias al sentido común o con cualquier otra cosa que le ayude a atenuar el dolor: drogas, bebidas alcohólicas o cualquier tipo de adicción. Sin embargo, el simple hecho de reaccionar ante los desafíos y el dolor con grandes emociones no significa que uno ha roto el estado de negación y va a vivir una vida más auténtica. También es posible repetir una y otra vez los dramas de la victimización y dar la impresión de que uno está lidiando con las sombras personales de forma enérgica, cuando en realidad nos estamos atrincherando preventivamente ante cualquier cosa que traiga el menor atisbo del despertar.

Por otra parte, hay quienes se dejan transformar por cualquier cosa. El autor Thomas Merton, en *La vida silenciosa* describe a un hombre que ha dejado que las dificultades de la vida lo hagan despertar: "Es capaz de aceptar de buena gana que no le quedará prácticamente nada cuando sus ideas falsas sobre sí mismo hayan desaparecido. Pero entonces está preparado para los encuentros con la realidad: la Verdad y la Santidad de Dios, que debe aprender a confrontar en las profundidades de su propio vacío"[7].

En tal caso, ¿por qué será que algunas personas reaccionan o se sienten disminuidas ante los desafíos y cambios, en tanto otras logran encontrar dentro de sí la determinación de vivir la vida con mucha mayor plenitud y nivel de conciencia? Podría responderse que se trata de una coincidencia afortunada de influencias psicológicas y espirituales, quizás se remonten a los inicios de la vida: padres comprensivos, una formación religiosa con sentido, una disposición genética hacia la conciencia, una intensa labor psicoespiritual o, simplemente, pura buena suerte. Pero es que también conocemos a unos cuantos que tienen la misma extracción y los mismos genes, y entre ellos hay quienes optan por mantenerse ocultos bajo un velo de negación, mientras que otros despiertan a la aceptación más amplia y significativa de la totalidad de la vida. ¿Qué hace despertar a estos últimos mientras los otros pasan por la vida como sonámbulos?

Esa línea de indagación fue la que captó la esencia de mi búsqueda intelectual y personal durante los muchos años que dediqué a la maestría en Estudios Teológicos y luego al doctorado en Historia y Teoría Crítica de la Religión. ¿Qué nos hace despertar? ¿Es el libre albedrío? ¿Es la gracia divina? ¿Hay otra alternativa que aún no se ha revelado? Solamente cuando me familiaricé con los conceptos que explican la esencia de la teología de procesos fue que encontré una explicación que me parecía al mismo tiempo posible e interesante, una apreciación que me ayudó a encontrarle sentido a todo.

Dicho en los términos más sencillos posibles, mi respuesta es que, si bien el despertar es una elección personal, la propia Divinidad siempre intenta persuadirnos de tomar ese camino. Es cierto que somos resultado de todo lo que nos ha sucedido, y que ello incluye el potencial de tomar las peores y mejores decisiones en cualquier momento. El mensaje de esperanza que descubrí en la teología de procesos, y que encuentra eco en lo más profundo de mi ser, es que de todos modos existe un sesgo innato hacia el bien. Creo que ese sesgo representa al propio Dios y considero que, en mi relación con la Divinidad, soy libre de tomar mis propias decisiones pero, simultáneamente, se me insta a emprender el rumbo de la transformación. Hay muchas influencias que contribuyen a las elecciones personales que hacemos; entre esas influencias desempeñan su papel la esperanza, la fe, el valor, la generosidad, la curiosidad y todas las cualidades que asociamos con la salud psicoespiritual. Quizás tengan un peso muy pequeño, pero es que la mera intención de vivir una vida más plena podría tener el peso suficiente para marcar la diferencia.

En su obra *Journey to Emptiness: Dogen, Merton, Jung and the Quest for Transformation* [Viaje al vacío: Dogen, Merton, Jung y la búsqueda de la transformación], el autor Robert Jingen Gunn afirma que nuestra experiencia del vacío nos lleva "hasta el mismo borde de la vida y la muerte. (...) Allí nos vemos obligados a decidir cómo vivir: si escogemos la vitalidad con sus correspondientes riesgos, luchas y promesas, o si sucumbimos a la muerte en una vida de inconsciencia"[8].

Nuestro propio anhelo de expandirnos para abarcar el potencial más amplio de la experiencia humana, incluidas la compasión, la tristeza agridulce, e incluso la profunda alegría, es lo que tiene el potencial de hacernos despertar. El despertar siempre es una opción. Aun cuando no es más que una esperanza, hemos optado por responder a la Divinidad, que nos insta a aceptar que, si bien el dolor es ineludible, también lo es Dios.

¿Qué nos hace despertar?

Bob Weber

Desde hace un año, casi siempre me levanto a las 5:45 a.m. cada mañana, sin necesidad de despertador. Esto se debe en parte a un cambio que ha ocurrido con el paso de los años en mis ritmos circadianos, pero esa no es la única razón.

Lo interesante es que hace aproximadamente cuatro años me

ocurrieron dos acontecimientos importantes: cumplí sesenta y cinco y me inscribí en el plan de seguro médico de Medicare. Quizás lo que me pasa responde a la creencia común de que las personas de la tercera edad no necesitan dormir tanto. (¿Será que acabo de incluirme en la cohorte de las "personas de la tercera edad"? ¡Después de todo, desde hace mucho tiempo se considera en mi país que los sesenta y cinco años representan el comienzo de la vejez! Tengo la sospecha de que lo que me pasa está relacionado con la conciencia aún no expresada del punto en que me encuentro en la vida y de que se acerca cada vez más el momento de mi muerte).

Según mi experiencia, las personas, las cosas y los acontecimientos me pueden mantener en un estado de somnolencia debido a las ilusiones en las que logran atraparme. El budista Cheng-Li lo explica con precisión:

"Seres dotados de sentidos que buscan la salvación, ¿por qué no dejan de aferrarse a las cosas? Cuando estén tristes, libérense de la causa de la tristeza.... Cuando sientan codicia o lujuria, libérense del objeto del deseo. De momento a momento, manténganse libres del yo. Cuando no existe el yo, no puede haber pena ni deseo (…) Los vientos de las circunstancias soplan sobre el vacío. ¿A quién pueden hacer daño?"[9].

Al mismo tiempo que cada persona, objeto o acontecimiento me puede adormilar, también me puede hacer despertar. Pondré el ejemplo más importante y duradero de quién me hace despertar. Es mi esposa, Pamela.

Y no lo digo porque me despierte en la mañana. De hecho, Pamela es una persona nocturna, capaz de pasarse horas leyendo durante la noche, mientras que yo me quedo dormido después de dos o tres páginas. Por eso suele despertar más tarde que yo en la mañana. Eso no es malo, porque nuestros ritmos nos permiten a cada uno disfrutar de un tiempo a solas que tanto uno como el otro, y todo el mundo, necesita diariamente.

Antes de mi matrimonio, mi vida como jesuita definitivamente me hizo despertar a muchas realidades, materiales y espirituales. Lo que no sabía era hasta qué punto mi compañera de la vida me haría despertar a realidades de mi propia persona que nunca se revelaron del todo, ni siquiera cuando era un jesuita que trataba de "encontrar a Dios en todas las cosas". Resulta ser que, con el matrimonio, recibí a una persona en quien la divinidad encuentra expresión y que me dice constantemente: "Bob, ¡despierta! ¡Despierta!".

Hay muchas maneras en que mi esposa me ha hecho despertar a la vida, y quizás la más importante es una valoración muchísimo más profunda del significado del amor, no como una conformidad sumisa, sino como un acto de entrega al otro. Ese despertar me ayudó a superar el temor de perder mi yo propio al amar a otra persona, y su fruto es una vida increíblemente plena.

Entre los muchos otros despertares que podría enumerar y detallar, quiero centrarme en cómo Pamela insiste en la importancia de "no aferrarme", de liberarme de las tantas cosas que poseo (propiedades, actitudes, malos hábitos, obsesiones) pero que, de hecho, me poseen más ellas a mí. Esas cosas, acontecimientos y personas restringen mi libertad y me imponen un precio exorbitante en tiempo, salud y bienestar, a nivel físico y espiritual. Recordemos la observación de Cheng-Li sobre la importancia de no aferrarse.

Un ejemplo sencillo de algo que ocurre frecuentemente tiene que ver con mi forma de conducir. Boston y Cambridge son ciudades tristemente célebres por lo fatigosas y estresantes que resultan para quienes viajan en auto. La mayoría de los conductores se muestran impacientes e iracundos, y yo no soy muy distinto. Pamela me recuerda constantemente que eso no solo me hace daño y le molesta a ella, sino que es incompatible con los valores religiosos y espirituales que yo mismo profeso, como el de amar al prójimo. En momentos como ese, "despierto" a la realidad de que yo profeso determinadas creencias, mientras que Pamela, aunque no las profesa, las respeta mucho mejor que yo. Su observación más frecuente es: "¡Eso es muy cristiano de tu parte!". Me alienta a liberarme de las cosas a las que me aferro, y que se aferran a mí.

Además de psicóloga, mi esposa es como si fuera una cantante de cabaret. Entre sus numerosas y magníficas interpretaciones musicales está su grabación de la canción "Let It Be" de los Beatles[10]. Su forma de cantarla capta la esencia de la unión entre la música y la letra tan bien lograda en la canción. Me hace recordar constantemente su insistente exhortación a dejar las cosas como son. ¡Qué palabras tan sabias!

Pregunta 8

¿Ha habido una experiencia en particular que por fin le ha hecho despertar?

Bob Weber

Hoy en día, cuando me pregunto "¿qué me hace despertar?", no estoy seguro de querer hacerlo. Si vemos cada despertar como una bella alborada en la mañana, probablemente nos estamos engañando y seguimos en un estado de negación. Algunas llamadas de atención son "despertares bruscos" que preferiríamos no experimentar. Por qué eso es así le parecerá más claro a medida que siga leyendo.

Mientras respondo a la pregunta sobre el "despertar", me encuentro en medio de la temporada litúrgica de la Cuaresma, establecida por mi tradición católica. Es una temporada de despertar antes del festín de Pascua y la celebración de la resurrección. Su espíritu se refleja también en la temporada de Adviento, previa a la Navidad, proclamada con himnos que nos dicen "Wachet Auf!" "¡Despierta!".

En mi niñez, siempre nos preguntaban: "¿A qué vas a renunciar en la Cuaresma?". Mi padre dejaba el cigarrillo y yo renunciaba a los dulces o a algún otro placer para poder desarrollar un espíritu de penitencia digno de esa temporada. La tradición ha cambiado con el paso del tiempo y ahora lo que se pregunta no es a qué uno va a renunciar sino qué hará por el prójimo, por ejemplo, tomar el dinero que hubiera gastado en dulces y donarlo a una organización de servicios sin fines de lucro.

Este año, lo que he decidido para la Cuaresma no tiene que ver con "hacer" ni renunciar a nada, ni contribuir a una buena causa: se refiere a "estar" y rendirme a las realidades que tengo ante mí, con la esperanza de crecer y madurar espiritualmente. Me explico.

He tomado como base de mi meditación para la Cuaresma una de las lecturas tradicionales proclamadas durante el segundo domingo de ese período. En los Evangelios de Mateo, Marcos y Lucas, el relato de "la transfiguración" es crucial para la maduración espiritual de los seguidores de Cristo. A medida que sus seguidores lo van conociendo, aumenta en ellos la esperanza de que Cristo sea la figura mesiánica que regresará para llevar a Israel a sus antiguos días de gloria. Será el nuevo Rey David y ellos formarán parte de su excelso círculo íntimo. Tienen para sí una visión de victoria, gloria, poder, estatus y prestigio.

En el caso de Pedro, Santiago y Juan, esa visión se reafirma cuando, después de ascender la montaña y alcanzar la cumbre, son testigos de la transfiguración de Jesús, que adquiere una apariencia gloriosa. Impresionado, Pedro dice: "¡Es bueno que estemos aquí!", y quiere permanecer en la cumbre. Sin embargo, la transfiguración enseguida llega a su fin y los cuatro regresan de la montaña, a la monotonía y la realidad de la vida cotidiana. Poco después del descenso, Jesús desengaña a todos sus seguidores de la grandiosa visión mesiánica que tenían. Les dice que será arrestado y asesinado. Pedro trata de persuadirlo para que evite ese destino; pero Cristo lo reprende por tentarlo a eludir lo que tiene que enfrentar.

Como resultado, entre los seguidores empiezan a surgir

grandes dudas sobre la significación de ese camino. Incluso tras la resurrección que siguió a su muerte, muchos seguidores se dejan llevar por el abatimiento y la desesperanza. Dos discípulos que regresaban de Jerusalén abrigaban la esperanza, al igual que Pedro, de que tanto Jesús como ellos tomarían un camino muy distinto. Igual que hizo con Pedro, cuando Jesús va al encuentro de los dos discípulos durante su regreso a Emaús, los reprende y trata de volver a darles esperanza al explicarles el sentido de todo lo acontecido.

También yo voy cuesta abajo por la montaña después de la transfiguración. También yo me encuentro en el camino a Emaús. Los sucesos recientes de mi propia vida me han puesto en un sendero paralelo. Actualmente mi vida es mejor que nunca (a excepción del sinnúmero de penas, dolores y problemas físicos que han ido surgiendo ahora que voy a cumplir sesenta y nueve años). En un sentido muy real, mi propia vida ha sufrido una "transfiguración", desde que encontré el camino hacia una manera de ser y trabajar en el mundo que es acorde con mi propia esencia a niveles cada vez más profundos.

Al igual que los seguidores de Jesús cuando iban bajando de la montaña, yo también recibí una "mala noticia". El médico me recomendó una biopsia de la próstata para descartar la existencia de un tumor maligno. Esto ha puesto una nube gris sobre mi vida soleada y me ha provocado ansiedad y temor. En el proceso de evaluar mi situación, he decidido ser diligente, practicar la "vigilancia activa", reunir toda la información posible y hablar con todos mis conocidos que ya han pasado por esto, para calmarme y poder tomar una decisión informada sobre cómo proceder. Sin embargo, no estoy exento del miedo y a veces he despertado sudoroso en la madrugada ("despertares bruscos").

Esto ha representado mi descenso de la montaña hacia la noche oscura del alma. Ese descenso me ha invitado a dar un "salto de fe" para creer que lo que me ocurre está lleno de significado, o sea, que no carece de sentido. No sé lo que descubriré sobre la vida y sobre mí mismo mientras navego por esas aguas turbulentas. No estoy seguro de cuál será la última palabra. Entretanto, practicaré la "espera vigilante".

Lo que deseo es poder entregarme, lleno de fe, a la vida tal como se desenvuelve. No es cuestión de ser sumiso ni aceptar pasivamente la derrota. Es una aceptación de todo lo que representan la vida y la muerte. Es la creencia de que siempre ha habido, hay y seguirá habiendo algo más allá, y que mi vida es parte integral de esa realidad fundamental que, para mí, es lo que representa Dios. Espero poder decir con confianza lo que dijo Jesús en el momento de su muerte: "En tus manos encomiendo mi espíritu".

¿Ha habido una experiencia en particular que por fin le ha hecho despertar?

Carol Orsborn

Hace muchos años, cuando me encontraba en medio de mi carrera de mercadotecnia, experimenté un despertar repentino y muy desagradable. Hasta ese momento pensaba que era una jefa excelente y que todos mis empleados me querían. Pero un día entré de casualidad en una reunión de empleados que no había sido convocada por mí, sino por ellos mismos para plantear oficialmente sus múltiples quejas sobre mi persona. En ese momento desperté de forma repentina y brusca de las ilusiones de mi juventud. Me resultó doloroso enterarme así de que yo no era la dueña del universo, como había creído. Pero esa fue también la crisis que me hizo despertar por primera vez a una comprensión más plena de lo que podía significar estar viva con mayor plenitud.

Ese fue para mí un importante momento de despertar pero, ¿fue definitivo? Al repasar el transcurso de mi vida, gran parte de la cual he recogido en diarios, comencé a recordar muchos otros momentos de dolorosos despertares. En un diario tras otro había recogido veinte años de inesperados cambios, dificultades e incertidumbre: crisis de fe, el roce con el cáncer de mama, cuando mis hijos se marcharon de casa, la pérdida del empleo y así, sucesivamente. Cada cambio culminaba con un nuevo y profundo nivel de conciencia.

No creo que Bob y yo hayamos creado una pregunta capciosa cuando la elaboramos. Pero la experiencia de reconsiderar los últimos cuarenta años de mi vida espiritual resulta ser, al mismo tiempo, aleccionadora e iluminadora. Y así llego a la respuesta concreta de esta pregunta: "No". No hubo ninguna experiencia en particular que me haya hecho despertar de una vez. En realidad, y quizás esto revela más sobre mi propia naturaleza recalcitrante que sobre el crecimiento espiritual en general, he descubierto un patrón repetitivo en el proceso del despertar que pone en duda el concepto de la transformación o conversión ocurrida en un solo momento, o cualquier otro término que implique algo definitivo, fijo y permanente.

Para mí el despertar es más bien como una espiral, una toma de conciencia que aumenta y disminuye, siguiendo una curva sutilmente ascendente. En el punto máximo de cada movimiento ascendente de la espiral se alcanza un rompimiento similar al concepto del despertar. No obstante, al igual que las fases de la Luna, luego viene una suave y gradual atenuación de la iluminación. Encuentro que, en la parte baja de la curva, a menudo me parece haber olvidado lo que unos días o meses antes me resultaba tan claro, y entonces vuelvo a estar exactamente en el punto de partida: profundamente dormida una vez más. Por supuesto, no es así. Entre una parte baja de la curva y otra ha habido lecciones de la vida, nuevas experiencias y un cúmulo cada vez mayor de recursos que quedan a mi alcance. Tal vez mi experiencia me diga que llegar a esa parte es como tocar fondo una y otra vez pero, como ya he acumulado tantos ciclos, tengo la nueva perspectiva de que esta vez, cuando menos, el fondo es menos profundo que la vez anterior.

Si bien la filosofía zen propone el concepto de un despertar repentino, la teoría que más se parece a mi propia experiencia encuentra sus raíces en otra rama de la tradición oriental: el I Ching, o Libro de las mutaciones. Basado en los ciclos de la naturaleza, el I Ching describe el aumento del nivel de conciencia como una espiral en expansión, cuyos giros son cada vez más firmes y grandes, alimentados por el fértil terreno de las experiencias personales. Hay crecimiento, hay progreso. Y ese avance no se logra a pesar de las dificultades, contratiempos y recaídas, sino mediante su inclusión[11].

Todavía, o ahora más que nunca, tengo momentos en que me siento perdida y sin esperanzas, vagando en el abismo. Pero también se me ha añadido algo nuevo: la comprensión de que, para mí, estar despierta significa sencillamente que (en determinado momento y luego muchas veces más) he optado por vivir como si todo lo que me sucediera, tanto lo bueno como lo malo, fuese parte del abrazo de Dios. A veces no atino a mucho más que a celebrar lo lejos que he llegado si logro estar lo suficientemente despierta como para saber cuándo estoy dormida. Eso lo puedo afirmar definitivamente. Por fortuna, es un comienzo.

Pregunta 9

¿Hacia qué cree usted que lo quiere guiar lo Sagrado al despertarle?

Carol Orsborn

Mi amiga y colega como guía espiritual, la rabina Dayle Friedman, es una de las principales expertas en materia de espiritualidad y envejecimiento. Al prestar servicio como rabina para una comunidad de 1100 ancianos que viven en un asilo geriátrico y en un complejo de apartamentos tutelados, tuvo el privilegio de acompañar a sus congregantes durante la última etapa de su travesía por la vida. Su ayuda consistió en proporcionarles apoyo espiritual al enfermarse, sufrir pérdidas, aprender algo nuevo, celebrar momentos especiales y, por último, al llegar el final de sus vidas. Desde su asiento de primera fila que ocupaba todos los días frente a las realidades de la vejez, Dayle encontró fuerzas en una enseñanza de la cábala en la que yo también encuentro apoyo para dar respuesta a la profunda pregunta: ¿A qué realidad quiere Dios hacerme despertar?

La lección de la cábala se centra en el concepto de *Shever v'Tikkun:* "quebrantamiento y redención", según las enseñanzas del rabino Isaac Luria, el entrañable místico y sabio del siglo XVI conocido como "el Santo Arí". Según el Arí, antes de la creación, la luz de Dios era abundante y omnipresente. El primer acto de Dios consistió en crear vasijas que contendrían la forma y la sustancia de la luz que formaría el mundo. Pero ocurrió un "devastador accidente cósmico" porque la luz divina era tan poderosa que las vasijas no la podían contener. Se hicieron añicos y la luz se fragmentó en chispas que quedaron ocultas en un mundo de oscuridad. Según Dayle: "Nuestra tarea humana consiste en encontrar y liberar esas chispas de luz, y traer así la reparación (tikún) y la redención a esta existencia quebrantada"[12].

Ya he dicho que mi propio despertar no representó un momento definitivo en el que la oscuridad se transformó en luz. Mi concepto de la realidad a la que Dios quiere hacernos despertar es mucho más afín al concepto del *tikún:* la redención del significado, la luz y la bondad. Cuando adoptamos esa responsabilidad, aceptamos como tarea personal sagrada hallar la luz y redimirla de la oscuridad en que se encontraba. Hacemos esto cada vez que tenemos compasión hacia nosotros mismos y hacia el prójimo, cada vez que sentimos gratitud por lo que se nos ha dado, cada vez que sustituimos la arrogancia por la humildad, y cada vez que nos reprimimos de decir o hacer algo que contribuiría a mantener la luz oculta y dispersa cuando, en lugar de ello, podríamos haber contribuido a la labor reparadora.

"Uno cobra conciencia de la profunda responsabilidad y el inmenso esfuerzo que implica reparar el mundo, al comprender que esa tarea tomará toda la vida y la vamos haciendo a medida que recuperamos cada chispa. El tikún tiene lugar cada vez que optamos por decir la verdad sobre nuestros temores, sombras, dolores y defectos, y sobre los del mundo, y elegimos la manera en que vamos a responder. Podemos permanecer en la oscuridad y seguir siendo víctimas del estado de quebrantamiento en que estamos nosotros y el mundo. O podemos tratar de liberar las chispas de luz ocultas incluso en los momentos más oscuros. Lo hacemos cada vez que nos ponemos por encima de las reacciones irreflexivas en el momento de conectarnos a tierra con lo perdurable, lo trascendente y lo enriquecedor"[13]. Ese es el tikún.

A modo de ilustración del tikún, Dayle narra la historia de "Wilma", que quedó paralizada por una apoplejía a los sesenta y dos años de edad. Pese a su discapacidad, cultivó la amistad de quienes la rodeaban y saludaba a todo el mundo por su nombre y compartía con ellos su espíritu irreprimible. Cuando una segunda apoplejía la privó del habla y la dejó completamente paralítica, Wilma halló de todos modos la forma de comunicarse. Aprendió a hablar haciendo señales e indicando letras en un tablero con el abecedario para formar palabras. Si la rabina le preguntaba "¿cómo te va?", Wilma hacía la señal de "OK" con los dedos. Si Dayle le preguntaba si asistiría a los servicios de culto, señalaba hacia arriba, su forma de decir "si Dios quiere". Cuando llegaba el momento de despedirse, siempre decía con señales "te quiero". Dayle escribe al respecto: "Ante adversidades que harían a la mayoría de las personas retraerse por la ira o la frustración, Wilma no dejó de ser quien era. Encontró la manera de atraer a otras personas con amor, creatividad y pasión.

Buscó y encontró las chispas sagradas e iluminó la oscuridad para todo aquel con quién entró en contacto"[14].

Los místicos y buscadores de muchas tradiciones anhelan trascender la realidad cotidiana para vivir en la luz eterna de Dios, rodeados de dicha. Quisiéramos que el despertar no representara un desafío que tome toda la vida, mientras vamos recuperando de las sombras las chispas de luz, una tras otra. Pero, como dijo Thomas Merton: cuando uno está listo para los encuentros con la realidad "lo que halla (...) no es un conjunto de grandes místicos y hombres con deslumbrantes dones espirituales, sino almas sencillas y robustas cuyo misticismo se absorbe en una fe demasiado grande y sencilla para las revelaciones"[15].

¿Hacia qué cree usted que lo quiere guiar lo Sagrado al despertarle?

Bob Weber

Karen Horney, una destacada psicoanalista austríaca de principios del siglo XX, salió de su casa una mañana y se dirigió a la estación de ferrocarril de Viena. Iba a tomar un tren hacia otra ciudad donde debía impartir una charla a sus colegas. Como llegó con dos minutos de tardanza, experimentó lo que descubren muchos viajeros estadounidenses que no están familiarizados con los servicios ferroviarios de Europa: ¡la puntualidad! ¡El tren ya se iba, a la hora justa! La respuesta emocional de la psicoanalista ante esta situación fue de ira, y su respuesta verbal fue: "¡¿Acaso no saben quién soy!?".

Se dice que, en ese momento, Horney adquirió una experiencia mucho más profunda del significado del concepto psicoanalítico del narcisismo, que ya conocía bien, salvo que en este caso se trataba del suyo propio. Debemos aclarar que el narcisismo no es en sí un fenómeno malo, pues de hecho es esencial en dosis moderadas para nuestro desarrollo como seres humanos. El analista estadounidense Heinz Kohut ha escrito elocuentemente sobre las necesarias progresiones para desarrollar un narcisismo sano en la elaboración de su teoría de la autopsicología[16].

Todos hemos tenido la oportunidad de interactuar con un bebé que atrae nuestra atención con sus miradas, sonrisas y gorjeos o con grandes resoplidos. Tanto el bebé como nosotros sentimos el placer de ese momento. Para el bebé, se trata de "verse reflejado". El pequeñín se observa en nosotros y, de esa manera, desarrolla más su propio yo, al hacerse visible y reconocible ante la otra persona. Sin esa interacción, nos falta algo crucial y nos sentimos impelidos a buscarla una y otra vez, motivados por alguna fuerza de la que ni siquiera tenemos conciencia.

Por ejemplo, Johnny Carson, el famoso anfitrión del programa televisivo *The Tonight Show,* era admirado por su papel como maestro de ceremonias del programa. Daba a sus invitados la oportunidad de brillar en su presencia, y él mismo brillaba por su chispa y humor. Sin embargo, había una persona que nunca le prodigó la admiración ni la posibilidad de verse reflejado que le prodigaba el público: su madre. En una ocasión, la anciana vio uno de sus programas y, cuando un comentarista de noticias le preguntó qué le había parecido, su respuesta fue: "No estuvo muy cómico". Al parecer, desde que Johnny Carson era niño, su madre no solía interactuar mucho con él. La hermana mayor de Johnny era la niña de los ojos de su madre. Por eso, a pesar de lo mucho que Johnny intentó durante toda su vida evocar en ella lo que tanto necesitaba, su madre nunca se lo proporcionó.

En el modelo de desarrollo humano de Kohut, también es decisiva otra experiencia, la de "idealización". Lo que Kohut quiere decir con esto es que cada uno necesita idealizar la grandeza de otra persona y participar en ella para desarrollar su propio yo[17]. En mi caso, esa figura idealizada era mi padre. Recibí su reflejo e intenté llegar a ser lo que él soñaba que fuera. Quería ser como él y admiraba sus habilidades manuales como carpintero y mecánico; sin embargo, mi padre me disuadió de hacer ese tipo de trabajo y, en lugar de ello, me alentó a estudiar mucho y alcanzar el éxito mediante la educación universitaria. También soñaba con que yo fuera cura y, como expliqué en una sección anterior, durante mucho tiempo procuré cumplir su deseo y hacer realidad lo que había soñado para mí.

El lector se preguntará qué tiene que ver esta digresión sobre teoría psicológica con la pregunta: "¿A qué realidad quiere Dios hacerlo despertar?". Parte de la esencia de la visión de Kohut sobre el desarrollo humano es la conciencia del profundo anhelo que todos sentimos de que se nos reconozca, proteja, reconforte y ame tal como somos. Me ha tomado más de sesenta años comenzar a valorar y experimentar más profundamente esa realidad en mi vida.

A veces me molesta saber que eso me ha tomado tanto tiempo y que aún no ha culminado el proceso de convertirlo en una verdad que me permita vivir un poco más relajado. Sin embargo encuentro aliciente en el hecho de que otras personas a quienes admiro, como la Madre Teresa y Henri Nouwen, el sacerdote y prolífico escritor espiritual holandés, también lucharon hasta el fin con estas situaciones. El mantra de Nouwen podría haber sido "Eres el ser amado de Dios", pues esa idea está presente en todos sus escritos. Durante un sermón que dictó como invitado en la Catedral de Cristal de Robert Schuller, Nouwen hizo muchísimo hincapié en ese principio, y parece ser que lo hacía para convencerse a sí mismo tanto como al público[18]. Hasta el final de su vida, Nouwen se sintió motivado a buscar el amor de Dios y del prójimo. Sus propios lados oscuros y dudas personales lo impulsaron en esa búsqueda, como nos sucede a muchos de nosotros. Aunque creo que seguiré teniendo algunos momentos en los que me preguntaré con ansiedad si realmente puedo ser objeto de amor ante los ojos de Dios, me encuentro ahora en una etapa de mi vida en la que acepto con mucha más facilidad que soy "el ser amado de Dios".

A esa verdad fundamental es a lo que ahora entiendo que Dios ha querido hacerme despertar, y sigue intentándolo. ¡Cuando me toca en lo más profundo de mi ser, consigo irradiar una sonrisa de paz y regocijo!

Pregunta 10

¿El arrepentimiento, la vergüenza y el sentimiento de culpabilidad tienen algún papel constructivo?

Bob Weber

Según el diccionario, la negación es la "resistencia a reconocer la verdad o la realidad". En el argot psicológico, la negación es un mecanismo de defensa. Nos ayuda porque nos protege ante una realidad dolorosa u onerosa. En mi labor psicoterapéutica con pacientes, suelo definirlo como mecanismo de autoprotección para así destacar su objetivo: el de proteger. También hago hincapié en que enfrentar las realidades que nos abruman es el único camino hacia el crecimiento y la maduración a nivel psicológico. Sin embargo, en ese proceso hay que prestar atención al ritmo que puede seguir cada persona en particular. No hay ningún método "de talla única".

Por ejemplo, Elisabeth Kubler-Ross escribe que la primera respuesta ante la muerte de un ser querido es tratar de negarla. El hecho de decir que no está realmente muerto es un intento de contener el sentimiento de pena desatado por la pérdida. No obstante, para que la persona pueda continuar su vida y alcanzar determinado grado de libertad frente al impacto de la dura verdad, debe reconocer la pérdida y realizar la "labor del duelo", o sea, guardar luto ante la realidad de la pérdida, el pesar, el sentir que se le ha privado de la relación.

Si bien el luto es esencial, a veces es necesario posponer temporalmente la labor del duelo para poder sobrellevar la situación. Cuando mi padre falleció, recurrí a la "inatención selectiva" para poder ocuparme de todo lo necesario para su funeral. La inatención selectiva es un mecanismo de supervivencia, en contraste con la negación y otros mecanismos de defensa que, por naturaleza, son automáticos e inconscientes. Por su parte, la inatención selectiva y otros mecanismos de supervivencia son intencionales y conscientes. Estos últimos se aplican cuando estamos despiertos, mientras que los otros se aplican cuando estamos dormidos e inconscientes.

El crecimiento espiritual también nos exige hacer frente a realidades de la vida y de nosotros mismos que a veces no deseamos ver, por ejemplo, el dolor y el sufrimiento, las desilusiones, las pérdidas que nos provocan arrepentimiento, y las verdades que no querríamos reconocer porque nos hacen sentir culpabilidad y vergüenza. En los momentos en que nos acosan el arrepentimiento, la culpabilidad o la vergüenza, debemos elegir. Como hemos dicho anteriormente, esos momentos pueden ser oportunidades de crecimiento psicológico y espiritual. Son ocasiones de "crisis".

La palabra *crisis* no suele ser bienvenida, porque nos parece de mal agüero. Sin embargo, es un término que proviene del griego y significa "momento de decisión". De hecho, cada crisis es también una oportunidad de despertar y vivir con mayor libertad. En esos momentos, tal vez lamentemos las circunstancias y las decisiones que tomamos anteriormente y que nos llevaron a la crisis.

En el primer capítulo de su libro, *El don de los años: Saber envejecer*, Joan Chittister escribe lo siguiente acerca del arrepentimiento:

La carga del arrepentimiento es que, a menos que comprendamos el valor de las decisiones que tomamos en el pasado, tal vez no reconozcamos lo bueno que nos han aportado.

La bendición del arrepentimiento está clara: si estamos

dispuestos a hacerle frente, nos lleva al punto de estar presentes de una forma completamente nueva en esta nueva etapa de la vida. Nos insta a mantenernos en un constante proceso de conversión[19].

Las crisis nos invitan a hacer elecciones que nos permiten seguir en ese proceso. Esa es la esencia de la vida espiritual, seguir convirtiéndonos en nuestro "verdadero yo". Como dicen los filósofos existenciales, somos "seres en un proceso de conversión" que, por nuestra libertad para escoger y por las decisiones que tomamos, nos convertimos en quienes realmente somos a los niveles más profundos y a los ojos de Dios.

Pero no podemos despertar y poner a un lado la tendencia a la negación mientras no estemos preparados y listos para hacer frente a nuestro propio yo. La culpabilidad y la vergüenza son emociones que nos hacen despertar a nuestra verdad, y no resultan agradables como llamadas de atención. Ambas nos dicen que no somos todo lo que creemos ser. Nos lastiman el ego y nos bajan los humos del narcisismo. El sentimiento de culpabilidad nos dice que "hicimos" algo malo o indebido. La vergüenza nos dice que a veces "somos" malas personas, capaces de hacer algo malo.

En ambos casos, nuestra reacción consiste en empujar a un lado esos sentimientos. Cuando tenía unos diez años y mi hermana tenía unos cinco, mi madre me reprendió por burlarme de mi hermana. Ahora puedo reconocer que mis palabras y acciones hacia ella fueron mezquinas y crueles. Sin embargo, en aquel momento negué haber hecho nada malo, porque quería seguir siendo un buen chico sin tacha, el preferido de mi madre.

A nadie le gusta quedar desacreditado o avergonzado ante otras personas. Por eso el sentimiento de vergüenza, aún más que el de culpabilidad, nos abochorna tanto que quisiéramos que nos tragara la tierra antes que los demás nos vieran en ese tipo de situación. Pero, en esencia, a veces hacemos el mal y somos malos, mientras que otras veces hacemos el bien y somos buenos. La verdad es que podemos ser por igual santos o pecadores.

Cuando no hacemos frente a esa realidad, sino que la rehuimos y tratamos de escondernos de nosotros mismos, la culpa y la vergüenza se apoderarán de nosotros y nos arrastrarán a una espiral negativa de desesperanza. Para evitarlo, debemos romper la tendencia a la negación, plantar cara a nuestra verdad personal en todos sus aspectos, tanto a lo bueno como a lo poco grato, y guardar luto por la pérdida de la imagen idealizada y falsa que nos habíamos hecho de nuestra persona.

Para entender lo que digo, recordemos los relatos de Pedro y Judas. Ambos negaron y traicionaron a Jesús. No obstante, Pedro no se dejó llevar por la desesperanza, sino que "lloró amargamente" por lo que había hecho y volvió para mirar de frente al hombre que había negado, lleno de arrepentimiento y contrición. Por su parte, Judas sí se llenó de desesperanza y terminó ahorcándose. Habría sido perdonado por su traición, igual que Pedro, si hubiera sido capaz de soportar su culpa y vergüenza. Solo nos queda conjeturar que no pudo sobreponerse al agravio a su ego y a su narcisismo, mientras que Pedro sí se sobrepuso y enfrentó la realidad sobre su ser, de forma que desmanteló la imagen probablemente grandiosa que tenía de sí como hombre. Al final pudo dar la cara a Jesús, el hombre al que había negado públicamente y lo miró a los ojos con pena y arrepentimiento de corazón.

El rey David (1 Reyes) también se vio ante un punto de inflexión que pudo haber tomado un camino u otro. Era un hombre destinado a la grandeza, el que mató a Goliat (el gigante filisteo) y condujo a Israel a un período de grandeza. Lo tenía todo: posición, estima, posesiones y riqueza. Pero quiso a Betsabé, la mujer de Urías, uno de sus soldados. Para hacerla suya, envió a Urías a luchar por él en una batalla donde moriría.

Con mucho tacto, el profeta Natán confrontó a David con sus acciones, mediante el relato de un israelita, súbdito del propio David, que tomó posesión de la única y preciada oveja de su aparcero y luego mató al hombre. David, indignado ante aquello, le pidió a Natán que le revelara quién era ese hombre para poder someterlo a juicio. Ante tal petición, Natán respondió: "¡Tú eres ese hombre!". David tuvo el mérito de que reconoció esa verdad, vistió hábito de penitencia y se arrepintió públicamente de sus acciones en lugar de negarlas para guardar las apariencias.

Eso es lo que también nosotros debemos hacer para ser libres. La vergüenza y la culpa son como el moho, al que le va muy bien en la oscuridad, prolifera cuando no le da la luz del sol y destruye el material sobre el que crece. El hecho de romper la tendencia a la negación hace que esos sentimientos queden a la luz. Para que la experiencia sea real, tenemos que admitirlos ante nosotros mismos. Habrá aún más luz si decidimos compartirlos con alguien, por ejemplo, un amigo, terapeuta, confesor, ministro, sacerdote o rabino. Y podemos mirar directamente a los ojos de Dios con una oración y sentirnos aliviados y liberados.

¿El arrepentimiento, la vergüenza y el sentimiento de culpabilidad tienen algún papel constructivo?

Carol Orsborn

En la edición electrónica de un número de 2012 de la revista de la Asociación Estadounidense de Jubilados leí unas palabras de Bette Midler que ponen de relieve el papel constructivo de no rehuir el arrepentimiento, la vergüenza y el sentimiento de culpabilidad. Tras muchos años de lucha con sus sombras, se le pidió que compartiera lo que había aprendido de esa experiencia. Esta fue su respuesta: "La vida no es como un carril expreso para uso personal en la autopista. Debemos darnos cuenta de que el mundo tiene otros siete mil millones de habitantes. Uno no siempre es lo más importante. Me tomó sesenta y seis años llegar a esa conclusión"[20]. Como revelan sus palabras, es saludable tener cierto grado de introspección. Pero, como dice el viejo refrán, aunque una vida no examinada no vale la pena vivirla, la vida demasiado examinada sí que no es vida.

En el libro que Bob citó antes, *El don de los años: Saber envejecer,* la autora Joan Chittister se refiere al potencial positivo del arrepentimiento para guiarnos hacia la autoconciencia, pero advierte que también puede resultar "una arena movediza del alma", que "un día se nos muestra con vestiduras de sabiduría, aparentando profundidad y seriedad, sensatez y responsabilidad". Sin embargo, como señala Joan, esto es en realidad una tentación y un uso indebido del proceso de envejecimiento, que nos hace malgastar una energía valiosa cuando desviamos la atención hacia una fantasía centrada en lo que pudo ser. "El arrepentimiento dice ser sabiduría. Pero, ¿cómo puede considerarse sabiduría espiritual negar lo bueno de lo sucedido para afirmar lo que no fue?". Joan nos enseña que "hay muchas maneras de alcanzar la plenitud de la vida, todas diferentes y todas inimitables"[21].

Para seguir adelante con la vida, tenemos que lidiar con la incómoda realidad de que tal vez nunca sepamos por qué tomamos determinadas decisiones, o por qué nos tocó una familia o un conjunto de circunstancias desafortunadas. Tanto más si tenemos en cuenta que la introspección nunca nos proporcionará una forma de rectificar todas esas situaciones. Una vez que renunciamos a la idea de que podemos ser amos del universo, nos libramos de la esclavitud del pasado y nos situamos en el presente. Según Joan:

> Una de las funciones (o dones) del envejecimiento consiste en hacernos aceptar en mayor grado lo que somos, en lugar de lamentarnos por lo que no somos. (...) Un momento de iluminación es cuando nos damos cuenta de que los años

no solo nos han sostenido, sino que nos han hecho madurar. Ahora tenemos más sustancia que cuando éramos jóvenes, con independencia de lo que hiciéramos en el pasado o dónde estuviéramos cuando lo hicimos. Lo cierto es que los remordimientos son un punto de transición en la vida. Nos invitan a reconsiderar los ideales y motivaciones que nos trajeron al instante en que ahora nos encontramos[22].

Cuando al fin le haya llegado el momento de enmendar todos los errores del pasado que sean rectificables y se haya comprometido firmemente a lidiar con las nuevas causas de remordimiento en el momento presente, dejará de vivir mirando en el espejo retrovisor y volverá a enfilarse hacia el calor de la vida.

6

¿Qué es la libertad?

11. ¿Qué ilusiones se disipan con los años?

12. ¿Cuáles son las ilusiones más difíciles de dejar atrás?

13. ¿Mantener nuestras ilusiones cumple algún propósito positivo?

14. ¿Qué significa ser libre a la luz de la mengua de las aptitudes físicas y las conexiones sociales?

15. ¿Qué es lo que nos sigue manteniendo a merced de determinados acontecimientos, cosas y personas?

LA CUESTIÓN DE LA LIBERTAD

Durante años, cuando los investigadores de mercado nos preguntaban a los nacidos durante la explosión demográfica de posguerra si pensábamos jubilarnos algún día, la respuesta era negativa. Pero cuando se nos pregunta qué valoramos más en la vida, la respuesta ha sido inequívoca: queremos ser libres. Desde los años sesenta, hemos sido una generación de hombres y mujeres que ha dado la máxima prioridad entre nuestras aspiraciones a la capacidad de tomar decisiones, desafiar lo establecido y determinar nuestro propio destino. Hemos tratado de aprovechar al máximo todas las etapas del ciclo de vida y todas las edades y no tenemos la intención de detenernos ahora que pasamos, después de la mediana edad, a la siguiente etapa de la vida. En todo caso, ahora más que nunca queremos ser dueños de nuestro propio destino. Hoy, independientemente de si la gente de nuestra generación quiere seguir trabajando, adelantar su jubilación o inventarse su propia combinación de trabajo y jubilación, hay algo que tenemos claro: buscamos tener más libertad en la vida.

Sin embargo, como nos advierten rápidamente los sociólogos, psicólogos y maestros espirituales, la libertad suele ser más fácil de imaginar que de alcanzar. En primer lugar, tenemos que lidiar con factores externos, limitaciones que se imponen a nuestros sueños de libertad, como las dificultades financieras, físicas y sociales. Cuando pasamos más allá de la mediana edad, se hace cada vez más importante preguntarse lo que significa ser libre, en el plano personal, sobre todo a la luz de la mengua de los atributos e ilusiones de la juventud. ¿Cómo entiende usted la condición de ser libre en su propia vida ante las dificultades y las limitaciones?

Las definiciones de los diccionarios nos ayudan en parte a iluminarnos al respecto. En primer lugar, el significado de la palabra libertad depende del contexto en que se utilice. Por ejemplo, algunas de las acepciones implican libertad en sentido sociopolítico: tener los derechos legales y políticos propios de un ciudadano, disfrutar de la libertad civil y política, o disfrutar de independencia o libertad política ante la dominación extranjera. En esa acepción se asume el concepto de "la vida, la libertad y la búsqueda de la felicidad", tal como se enuncia en la Declaración de Independencia y la Constitución de los Estados Unidos, es decir, "la tierra de la libertad".

Los que nos hemos mantenido activos políticamente, o empezado a serlo más a medida que envejecemos, sabemos lo difícil que es cerrar la brecha entre las aspiraciones y la realidad en relación con algo tan básico y universal como "el sueño americano". No obstante, por muy difícil que sea comprender el concepto de libertad en el contexto de estructuras y fuerzas externas, la búsqueda de la libertad interior puede resultar igual de difícil o incluso más. Luchamos por deshacernos de las opiniones ajenas que ya no queremos ni necesitamos en la vida. Tratamos de descubrir y abandonar las limitaciones que nosotros mismos nos hemos impuesto. Nos cuesta confrontar nuestros desesperados intentos de alcanzar una falsa libertad y darnos cuenta de que la tendencia a la negación y la ilusión solo nos ofrece beneficios de corta duración y que en realidad nos encierran en fortalezas que no nos protegen y nos restan capacidad de vivir con autenticidad.

Si deseamos lograr la libertad interior, debemos hallar el valor y la fuerza necesarios para avanzar por el sendero de la mengua gradual que nos imponen la vida y la época, profundizando la espiritualidad, desmontando las ilusiones del escape y, de ese modo, fortaleciéndonos para lidiar con los desafíos que tenemos por delante. No será fácil. Sin embargo, con la seguridad que nos ofrece una vida espiritual, potenciada por la llegada de la tercera edad y las condiciones singulares de su propio proceso de envejecimiento, usted siempre tiene el potencial de salir a flote de maneras no imaginadas, que pueden quedar ensombrecidas con facilidad por el miedo, la ansiedad y las ilusiones alternativas que promovemos con la tendencia a la negación. Siempre es posible, más allá de las circunstancias concretas de cada uno, hacer valer su derecho inalienable de ser libre.

Pregunta 11
¿Qué ilusiones se disipan con los años?
Carol Orsborn

Cuando ya estaba a finales de mi tercera década, el periódico *The New York Times* publicó un artículo sobre mí y una organización que yo había fundado, Supermujeres Anónimas, un club para mujeres de mi generación que estaban hartas de tratar de tener, hacer y ser todo[1]. Supermujeres Anónimas atrajo a decenas de miles de mujeres exhaustas y en uno de los muchos artículos y entrevistas que aparecieron en los medios de comunicación nacionales la organización fue descrita como "presagio de lo que vendrá después", por ser parte del trabajo precursor que nuestra generación aportó a la idea por entonces revolucionaria de la vida equilibrada, la sencillez y la búsqueda de sentido.

El teléfono no paraba de sonar, y comencé a recibir propuestas lucrativas para charlas, apariciones en los medios de difusión y una oferta para publicar un libro con una editorial importante. Recuerdo que, después de reunirme con mi editor por primera vez para acordar los detalles del contrato, me encontraba parada en la Quinta Avenida de Nueva York y respiré hondo con la embriagadora sensación de que había asegurado mi destino: que, mediante ese libro, había sido elegida por los dioses para ser inmortal.

Para resumir, justo antes de que mi libro saliera a la luz, otra autora (quien estoy segura que en ese momento también pensó que estaba bendecida) comenzó una ronda mediática para promocionar un libro de un tema bastante parecido al mío. Los libros se anularon uno al otro y, como podría atestiguar cualquier autor, nada destruye con mayor facilidad las juveniles ilusiones de inmortalidad que entrar en una librería de descuento y comprobar que la obra más importante de toda nuestra vida se encuentra en el cajón de noventa y nueve centavos.

La idea de la inmortalidad es apenas una de las ilusiones que se disipan con los años. Me conmueve la afirmación del candidato al premio Nobel André Malraux cuando dijo: "El mayor misterio no es que hayamos sido arrojados al azar entre la profusión de la memoria y de los astros, sino que, en esta prisión podamos extraer de nosotros mismos imágenes tan poderosas que nos permitan negar nuestra nada"[2].

El Dr. James Hollis, en su infinitamente sabia y madura obra *Finding Meaning in the Second Half of Life* [Encontrar sentido en la segunda mitad de la vida], se refiere al concepto de Jung de la individuación de la tribu y la deconstrucción del 'falso yo'" como una de las iniciaciones necesarias (aunque confusas, frustrantes y desorientadoras) hacia la verdadera adultez, que debemos experimentar si deseamos cosechar los frutos de una vida plena[3]. Tal iniciación a la madurez psicoespiritual nos lleva a cuestionar y desmontar "muchos de los valores y estrategias que hemos derivado de la interiorización de las dinámicas y mensajes provenientes de nuestra familia y cultura. Pero a cada individuo se le invita a asumir una nueva identidad, nuevos valores, nuevas actitudes hacia el yo y el mundo, lo que a menudo contrasta fuertemente con lo vivido antes de recibir dicho llamamiento"[4].

En mi caso la inmortalidad no fue sino la primera de las ilusiones que se fueron disipando a medida que hice la transición a la mediana edad y los años posteriores. De este otro lado de la mediana edad, la deconstrucción de las ilusiones no ha hecho más que acelerarse, mientras aprendo cada vez más a confiar en que no aferrarse a lo viejo, por aterrador y desconcertante que sea, lleva inevitablemente a algo profundo y en ocasiones pasmoso. Dicho sea de paso, para que ni yo ni nadie nos vayamos a creer que del otro lado de la ilusión encontraremos la certidumbre y la paz, me permito cerrar con una cita de Hollis: "El desarrollo psicológico o espiritual requiere siempre de nosotros una mayor capacidad de tolerancia frente a la ansiedad y la ambigüedad. La capacidad de aceptar ese estado de perturbación, soportarlo y comprometerse con la vida, es el patrón moral por el que se mide nuestra madurez"[5].

¿Qué ilusiones se disipan con los años?

Bob Weber

Entre mis caricaturas favoritas de siempre están las de Peanuts [también conocidas por Charlie Brown, Carlitos o Snoopy], creadas por Charles Schultz. En una ocasión Snoopy, el perrito beagle, está tendido sobre el techo de su caseta después de haber pasado por varios momentos desagradables. En el globo de texto que aparece sobre su cabeza se lee el siguiente pensamiento: "La vida está llena de bruscos despertares"[6].

Para la mayoría de nosotros, si no para todos, el envejecimiento es uno de esos "bruscos despertares". El cuerpo nos dice que ya no somos lo que fuimos, seres juveniles rebosantes de energía y vida, sin conocer límites. La mente, antes aguda como una aguja, comienza a fallarnos y no podemos recordar nombres o hechos que podíamos recitar en un instante. El corazón se aflige más a menudo por nuestras propias dificultades y la acumulación de amigos, familiares y recursos económicos que se van perdiendo, mientras más tiempo se vive. Además, como se sabe, la longevidad va en aumento. El espíritu puede tender hacia la ansiedad, la desesperanza y la desesperación, lo que nos ensombrece los días de tal modo que simplemente queremos volver a taparnos la cabeza y seguir durmiendo aunque haya salido el sol.

La psiquis humana está preparada para esos momentos de ansiedad, temor y pavor, como lo ha estado toda la vida, y nuestros mecanismos de defensa se despliegan para protegernos frente a esas temibles y agobiantes realidades. Por mucho que nos proporcionen un alivio temporal frente a la confusión psicológica, esos mecanismos nos limitan en la capacidad de vivir con más libertad y nos hacen pagar un alto precio al impedirnos una existencia más plena.

En lugar de permitir que ese tipo de experiencia nos haga adoptar una mentalidad de asedio, una resistencia a la vejez, podemos profundizar en el inconsciente y el alma y responder anclándonos firmemente ante la tormenta que embiste contra nosotros. Para ello es preciso disipar las ilusiones que tenemos sobre la vida y sobre nosotros mismos y desmantelar las fortificaciones que hemos construido infructuosamente, con la intención de protegernos. Es preciso enfrentar y procesar las ilusiones, las desilusiones y las fantasías rotas que nos acosan. Llega un punto en que ya no podemos rehuir la realidad de que moriremos. Ni las inyecciones de bótox, ni los ejercicios físicos ni otros remedios y tratamientos para prolongar la vida serán suficientes para detener esa marea. Basta con mirarnos bien en el espejo, como hago yo cada mañana, para darnos cuenta de los cambios que se están produciendo.

Aparte de la muerte en sí, también tenemos que dejar atrás las ilusiones que la sociedad y la cultura han promovido y cultivado: independencia total, autosuficiencia y gran autonomía. En el útero y durante los primeros tiempos de la vida somos completa y absolutamente dependientes de nuestros padres y de otros para nuestro cuidado y bienestar. Al crecer, desarrollamos las capacidades que nos proporcionan un mínimo de poder y control. Incorporamos actitudes inculcadas por la cultura, en el sentido de que podemos arreglárnoslas solos y de que, en realidad, deberíamos avergonzarnos si no somos capaces de hacerlo. A medida que envejecemos nos enfrentamos a aceptar la dependencia de otros para recibir cuidado y apoyo, idea que tal vez rechacemos obstinadamente. ¡Una ilusión más que se disipa con los años!

Pregunta 12

¿Cuáles son las ilusiones más difíciles de dejar atrás?

Bob Weber

Los factores fundamentales que motivan la creación de ilusiones son el ego y el orgullo. Ya nos hemos referido al despertar de Karen Horney frente su propio narcisismo y su actitud de "¡¿Acaso no saben quién soy!?". Al sentirnos privilegiados y especiales, no nos queda duda en nuestra mente egoísta de que tenemos el derecho de ponernos al comienzo de la fila. Nunca seremos ni deberíamos ser los últimos, y nos merecemos ser los primeros. La verdad es que la vida nunca daría abasto para satisfacer esos anhelos en cada uno de nosotros. Queremos más de lo que nada ni nadie puede dar. Siendo así, ¿cómo podemos satisfacer las intensas necesidades de nuestro ego? ¿Cómo alimentar nuestro narcisismo insaciable? ¿De dónde sacamos el orgullo que nos llena la cabeza?

Con ese fin buscamos tres cosas en especial, y no pasa un día sin que experimentemos cierta inclinación a permitirnos una de ellas. Esos tres deseos crean la ilusión de que somos "lo más grande". Es la forma en que nos llevamos a creer que somos mejores de lo que en realidad somos, en que compensamos la sensación de ser deficientes e insignificantes. Las tres cosas son: (1) lo que hago, (2) lo que tengo, y (3) lo que otros dicen de mí.

¿Cómo funciona esto? ¿Cómo creemos que esas tres cosas nos darán satisfacción?

En primer lugar, desplegamos grandes esfuerzos para demostrar lo mucho que podemos hacer y lo bien que somos capaces de hacerlo, y para superar a los demás en lo que hacen, dondequiera que sea: en el aula, en la arena deportiva, en el escenario, en el trabajo y en las relaciones. Extendemos dichas exigencias a las redes familiares y los círculos de amigos. Creamos la ilusión de que valemos la pena y tenemos mérito por lo que sabemos hacer y por lo que se nos honra a los ojos de la sociedad y la cultura. En segundo lugar, nos volvemos adquisitivos, pues basamos nuestra autoestima en lo que tenemos y lo que hemos adquirido. Nuestras posesiones se convierten en la ilusión que presentamos ante los demás, como testimonio y confirmación de que debemos ser realmente muy buenos para haber logrado un estilo de vida manifiestamente provechoso, medido por cosas tales como las posesiones, los títulos de universidades prestigiosas, el automóvil más aclamado, una casa en la zona más "chic" de la ciudad o de las afueras, y una pareja que mostramos como trofeo. Con paso lento, pero firme, nuestras posesiones empiezan a poseernos, y somos como hámsteres enjaulados que dan vueltas en la rueda de la lucha interminable por poseer cada vez más y ser cada vez más ricos.

En tercer lugar, después que obtenemos honores y riquezas por lo que hemos hecho y lo que poseemos, podemos sentirnos orgullosos. Esa es la guinda del pastel. Nos sentimos contentos de ser admirados y nos engreímos al mirar con superioridad a los demás, aunque sea de manera sutil. La ilusión es completa: los demás hablan muy bien de nosotros y nos sentimos satisfechos de lo que hemos logrado, como si estuviéramos por encima de todos. ¡Cuán difícil es dejar atrás esa aparente satisfacción! La fortaleza que erigimos se vuelve nuestra prisión y nuestro destino es la reclusión solitaria.

¿Cuáles son las ilusiones más difíciles de dejar atrás?

Carol Orsborn

Aunque sea comprensible, siempre insisto en dejarme llevar fácilmente por la ilusión de que las crisis son como interrupciones en el transcurrir de una vida espiritual. Si por mí fuera, y a pesar de mi convicción de que debemos hacernos más tenaces con el paso de los años, tengo la tendencia persistente a juzgar mi nivel de progreso espiritual según la extensión del arcoíris en el horizonte y la cantidad de palomas que gorjean en mi corazón. En otras palabras, tanto cuando estoy bajo presión como cuando las cosas van mejor de lo esperado, tengo la tendencia a refugiarme en una idea romántica de lo Sagrado: que hallaré a Dios más fácilmente en la serenidad y la paz que en el hervidero de las complicaciones y dificultades que han marcado tantas etapas de mi vida.

Por supuesto que no me lo creo. De hecho, di a mis memorias el título de *Fierce with Age* [La tenacidad de los años] específicamente para recordarme que, si bien Dios ha acudido a mí en los momentos de mayor serenidad, también ha estado conmigo en mis horas más oscuras, cuando me sentía más desesperanzada y poco preparada. Con el tiempo, cada vez recuerdo más (tanto en las cumbres como en los valles) que las dificultades, las pérdidas y las muchas facetas tristes, amargas y a veces crueles de las crisis, de hecho, no son impedimentos para el camino espiritual, sino su propia esencia. El antídoto a la ilusión de Dios como paz es confiar en que todo el viaje de uno por la vida es parte del tierno abrazo de la Divinidad. Los desafíos, el cambio, la pérdida y las complicaciones no son excepciones de la vida. Pero es bueno saber que el regocijo, la paz, el asombro y la aceptación tampoco son excepciones. El reto consiste en estar dispuestos a asumirlo todo.

Pregunta 13
¿Mantener nuestras ilusiones cumple algún propósito positivo?

Carol Orsborn

En páginas anteriores escribí que los místicos y los buscadores en muchas tradiciones aspiran a trascender la realidad cotidiana para vivir en la luz infinita de Dios, rodeados de una dicha perfecta. Luego di a entender que eso es una ilusión, algo que no es posible, al menos no del modo en que la mayoría tendemos a concebir la perfección.

Pero al reflexionar sobre la respuesta a esa interrogante, me veo frente a una profunda y desconcertante paradoja. Me digo: ¿lo ilusorio no será la imperfección? ¿Y qué tal si la perfección fuera alcanzable, solo que aún no se ha logrado?

¿Qué me sucedió en el transcurso de unos días que me hizo poner al revés mi propia tesis? Simplemente esto: decidimos vender nuestra casa de campo en Los Ángeles, donde pensábamos vivir cuando nos jubiláramos, y mudarnos a Nashville. Lo hicimos por estar más cerca de la familia y en pos de una calidad de vida mejor y más asequible. Pero otra mudanza, a esa edad y en esa etapa de la vida, me parecía una perspectiva un tanto abrumadora. Mientras reflexionaba sobre la posibilidad, por una parte me sentía encantada con la invitación pero, por otra, me aferraba en secreto a la cómoda sensación de lo conocido. Me gustaban las cosas como estaban. Dan y yo teníamos una relación pacífica, tras haber pasado por casi todas las luchas propias de largas décadas de vida matrimonial. No tenía por qué someterme a jefes abusivos ni a vecinos entrometidos. Me sentía muy a gusto sola leyendo un buen libro, y me decía a mí misma cada vez más: "No salgo de noche", o "es mucha molestia". Siendo así, ¿realmente quería dejar todo eso atrás y asumir el riesgo de volver a vivir en la intimidad de la familia, con todo su potencial no solo de deleite y celebración, sino de imponernos un reto?

Entonces recordé un relato de la tradición sufí, que me vino a la mente para hacerme despertar e instruirme. Había una vez un sufí cuyos problemas en la vida no eran mayores ni menores que los de cualquier otra persona. Pero estaba tan concentrado en lograr la perfección que decidió dedicar su vida a encontrar la respuesta. Primero acudió a todos en su pueblo, escudriñando las caras compasivas de los que se reunían en torno a él en busca de respuestas. Gesticulaban y lloraban. Algunos tocaban su brazo con suavidad y le llevaban sopa casera. Pero nada de eso extinguió sus problemas.

Al caer en la cuenta de que ningún aldeano podría ayudarle a encontrar la clave de la perfección, decidió aventurarse a lo desconocido. Viajó solo, vagando durante días, meses y años. Dondequiera que fue buscó la respuesta. En el camino conoció a muchas personas y tuvo grandes aventuras. Sin embargo, nadie lo podía ayudar, por lo que continuó su viaje. Un día, cuando ya era anciano, llegó a las afueras de un pueblo muy distinto de los que había visto hasta entonces. El lugar estaba rodeado de una neblina cálida. Las casas no eran de ladrillos, sino de oro. Al buscar en derredor a alguien que le diera algún indicio de las respuestas que buscaba, un rayo de luz bajó de repente desde el mismísimo cielo hasta la puerta de la casa más imponente del pueblo. Se acercó a la gran puerta de oro y se preparó para llamar. Pero en el preciso instante en que levantó el puño, vio una palabra grabada en el reluciente metal. "Perfección", se leía en la puerta.

El hombre vaciló durante largo rato. Luego miró detrás de sí el largo camino por donde había venido (y el largo sendero que se extendía por delante), se inclinó en silencio para quitarse los zapatos y se alejó de puntillas lo más rápido que pudo.

Al igual que ese hombre, yo también de repente me di cuenta

de que la perfección se puede alcanzar, pero que es una trampa. El logro de la perfección significa que el juego se acabó, que eso era todo. No hay nada más que lograr, ni más aventuras que vivir. Por eso los jardineros tradicionales japoneses, después de esforzarse por lograr un jardín casi perfecto, concluyen el trabajo arrojando un puñado de hojas al azar en cualquier rincón. Del mismo modo, las bordadoras de colchas estadounidenses se permiten un desperfecto en alguna parte de su trabajo manual. Saben, como el sufí, que la perfección es completamente alcanzable (de hecho, es nuestro destino) pero no es algo que necesitemos ni deseemos conseguir demasiado pronto.

Tomamos la decisión de mudarnos (de volver a sabiendas a la lucha de la vida con todo lo que ello implica) para asumir el riesgo de vivir a plenitud.

Y así es que he llegado a entender no solo que es ilusoria la idea de que la perfección es imposible, sino que el hecho de mantener esa ilusión tiene una finalidad positiva. Solo alejándonos de puntillas de la puerta de oro para poder sumergirnos en todo lo que nos aporta relacionarnos con el mundo (el regocijo y el caos) es que llegamos a vivir de la manera más plena.

¿Mantener nuestras ilusiones cumple algún propósito positivo?

Bob Weber

Como psicólogo, una de mis funciones es ayudar a las personas a reconocer sus ilusiones, que se formaron inconscientemente para lidiar con realidades aterradoras y difíciles de soportar. El problema de esos mecanismos de defensa es el costo que tienen en detrimento de la libertad y la capacidad de la persona de vivir la vida con plenitud y regocijo.

Hay otros fenómenos psicológicos que crean ilusiones y tienen la apariencia de defensas pero, de hecho, vale la pena recurrir a ellos por la manera en que permiten a la persona abrirse paso ante situaciones aterradoras e insoportables. Son mecanismos de supervivencia y, a diferencia de los mecanismos de defensa, son más conscientes y menos automáticos. Se cultivan para lidiar con la vida, para volver a la persona más adaptable y competente.

Pongo un ejemplo de mi propia vida. Ya he comentado que, cuando falleció mi padre, me valí de la inatención selectiva para poder lidiar con la situación. Veamos los detalles de cómo funcionó en la práctica la inatención selectiva. El día antes de mi examen para obtener la licencia de psicólogo, mi hermana llamó para decirme que mi padre había muerto de un infarto masivo. Me surgió la duda: ¿Hago el examen mañana o me voy de inmediato a casa, con lo que llegaría veinticuatro horas antes que si me quedaba para el examen? Si no lo tomaba, tendría que esperar seis meses para poder programarlo de nuevo. Además, creía que para entonces estaría mucho menos preparado y mucho más afligido por la muerte de mi padre.

Después de discutir la situación y las percepciones personales al respecto con mi esposa, amigos y colegas, decidí quedarme hasta el día siguiente. Durante el examen me sentía como un zombi, insensible y como en piloto automático, echando mano de los conocimientos con los que me había atiborrado la mente para concluirlo satisfactoriamente. Después del examen, mi esposa y yo nos fuimos de inmediato para el aeropuerto, tomamos el vuelo de regreso y nos sumamos al duelo de mi familia y a los preparativos del funeral de mi padre. Pude afrontar esa situación no mediante la ilusión creada por el estado de negación, sino mediante el uso consciente de la inatención selectiva ante la realidad de la muerte de mi papá durante las cuatro horas que necesitaba para terminar el examen.

Otras ilusiones también pueden tener efectos positivos. Las idealizaciones que van surgiendo a medida que crecemos nos ayudan a ser nosotros mismos y nos ofrecen un soporte fuerte para apoyarnos y aferrarnos mientras desarrollamos nuestra propia capacidad de navegar por la vida. Sucede, por ejemplo, cuando idealizamos a nuestros padres y a otros mentores y personas que nos han servido de modelo. Con el paso del tiempo, cuando somos capaces de analizar a plenitud las realidades de esas personas, dejamos de idealizarlos y de ese modo contribuimos a nuestro propio crecimiento, al crearnos una percepción de ellos y de nosotros mismos más completa y basada en la realidad.

No olvidemos lo que tal vez sea la ilusión más importante, la que hace girar al mundo: ¡el amor! Miguel de Unamuno lo expresó muy bien: "¡El amor es el hijo de la ilusión!"[7]. Al principio nos seduce amar a otra persona debido a la ilusión de quién es ese ser, aunque no se trate de amor romántico. Los discípulos de Jesucristo lo amaban debido a sus ilusiones sobre la naturaleza de su papel mesiánico. Elegimos a nuestros cónyuges y parejas por motivos conscientes o inconscientes, por lo que en realidad son y lo que creemos que son. Luego, a medida que pasamos más tiempo con ellos y llegamos a conocerlos más íntimamente, los vemos como realmente son, incluidos sus defectos e imperfecciones.

Llega la desilusión y nuestra forma de lidiar con ella determina el futuro de la relación. Para algunos, la desilusión es intolerable y la relación se acaba. Para otros, esperamos que sea la mayoría, la relación comienza cuando logramos amar la plena realidad del otro, no una fantasía ni una ilusión. Es el proceso de permitir que la desilusión no sea el final, sino el comienzo de algo muy bueno.

La solución ante la desilusión del amor queda hermosamente ilustrada en la película de Steven Spielberg *Caballo de batalla*. Al final, tras muchos fracasos y malas decisiones, Ted Narracott le dice a su esposa: "Dejarás de amarme, Rosa, y no te culparé", a lo que ella contesta: "Bueno, tal vez te odie más, pero nunca te querré menos"[8].

Pregunta 14
¿Qué significa ser libre a la luz de la mengua de las aptitudes físicas y las conexiones sociales?

Bob Weber

De 1968 a 2008, durante cuarenta años, dos tercios de mi vida, viví bajo la sombra de la vergüenza. Nadie que me conociera, salvo mi esposa, a la que conté mi historia, se habría dado cuenta. Las cosas por las que me sentía avergonzado ni siquiera fueron notadas por los demás. De hecho, las circunstancias en que nació mi vergüenza eran las mismas razones por las que la gente me consideraba exitoso, me respetaba y a veces me homenajeaba.

No obstante, ese velo secreto me envolvía, aunque seguí acumulando éxitos y ganando el respeto y la consideración de los demás. ¿Qué estaba mal en mí que yo no podía liberarme de mi prisión vergonzosa y secreta?

En junio de 2008, durante el reencuentro con mis antiguos compañeros de estudios a los cuarenta años de graduarnos de la universidad, se produjo un hecho que me dio una especie de libertad condicional de lo que pudo haber sido una vergonzosa cadena perpetua. Pero empecemos por hacer un poco de historia antes de ese momento memorable.

Antes y durante mis años de universidad, me fue muy bien como estudiante y atleta, pues obtenía abundantes honores y reconocimientos. En la escuela preuniversitaria fui distinguido por ser el mejor estudiante de mi clase y fui seleccionado para muchos equipos sobresalientes en varios deportes, además de haber recibido otros honores. Modesto y sin pretensiones ante el público, no me daba cuenta de los enconados orgullos que tenía bajo la superficie. La sensación de vergüenza que experimentaba ante esos honores debía haberme alertado, si hubiera tenido la perspectiva psicológica y espiritual que ahora poseo.

Al terminar el preuniversitario y matricular en una prestigiosa universidad con una prometedora carrera académica y deportiva por delante, estaba preparado para continuar mis éxitos anteriores, aunque no fuera consciente de ello. Sin embargo, aunque antes había sido el peje más grande, ahora era uno más entre muchos pejes grandes.

Una vez más, mi espíritu dedicado y competitivo sirvió de apoyo a mi motivación para obtener logros y me llevó a cosechar muchos éxitos. Al igual que mi vida y mi trayectoria en el preuniversitario, esa motivación se vio alimentada inconscientemente por la sensación de que no provenía de las mismas circunstancias privilegiadas que mis compañeros de equipo y de clases. La vergüenza me acompañaba constantemente y el orgullo era su camarada inseparable.

Todo eso me permitió seguir teniendo éxito y superar a muchos de mis compañeros de clase más privilegiados y mejor dotados en el sentido académico y atlético, pero no a todos. En el plano académico, me encontraba entre el 10% más destacado de mi año, pero no era el mejor. Fui finalista a nivel de estado para una beca Rhodes, pero no me fue otorgada. Aunque fui elegido como uno de los once deportistas escolares a nivel nacional del Salón de la Fama Universitario en 1967, creía que mi carrera como jugador de fútbol americano era un fracaso debido a una serie de lesiones que acortaron mi temporada de juego durante el penúltimo y el último año de estudios. Incluso en el último partido de mi año final, cuando muchos de mi ciudad natal vinieron a honrarme al estadio y declararon que ese era el "Día de Bobby Weber", acepté sus elogios con timidez y vergüenza. Incluso después de recibir el premio máximo que se otorga al éxito académico y atlético en el "Día de los estudiantes de último año" en junio de 1968, no podía deshacerme de la vergüenza que aún sentía, hasta aquella ocasión de 2008 durante una cena de reencuentro entre antiguos compañeros de clase.

Para cambiar todo eso bastó con unos pocos recuerdos y unas

sencillas palabras de uno de mis compañeros de equipo, quien yo había determinado que era uno de mis jueces más severos, quizás el miembro más esforzado del equipo y respetado por todos. ¿Quién mejor que él para juzgarme?

Lo único que me dijo fue que se me había hecho una injusticia, pues yo era el mejor jugador de mi posición, y que él también estaba molesto por lo sucedido. Solo le respondí que el hecho de que me hubieran excluido de la alineación no era porque no se respetara mi habilidad. Yo había sufrido lesiones que afectaban mi capacidad de desempeñarme al nivel que requería el equipo. Los entrenadores habían tomado las decisiones correctas y yo, al fin, era capaz de reconocer el impacto de mis lesiones y las limitaciones que estas me imponían.

Durante todos estos años me culpé por el hecho de que mi organismo no fuera capaz de soportar las exigencias físicas del juego como lo había hecho durante mi carrera deportiva en el preuniversitario. Mi cuerpo me había defraudado y me había causado humillación. Tenía que aceptar el hecho de que ese era yo en cuerpo, mente, corazón y espíritu. Al hacerlo, la vergüenza persistente comenzó a disminuir y mi vida empezó a ser más libre y plena.

Como resultado, espero alcanzar más pronto una sensación de paz y resolución cuando, del mismo modo que las lesiones me hicieron retirarme del campo deportivo, mi vejez me haga abandonar mis expectativas de mantener una vida activa y sin interrupciones.

¿Qué significa ser libre a la luz de la mengua de las aptitudes físicas y las conexiones sociales?

Carol Orsborn

Para el que ama a Dios, cada momento es un momento de crisis.

ALDOUS HUXLEY

Al igual que Bob, que expuso su definición de libertad en la parte introductoria de esta sección de la guía, yo también me sentí obligada a buscar el significado de esa palabra. Si hace una búsqueda en Google con la frase "definición de libertad", este es uno de los resultados que encontrará: "La facultad o capacidad del individuo de obrar, expresarse o pensar como lo desee sin obstáculo ni limitación".

Admiro la sencillez y el poder de esa definición, pero me pregunto cómo es posible reconciliar el deseo de toda la vida de obtener cada vez más libertad con la dura certidumbre de que efectivamente entrarán en juego algunos factores que serán obstáculos y limitaciones. Esto me hace pensar en mi madre, que fue una persona tan vigorosa, y ahora tiene que caminar lentamente con la ayuda de un andador. Pienso en mi padre, que era tan afable, mientras yacía pasivamente en una cama de hospital cuando cayó en coma.

Hay cierta evidencia de que la libertad sigue siendo posible, independientemente de la mengua, incluso parcial, de las aptitudes físicas y las conexiones sociales. Nos da inspiración el poeta católico Paul Claudel, que en su vejez escribió: "¡Ochenta años! ¡No queda nada de vista, oído, dentadura, piernas ni aliento! Y a fin de cuentas, ¡es asombroso lo bien que se puede prescindir de todo eso!"[9].

Como recomienda Claudel, la aceptación es una clave espiritual que abre las puertas de la libertad: una de las grandes paradojas del envejecimiento. En la mejor situación posible, nuestros recursos internos (la aceptación, la gratitud y la fe) progresan a medida que disminuyen nuestras facultades internas. El Dr. John Robinson, psicólogo y ministro interdenominacional, en su libro *The Three Secrets of Aging* [Los tres secretos de la tercera edad], describe este fenómeno con la frase "maduración en la vejez". Según Robinson: "¡Por eso es que ahora vivimos mucho más tiempo! El propósito del envejecimiento no es enfermar y morir miserablemente, sino transformar progresivamente el yo y la consciencia, de manera que podamos volver a descubrir el Cielo en la Tierra"[10].

Ante la perspectiva de la mortalidad, me siento inclinada a pensar que, por la gracia de Dios, y quizás como una verdad en la que se basa todo lo demás, las dificultades, pasiones y pérdidas de la vejez son las que nos obligan a llegar a un nivel más profundo. La libertad ya no es simplemente lo que ahora reconocemos como conceptos temporales que usábamos para oponernos a lo inevitable. También es cierto que ahora sé, en el fondo de mi corazón, que me queda un largo trecho por recorrer.

Incluso antes de mi episodio de cáncer de mama, mucho antes de mi confrontación con la vejez, escribí sobre la naturaleza de los desafíos espirituales que sin duda tenía por delante en mi libro irónicamente profético *The Art of Resilience* [El arte de la resiliencia]. Del mismo modo que antes no hubiera podido conocer con exactitud la naturaleza, las dimensiones ni la profundidad de las dificultades que enfrentaría, ahora miro hacia el futuro y sé que vendrán sorpresas; de eso estoy segura.

> Regocijo inesperado y placer impredecible. Pero también hay certidumbre. Habrá nuevos dolores y capacidades disminuidas. Al final, sobrevendrá la muerte. ¿Será una muerte "buena", o sea, una suave y amorosa transición hacia el abrazo de Dios? ¿O será difícil e inoportuna, como las muertes de algunos de mis contemporáneos?

De cualquier manera, ¿acaso podemos escoger? Como escribí en aquel momento, justo antes de mi diagnóstico de cáncer de mama:

> Para estar plenamente vivos, debemos asumir la tarea de lidiar con las circunstancias de nuestras vidas (no importa si son

triviales, fascinantes o amenazadoras) sin malicia, avaricia ni ignorancia voluntaria. En la medida de nuestra capacidad, debemos hacer frente a los desafíos que surgen a cada momento, con valor y comprensión. Tenemos que armarnos de suficiente valor para decir la verdad sobre el dolor y el regocijo, la vida y la vejez, la pérdida y la muerte. Tenemos que estar dispuestos a experimentar una profunda transformación[11].

Pregunta 15

¿Qué es lo que nos sigue manteniendo a merced de determinados acontecimientos, cosas y personas?

Carol Orsborn

Poco tiempo atrás, mientras escribía apasionadamente sobre la libertad derivada de despertar a la aceptación más amplia y significativa de la totalidad de la vida, el sistema operativo de mi PC decidió que había llegado el momento perfecto para reconfigurarse sin previo aviso. En medio de una oración, la pantalla se quedó en blanco y la computadora se reinició, sin haberme dado la oportunidad de guardar nada lo que había escrito. El proceso de reinicio tomó un tiempo que me pareció los diez minutos más largos de mi vida, en los que no tenía garantías de que se hubiera guardado ninguna parte del trabajo que había realizado en la última hora. No dije "no hay de qué preocuparse", "al menos mi fe sigue intacta", ni "así es la vida". ¡No!, solté más palabrotas que un marinero.

Entonces la computadora volvió a la vida y, con un par de clics, descubrí que por fortuna mi borrador más reciente se había guardado gracias a la configuración de emergencia. Quizás esto simboliza mejor el punto en que me encuentro en el sendero hacia la iluminación: no estoy en un estado permanente de dejarme llevar por la corriente, sino que me elevo y vuelvo a caer, me reinicio y "me guardo" una y otra vez, aunque solo sea en la modalidad de emergencia.

No compararía el despertar con un interruptor que de pronto se apaga o se enciende, sino con un barco que cruza el océano, a veces sobre una mar serena, a veces zarandeado por la tormenta, pero que, a la postre, siempre llega a su destino.

Sí avanzamos espiritualmente. Por supuesto, seguimos creciendo y cambiando como resultado de las lecciones extraídas de las cosas que nos suceden, pero también por la gracia de Dios. Sin embargo, ese crecimiento no ocurre de repente en todos los aspectos. Más bien, puede que avancemos en un ámbito y quedemos rezagados en otros. Por ejemplo, tal vez aceptamos con elegancia el comienzo de una forma de discapacidad física relacionada con la edad, o tal vez reaccionamos emocionalmente al ver que nuestros hijos adultos no nos visitan a menudo.

Lo cierto es que el crecimiento espiritual (sobre todo en cuanto a la compensación de las etapas saltadas) es un tema complicado. Como Bob y yo hemos señalado antes, en un momento determinado puede parecer mucho más conveniente y fácil aferrarse a las ilusiones propias y negar lo que realmente sucede. Pero la clave del progreso está oculta a plena vista. Simplemente debemos trabajar con la verdad. *¿Qué ideas sobre el pasado ya no necesitamos mantener en el futuro? ¿Qué creencias se nos han impuesto y estamos deseosos de dejar atrás? ¿Qué se nos ha dicho que ahora podemos rechazar y desestimar?*

Diga la verdad, experimente el dolor que esto le trae y déjelo ir. Cada vez que nos encontramos a merced de patrones, creencias o comportamientos antiguos, tenemos la oportunidad de compensar una etapa del desarrollo que nos habíamos saltado. Según las palabras de los Dres. Stanley Krippner y David Feinstein, especialistas en mitología cultural: la meta consiste en tratar de cambiar viejos patrones de creencia "que son disfuncionales, aunque los hayamos tenido durante mucho tiempo y se hayan visto confirmados constantemente por la lógica de las creencias de muchos años. En la medida en que uno sea capaz de aportar cambios constructivos a esas perspectivas fundamentales, normalmente surgirán cambios positivos en su vida"[12].

Lo bueno es que, sea cual sea su edad, nunca es demasiado tarde para colmar las lagunas. Llegará el momento, después de hacer todo el esfuerzo de sacar las ilusiones a la superficie, confrontarlas, guardar luto por ellas y liberarlas, en que sabrá que las ilusiones que lo han tenido controlado durante gran parte de su vida ya no tienen ningún poder sobre usted.

¿Qué es lo que nos sigue manteniendo a merced de determinados acontecimientos, cosas y personas?

Bob Weber

Después de despertar y deshacerse de las ilusiones, tal vez piense que ya tiene todo el camino despejado hasta su destino. Quizás le gustaría creer que está ante una carretera sin semáforos, giros en U ni desvíos. Que basta con pisar el acelerador para seguir sin interrupciones el camino a casa. Pero todos sabemos que no es así.

Piense en lo mucho que ha avanzado en su propia travesía, las reflexiones, los logros y suspiros de alivio que han acompañado a esos momentos de su vida. Algunos le duran un tiempo, pero otros son más breves. Es inevitable que tropiece con obstáculos en el camino y que termine con un neumático pinchado o con una deformación de la alineación del auto, que le afecta el sistema de dirección y lo obliga a llevar el carro a un taller de reparaciones.

Lo mismo sucede en nuestras vidas espirituales. Siempre hay acontecimientos, cosas y personas que aún tienen poder sobre nosotros y nos hacen salirnos del camino aunque ya hayamos despertado a la verdad de su carácter ilusorio y seamos capaces de restarles importancia. Cuando analizo mi propia lista de personas, cosas y acontecimientos que tienen el potencial de impedirme estar en paz y centrado, veo que hay mucho de donde escoger.

Esas perturbaciones ocasionales no siempre son por cosas importantes. Hay un popular libro de autoayuda escrito por el difunto Richard Carlson (otra alma sabia, cuyo fallecimiento en la plenitud de su vida sacudió a los círculos literarios y espirituales) titulado *Don't Sweat the Small Stuff* [No sufra por pequeñeces]. No es un mal consejo. Si bien no deberíamos sufrir por pequeñeces, estas son a menudo las que más persistentemente nos afectan en la vida.

Cada uno de nosotros tiene algún punto débil en relación con un acontecimiento, cosa o persona en particular que nos crea una resonancia suficiente como para quitarnos la tranquilidad y causarnos agitación. Piense, por ejemplo, en cómo la voz de una cantante de ópera alcanza determinado tono que produce resonancia con una copa de vino hasta que esta se hace añicos. ¿Cuál es la naturaleza de los puntos débiles particulares que cada uno de nosotros posee y que a la larga nos hacen rompernos en pedazos?

Una representación esquemática que me ayuda a entender esto es lo que se conoce popularmente como los "Siete pecados capitales". Si le produce repulsión la idea de pecado, trate de pensar en un contexto psicológico que le permita comprender este fenómeno como parte intrínseca de la naturaleza humana y como un aspecto de nuestra humanidad al que todos estamos potencialmente expuestos. Un buen recurso para comprender esto lo ofrece Solomon Schimmel en su libro *The Seven Deadly Sins: Jewish, Christian, and Classical Reflections on Human Nature* [Los siete pecados capitales: Reflexiones judías, cristianas y clásicas sobre la naturaleza humana].

Esos siete aspectos de la naturaleza humana son la ira, la lujuria, la gula, la soberbia, la envidia, la avaricia y la pereza. Cuando veo mi propia vida a la luz de esos pecados, me doy cuenta de que los he experimentado todos en distintos momentos y en distinta medida. También me doy cuenta de que a veces se manifiestan con gran intensidad y a veces con mayor sutileza. Por ejemplo, hay una petulancia y una soberbia sutiles inherentemente en una afirmación como "Estoy orgulloso de mi humildad". En ocasiones, se manifiestan simultáneamente varios pecados, por ejemplo, la soberbia y la ira.

Uno de mis "puntos débiles" particulares, que se activa de vez en cuando, aunque sea consciente de ello, tiene que ver precisamente con el orgullo y la ira. La mayoría de las veces ocurre mientras me encuentro en medio del tráfico de Boston, como mencioné en una sección anterior, cuando dije que mi esposa me hacía despertar y me pedía dejar las cosas como son.

Como dije antes, los conductores de Boston son conocidos por su descortesía y agresividad. Por ejemplo, un "conductor de Boston" se caracteriza por hacer "un giro a la izquierda bostoniano" en una intersección, con lo que obliga a frenar a quienes tienen el derecho de vía. Como esto ocurre tan a menudo, ya conozco bien mis distintos niveles de reacción, pero de todos modos siempre me dejo llevar por el momento.

Hasta cierto punto mi ira está justificada, debido al mal juicio que implica hacer un giro de ese tipo. La mayoría de los conductores y jueces coincidirían conmigo en esto. Pero, a otro nivel, mi reacción se intensifica y me mantiene una y otra vez a merced de esos episodios. En ocasiones, como ya dije antes, mi esposa me pide que me libere de la ira y a veces logro hacerlo. Pero lo cierto es que otras veces no me libero y me dejo llevar por la ira.

¿Por qué? Por mi orgullo herido. Usted se preguntará qué fue lo que me hirió tanto. Mi esposa, que conoce perfectamente bien mi dinámica, a veces me dice en broma: "Ese conductor no hubiera hecho eso si supiera quién eras tú". En mi mente, lo que me hirió el orgullo fue el hecho de que el otro conductor no hubiera actuado de esa manera si hubiera sabido que Bobby Weber iba en el carro al que hizo frenar.

Si usted concluyera que tengo cierto delirio de grandeza, estaría en lo correcto, pues así es el orgullo. La reacción de enojo es una manera de lidiar con mi orgullo herido y solo me hace quedar más aún a merced de la persona y el acontecimiento. En momentos como ese, si todavía fuera niño, tal vez lloraría por la afrenta y me entristecería por la desconsideración y la falta de amabilidad de los demás. Sin embargo, mi orgullo herido no reconocería eso porque, de hacerlo, solo me humillaría más. Y así, hasta el infinito.

Esa es una de las maneras en que seguimos a merced de personas, acontecimientos y cosas. Pregúntese cuál es su "punto débil". ¿A cuál de los siete pecados capitales o aspectos de la naturaleza humana se ve sujeto más a menudo cotidianamente?

El Buda nos enseñó que los seres humanos creamos nuestro propio sufrimiento. Los momentos que acabo de describir son ciertamente momentos de sufrimiento, carentes de paz o regocijo, capaces de arruinarme un viaje en automóvil o un día de la vida, aunque ya estaba despierto a esas realidades y era capaz de reconocerlas tal como son. Quizás una caricatura de Harry Bliss arroje un poco de luz al respecto. En ella, se ve a dos monjes budistas sentados y meditando en la postura del loto. Uno le dice al otro: "Ahora que estoy iluminado, tengo que reconocer que echo un poco de menos el sufrimiento".

7

¿Cómo podemos llegar a ser nosotros mismos con mayor plenitud?

16. ¿Qué puede aceptar sobre usted mismo que anteriormente repudiaba?

17. ¿Qué cualidades desatendió en la primera mitad de su vida, pero ahora puede desarrollarlas con libertad?

18. ¿Qué aspecto personal suyo valora en especial?

19. ¿Quién ha creído en usted cuando ni usted creía en sí mismo?

20. ¿Usted siente que tiene personalmente algún valor intrínseco en el plan general del universo?

LA CUESTIÓN DE LLEGAR A SER NOSOTROS MISMOS CON MAYOR PLENITUD

Albert Camus escribió que jamás deberíamos "caer en lamentaciones inútiles ante un estado de cosas que no puede ser evitado"[1]. La alternativa consiste en utilizar la sabiduría de Jorge de Santayana: "No hay remedio para el nacimiento y la muerte, salvo disfrutar del intermedio"[2]. Una de las bendiciones del envejecimiento es la oportunidad de convertirnos al fin en la persona que verdaderamente somos y de disfrutar ese cambio. Basta ya de consignas como "¡sé todo lo que puedes ser!" o "puedes llegar a ser cualquier cosa que desees". Sí, necesitamos mentores, aliento y personas que nos sirvan de modelo. Y, en las mejores circunstancias, es de esperar que nuestros mentores, padres, maestros, amigos, sacerdotes, ministros y rabinos nos hayan insistido en que nos convirtiéramos en quienes realmente somos.

Sin embargo, nuestros grupos de referencia sociales y culturales y sus visiones y valores en relación con nosotros no siempre están orientados hacia ese fin. La propia insistencia en que nos mantengamos vibrantes y juveniles elude la verdad de la vejez y, por lo tanto, no da en el blanco. Para los buscadores, incluso las arrugas, las dificultades y el propio caos de la vejez pueden tener su propia belleza especial, quizás no del tipo que se considera "perfección", pero sí de ese valioso atributo de los mortales conocido como "autenticidad". Esto nos da la oportunidad de recordar lo que dijo una vez Eleanor Roosevelt: "Los jóvenes hermosos son accidentes de la Naturaleza, pero los ancianos hermosos son obras de arte"[3].

En la vejez tenemos la oportunidad de completar nuestra propia creación como obras de arte. Entonces podemos equipararnos con artistas como Miguel Ángel, de quien se dice que, al preguntársele como creaba sus esculturas, afirmó que simplemente retiraba del mármol todo lo que no fuera la escultura. Eso es lo que tenemos que hacer para convertirnos en la obra de arte que somos: profundizar la integridad de la esencia de nuestro verdadero ser. Tal vez entonces podemos comenzar a vernos de la misma manera en que nos ve la Divinidad.

La visión del Dios bíblico se refleja en el pasaje siguiente del Libro de la Sabiduría de Salomón (11:24–12:1):

> *Amas todas las cosas que son, y ninguna cosa aborreces de cuantas hiciste; porque ninguna habrías hecho con aborrecimiento.*

> *¿Cómo habría perdurado cualquier cosa si no hubiera sido Tu voluntad? ¿O cómo se habría preservado algo que Tú no hubieras creado?*

> *Tienes piedad por todas las cosas, pues te pertenecen a Ti, oh Señor, que amas a los vivos.*

> *Pues tu espíritu inmortal está en todas las cosas.*

Pregunta 16
¿Qué puede aceptar sobre usted mismo que anteriormente repudiaba?

Bob Weber

Como terapeuta de grupo, a menudo veo que mis clientes reniegan de ciertos aspectos de su personalidad dentro de la dinámica del grupo. No es insólito que todo un grupo reniegue de determinada dimensión que lo caracteriza. Por ejemplo, si el enojo se experimenta como algo amenazador y no deseado, sucederá que un miembro del grupo trata de descargar esos sentimientos en otro miembro. En ese caso, dicho individuo será considerado como "la [única] persona enojada", que el grupo rechaza y necesita a la vez, porque sirve como destinatario de sentimientos indeseados, como si fuera el camión de la basura.

Esa dinámica también puede darse en la vida cotidiana. En las relaciones matrimoniales no es insólito que uno de los cónyuges se caracterice por la experiencia de "debilidad" y el otro, por la de "fortaleza". Cuando este fenómeno ocurre a nivel social, se describe como "búsqueda de chivos expiatorios".

Esto se puede ver cotidianamente cuando se denigra a una persona por motivos de raza, procedencia étnica, género, orientación sexual o alguna otra característica. Según algunas versiones, la frase "chivo expiatorio" se origina en un ritual judío que comenzó en el monte Shechem. El rabino reunía los pecados de la gente, los apilaba sobre el lomo de un chivo y luego llevaba al animal al bosque para que lo devoraran las bestias. Así la comunidad quedaba libre de pecados.

En psicología, esa dinámica defensiva y de autoprotección se conoce como "identificación proyectiva"[4]. El primer paso es romper con la parte no deseada. El segundo es proyectarla hacia una persona elegida de forma inconsciente, es decir, el chivo expiatorio; el tercer paso que redondea esa dinámica es hacer que la persona se identifique con la proyección. Por supuesto, ese proceso de identificación inconsciente no suele ser un problema, porque la naturaleza humana contiene todo el espectro de dimensiones, sean manifiestas o no.

Si bien el proceso puede ser menos flagrante que la búsqueda pública de un chivo expiatorio, cada ser humano es capaz de vivir con esa dinámica, a nivel interno y en privado, lo que puede resultar más doloroso porque entonces lo "no deseado" no tiene adonde ir. Permanece dentro de nosotros y eclipsa lo "bueno" que tenemos por dentro.

Dos de esos aspectos de mi vida interior con los que he luchado son el sexo y la agresión, lo que Freud denominó impulsos instintivos básicos. ¿Qué se puede hacer cuando algo tan básico para nuestra naturaleza y constitución humana está siempre presente y tiene que ser visto como un aspecto ajeno, un enemigo, una parte mala de nuestro ser? Nunca se puede huir de lo que es parte de uno, como se afirma en el título del libro de Jon Kabat-Zinn, *Wherever You Go, There You Are!* [¡Dondequiera que vayas, allí estarás!].

En gran medida, lo que nos parece inaceptable es determinado por las personas que forman parte de nuestras vidas. Durante mi niñez, mis grupos de referencia, sobre todo la familia y la Iglesia, hicieron que tanto la sexualidad como la agresión me resultaran difíciles de integrar en mi funcionamiento de forma normal y equilibrada.

No era bien vista la agresión ni sus derivados, es decir, el enojo, la ira y la competitividad. Por fortuna, tenía canales por los que podía manifestar aceptablemente esos impulsos a nivel social. La competitividad académica y el empeño de triunfar en la escuela era uno de ellos. El otro era mi participación en deportes, sobre todo el fútbol americano. En ese contexto podía dejar de ser un sereno monaguillo al servicio del sacerdote durante la misa y convertirme en un jugador de ofensiva que empujaba a su oponente con el hombro para avanzar unas cuantas yardas más. En tales momentos, no estoy seguro de haber sido yo mismo al 100%, pero sí podía ser la persona aparente que elogiaba la fanaticada.

Mi sexualidad fue un caso similar. En mi niñez y adolescencia no existía una buena educación sexual. Todo se reducía a la frase "¡No lo hagas!". Esto se veía amplificado por el énfasis que se hacía en el sexto mandamiento, "No cometerás adulterio" que, según mi experiencia, era un precepto general que incluía todo lo que tuviera una dimensión sexual ilícita, ¡es decir, todo!

Para un adolescente rebosante de hormonas, eso era más fácil de decir que de hacer. Si bien mis padres y mis sacerdotes eran amables y comprensivos, tampoco ellos se sentían cómodos ni carecían de conflictos con su sexualidad. No había nadie a quien acudir, ni siquiera a Dios, a quien percibía como un ser particularmente preocupado con la dimensión sexual de nuestras vidas y su pecaminosidad.

Por supuesto, todo esto era una manifestación de mi propia necesidad de integrar la sexualidad en mi vida. Esto solo lo logré años después, mediante la disposición a examinar y aceptar todo lo que me caracteriza y a ser yo mismo en todos los aspectos de mi vida, hasta convertirme en quien verdaderamente soy. Gradualmente, la vergüenza y la culpabilidad se disiparon, los conflictos amainaron, "reconocí" todos los aspectos de mi yo sexual y estos dejaron de tener sobre mí el poder que antes tenían.

Esa travesía tomó mucho más tiempo de lo que hubiera querido. Me enseñó que yo, y todos los demás, debemos tener paciencia con nosotros mismos y con el proceso de convertirnos en quienes somos, porque cada corazón es diferente y cada uno tiene su propio "calendario". Actualmente pongo esa idea al servicio de otros con quienes trabajo, para ayudarlos a tener más paciencia en el proceso de desarrollar su propio yo.

¿Qué puede aceptar sobre usted misma que anteriormente repudiaba?

Carol Orsborn

Hace poco me sucedió algo que nunca habría previsto: dejé pasar la oportunidad de solicitar un importante trabajo en una corporación para ayudar en la mercadotecnia de sus marcas dirigida a la generación de posguerra. Siempre me había considerado una persona ambiciosa que podía estar a la altura de cualquier ocasión. No obstante, como ya me habían despedido de un trabajo y había jurado que sería la última vez, no podía soportar la posibilidad de volver a estar jamás en una situación de ser subvalorada, incomprendida ni marginada. Mi espíritu, lleno y todo de golpes, me gritaba: "No quieres tener que volver a usar tacones altos ni preocuparte de lo que la gente piensa de tus canas. No quieres tener que decirles lo que ellos desean escuchar, afirmaciones que perpetúan los estereotipos y manipulan sobre la base del miedo a los hijos de la posguerra a medida que envejecen. No quieres que te sigan diciendo que lo que consideras importante no tiene ningún valor para ellos".

Por supuesto, esto no fue siempre así. Hubo largos períodos en que el trabajo como experta en mercadotecnia me daba inmensa satisfacción y grandes recompensas. Pero en algún punto del camino me quedé dormida al volante de mi vida y desempeñé mis funciones por deber (e incluso con resentimiento), guiada por el hábito y no por la pasión. Con el paso del tiempo llegué a aceptar que me merecía algo mejor que creer que mi única opción era ir en contra de mi propia naturaleza al juzgarme según normas externas. En ese momento no sentí exaltación, sino algo igual de satisfactorio: a pesar del miedo por lo que había hecho, sentía un levísimo susurro de esperanza de que, al otro lado de esta experiencia, sería libre.

Cuando pienso en mi último trabajo en una empresa, teniendo en cuenta todos los esfuerzos que me ha costado llegar a mis sesenta y siete años, ya no me pregunto por qué me tomó tanto tiempo deshacerme de la ilusión del éxito. En el fondo soy escritora y profesora, lo cual nunca me ha resultado tan lucrativo como el trabajo empresarial, pero es lo que me da verdadera satisfacción y realización. Ahora me doy cuenta de que el gran milagro es haber encontrado dentro de mí las fuerzas necesarias para despertar. Me tomó años dejar de tambalear en la transición a mi auténtica vida, hasta que recordé que, hace más de sesenta años, una niñera me dibujó una cara con una arruga enorme en la frente y una expresión muy triste con el ceño fruncido. Entonces, mágicamente, puso el dibujo al revés y de repente la cara tenía una sonrisa de oreja a oreja.

Es una descripción bastante adecuada de lo que es mi vida actual, al menos cuando tengo el día bueno. En un momento determinado me aferraba desesperadamente a la vida, suplicándole darme de una vez lo que me había prometido, pensando que, con esforzarme lo suficiente, conseguiría que las cosas salieran bien. Ahora me muevo por la vida de manera que puedo valorar lo liberador que es no tener que afanarme en ser yo misma.

Pregunta 17
¿Qué cualidades desatendió en la primera mitad de su vida, pero ahora puede desarrollarlas con libertad?

Carol Orsborn

El horizonte conocido de la vida queda superado; los viejos conceptos, ideales y patrones emocionales ya no se ajustan al momento, pues el cruce de un umbral es inminente.

JOSEPH CAMPBELL

Entre las cualidades que desatendí en la primera mitad de mi vida estaba la capacidad de experimentar regocijo. No siempre fui así. Recuerdo claramente cuando disfrutaba el simple reflejo de un arcoíris sobre la pared de mi habitación y trataba de atrapar los hermosos colores con las manos extendidas. De vez en cuando, al salir a caminar al aire libre, todavía me veo transportada instantáneamente a un momento y un lugar que resplandecían con la magia de los primeros recuerdos: una combinación entre fragancia de lilas, cierta humedad agradable y una suave brisa, y esto me devuelve a la experiencia del regocijo infantil que describió Bob. Desafortunadamente, del mismo modo que no conseguí tocar el arcoíris con los dedos, gran parte de mi capacidad innata de experimentar asombro había sido desplazada gradualmente por el compromiso adquirido de tomar la vida en serio.

Por suerte, sentir el regocijo en el momento presente es una habilidad que puede cultivarse a cualquier edad. Eso no significa que tal propósito sea fácil para alguien que aprendió rápidamente, observando a una madre excesivamente cautelosa, a empezar cada día oteando el paisaje interno y externo con una pregunta en mente: ¿Qué me hará sentir ansiedad hoy? Para mí, hasta hace poco, despertar en la mañana representaba, más que una oportunidad de disfrutar el día, un llamado a las armas. Sin embargo, cada vez más, por la gracia de Dios, he sido tomada por sorpresa por cosas evidentes. Simplemente no puedo seguir aquí veinte, treinta o más años tomando la vida en serio (además de tratar de que me tomen en serio) forcejeando con las sombras. Es decir, ¿realmente el legado de preocupaciones heredado de mi bienintencionada pero ansiosa madre, fallecida hace ya tiempo, debía acompañarme para siempre? Cada momento de la vida es precioso. Ante horizontes limitados no se puede perder más el tiempo con excesos emocionales disfrazados de responsabilidad, seriedad de propósito o crecimiento personal.

Ese es un gran giro en el camino a través de las sombras y un regreso al calor de la vida. Quiero recuperar mi derecho de nacimiento, el significado de mi nombre en hebreo: alegría, vida y luz.

¿Cómo me va? No es que esté haciendo nada grandioso, cuando simplemente me quedo en la cama preguntándome si los petirrojos habrán regresado y si los narcisos habrán florecido. Se ha disipado una niebla, y en su lugar queda una claridad tan mundana, tranquila y serena, que apenas me di cuenta de que había ocurrido algo trascendental. Esta mañana, en lugar de despertar para llenarme de ansiedad, fui cobrando conciencia como si flotara en una nube de asombro.

El asombro aún me acompaña mientras voy a mi estudio para reflejar mis pensamientos. Ahora estoy envuelta en un edredón tejido por la misma madre a quien ya no culpo, con mis perras: Lucky acurrucada en mi regazo y Molly a mis pies. ¡Ahhhhhh!

Al menos por hoy he cambiado la preocupación, la planificación y hasta la comprensión por un nuevo tema privado y personal. La idea es explorar y ser receptiva para experimentar asombro y fascinación. ¿Por qué no? En lugar de esforzarme tanto para que me tomen en serio, ¿por qué no aspirar a vivir en un éxtasis de amor tan intenso que me haga correr el riesgo de quemarme?

Bob y yo nos hemos referido a la importancia de cuestionar los conceptos que hasta ahora asumíamos, a menudo inconscientemente, de lo que creíamos que éramos para revitalizar la visión de lo que está comenzando a ser. Usted también podría descubrir que hay aspectos y cualidades personales mal atendidos, pero que desea conservar, ampliar o profundizar.

Uno de los dones de la longevidad es que, por mucho que hayamos experimentado y logrado en el pasado, estamos justamente en el inicio de lo que podría ser una larguísima pista de despegue para el resto de nuestras vidas: disponemos de mucho tiempo para explorar nuevas formas de relacionarnos con el mundo. En ese sentido, sentimos que el corazón nos llama a desarrollar cualidades y potencialidades para las que antes estábamos demasiado ocupados. Comenzamos a prestar más atención a lo que dicen los demás. Podemos dar un paso atrás para llevarnos una idea de conjunto. Podemos detenernos, disfrutar el momento y recordarnos a nosotros mismos, y a los demás, de qué se trata la vida ante todo. Muchos de los que han llegado a dominar ciertas formas de ser tienen curiosidad y ganas de experimentar precisamente lo opuesto, al menos durante un tiempo. Lo más interesante para mí ha sido que el lado opuesto es diferente para cada persona. Un hombre que siempre ha sido tranquilo y ha servido de apoyo a los demás se da cuenta de que, para variar, le gustaría experimentar lo que se siente al ser el centro de atención. Por su parte, una mujer que ha sido poderosa y ha logrado atraer la atención de los demás, podría desear simplemente que la dejen en paz.

Esas nuevas capacidades pueden ser concretas y específicas, como las de tener por fin el tiempo y la energía necesarios para aprender a tocar un instrumento musical o dominar otro idioma. Pero también pueden ser capacidades internas, tan tangibles como las que se dejan atrás. Quienes se han preocupado por cosas del pasado pueden verse ahora menos reactivos ante las circunstancias de la vida. Quienes hemos sido buscadores de grandes metas podríamos descubrir una mayor capacidad parar detenernos y percibir el aroma de las rosas.

Nos hemos ganado el derecho a vivir nuestras vidas como nos plazca. Ya hemos comprobado que cada vez nos preocupan menos las opiniones de los demás y hemos comenzado a darnos cuenta de que lo que otros piensen de nosotros realmente no es asunto nuestro. Así que disfrute de este tiempo de mayor libertad en la vida y no lo estropee preocupándose por no poder realizar su potencial; dese permiso para recuperar cualidades que desatendió en la primera mitad de su vida. Dese el crédito que se merece para ser usted mismo con mayor plenitud.

Con el tiempo, casi todos volvemos atrás para recuperar algo de lo que creíamos relegado para siempre, y así crear una fusión razonada de algo auténtico original e inquebrantable. Esa es la esencia de lo que muchos decimos que más queremos de la vida cuando envejecemos: una experiencia ampliada de la libertad y un sentido perdurable de resolución y plenitud. También es la definición no solo de madurar, sino de volvernos más íntegros.

¿Qué cualidades desatendió en la primera mitad de su vida, pero ahora puede desarrollarlas con libertad?

Bob Weber

En algún momento del pasado, quienes hemos sido criados en un hogar y una tradición religiosa hemos tenido lo que se llama una "educación religiosa". En mi tradición católica, esa educación recibe el nombre de "catequesis". Estudiamos el Catecismo de Baltimore, el manual estándar aprobado por la Iglesia, que contenía secciones sobre diversos temas y preguntas que teníamos que aprender de memoria. Luego, en la clase, nos teníamos que poner de pie cuando se nos pedía y responder la pregunta que se nos hacía. Cuando asistía a esas clases, las maestras solían ser hermanas religiosas, vestidas con sus hábitos religiosos formales, por lo general de color negro.

Por ejemplo, comenzaban: "¿Quién nos creó?". Respuesta: "¡Nos creó Dios!". Segunda pregunta: "¿Por qué Dios nos creó?". Respuesta: "Nos creó para manifestar su bondad y compartir con nosotros su eterna felicidad celestial!". Los maestros nos elogiaban cuando respondíamos acertadamente y nos reprendían si no habíamos estudiado lo suficiente como para aprender de memoria las respuestas, palabra por palabra. En realidad no se podía discutir sobre lo que eso significaba para nuestra vida terrenal.

Recuerdo una sección en particular, que proyectó una sombra sobre mi vida durante muchísimos años. Se refería al pecado. Allí se hacía distinción entre los pecados "veniales" (menos graves) y los "mortales" (muy graves). Quien no se hubiera confesado y recibido el perdón por pecados mortales antes de morir, estaría condenado a pasar la eternidad en el infierno. Los criterios por los que se definían los pecados mortales eran: (1) si el asunto era grave o serio; (2) si se tenía plena conciencia de la gravedad; y (3) si se había dado el consentimiento pleno para cometer el pecado.

La descripción de esos dos tipos de pecado iba acompañada de su ilustración. En el primero, el pecado venial, el alma se representaba como una botella de leche blanca ligeramente oscurecida y empañada por el pecado. En el segundo, el pecado mortal, la leche blanca estaba ennegrecida del todo. Huelga decir que, para estar seguro y evitar la condenación eterna, a menudo asumí que alguno de mis pecados era mortal, lo que me hacía sentir miedo y pavor hasta que por fin iba al confesionario.

Hecha la confesión, la "botella de leche" quedaba limpia y blanca, y me liberaba del peso del miedo a la perdición... hasta que cometía mi siguiente pecado; entonces, cuando mis escrúpulos se apoderaban de mí y me convencían falsamente de la gravedad de mis actos, el miedo volvía y arrojaba una sombra sobre mi vida.

Mi cometido en la vida era ser "un buen chico". Por consiguiente, había poco espacio para la risa y el humor. Vivía en una prisión de rigidez y seriedad. Ello se veía reforzado por el respeto y la consideración que recibía de los demás por ser tan buen chico y un modelo para otros niños. El problema era que no era totalmente yo mismo y me faltaba humor. Estaba tan preocupado por evitar el humor pecaminoso, por ejemplo, los "chistes verdes", que perdí el sentido del humor libre y fácil sobre la vida en general. También perdí la conexión con otras personas, pues vivía en mi propia prisión.

Entonces se produjo un cambio. No sé exactamente cuándo sucedió, pero sé que empezó cuando era jesuita y mi educación religiosa dio un giro favorable. Durante mi introducción a la espiritualidad jesuítica, la orientación espiritual para profundizar mi vida de oración y mis estudios de teología para prepararme para el sacerdocio, desarrollé cierto sentido del humor sobre la vida. Mediante la sabiduría de mis mentores jesuitas, empecé a entender que también Dios tiene sentido del humor. Aforismos como "el hombre hace planes y Dios ríe" tenían sentido para mí y no eran sacrílegos ni blasfemos.

El año pasado asistí a una charla de uno de mis actuales "mentores literarios" jesuitas, el padre James Martin, a quien nunca me habían presentado, pero cuyos libros había leído. La charla fue parte de una serie pública en el Boston College, una universidad jesuita. James Martin presentó fragmentos de su libro titulado, *Between Heaven and Mirth: Why Joy, Humor, and Laughter Are at the Heart of the Spiritual Life* [Entre el cielo y el júbilo: Por qué el regocijo, el humor y la risa son la esencia de la vida espiritual]. Para los que aún viven sin humor, sin risa y sin júbilo, recomiendo de corazón ese libro.

Durante más de una hora, las historias humorísticas y los chistes de Martin nos hicieron reír de tan buena gana que estoy seguro de que la mayoría de los presentes no querían que terminara. A la vez, su presentación estuvo marcada por elementos que aclaraban la importancia y la seriedad de la vida espiritual. Demostró lo que todos debemos hacer: buscar un equilibrio entre la seriedad y el humor, entre la tragedia y la comedia de la vida.

También debemos ser capaces de contener el regocijo y la tristeza que son aspectos inevitables de nuestras vidas. Mi suegro, Ralph Enders, lo expresó muy bien en su lecho mortal, muy consciente de que había llegado al final de su vida. Rodeado de sus hijos, hizo gala de su sabiduría cuando dijo: "¿Cómo es posible estar tan triste y feliz a la vez?".

Pregunta 18

¿Qué aspecto personal suyo valora en especial?

Bob Weber

Cuando rememoro mi infancia, adolescencia y juventud, veo lo atrapado que estaba en mi propia piel, aunque no tenía idea de que fuera así. Cuando me doy cuenta de lo que tanto yo como otros valorábamos de mí, entiendo las causas de mi aprisionamiento.

Casi hasta los treinta años me concentré en lo que los demás apreciaban de mí y en mi propia interiorización de sus valores. Si bien ello me dio vida de muchas formas, de cierto modo era un hombre muerto. En contraste, cuando pienso en lo que ahora valoro de mí, me siento vivo.

Al pensar en lo que aprecio de mí mismo, me vienen a la mente diversos aspectos. Aunque tengo tendencia a ponerlos en orden, prefiero darles a todos la misma importancia y que cada parte interactúe con la otra para crear la persona que soy.

Si hiciera una lista breve, comenzaría por mi generosidad hacia los amigos y los demás, mi sentido del humor, mi disposición de hacer frente a mis aspectos malos y desagradables, sin desestimar lo bueno que equilibra todo mi ser. Ello incluye mi capacidad de llorar, de tristeza o de júbilo, según corresponda, y mi libertad de reír a carcajadas ante la comedia que a veces es la propia vida. Igual de importante es la capacidad cada vez mayor de reírme de mí mismo, de no tomarme tan en serio y de reírme con los demás, no de los demás.

Mis anhelos espirituales de siempre también tienen un lugar preponderante. Desde la tranquilidad pacífica de la iglesia al amanecer, a media luz, hasta la experiencia del miedo existencial y la esperanza de llegar a puerto seguro, mi perenne odisea espiritual sigue siendo fundamental en mi vida.

Luego está mi comportamiento tierno y amoroso hacia las personas que valoro y atesoro. Con los años me he vuelto más libre para expresar ternura y amor sin avergonzarme, sin la sensación de no ser muy viril cuando lo hago. Al ser más fiel a mí mismo, mi propia falsedad se ha reducido. El falso yo, la intensa expresión de la virilidad, fruto del aprendizaje cultural de los varones, se hace más débil y menos predominante.

Cuando le pregunté a mi esposa lo que le gusta de mí y lo

que cree que otros aprecian de mí, hallé congruencia entre lo que valoran los demás y lo que yo valoro. Esa congruencia crece a medida que soy capaz de ser fiel a mí mismo y manifestar lo que valoro sobre mí en la vida con los demás.

Al principio de mi relación con mi mujer, con quien llevo treinta y cinco años, me costaba mucho decir "te amo", a pesar de estar seguro de sentirlo. Ahora las palabras simplemente emanan cuando soy capaz de reconocer y valorar lo mucho que la quiero. A la vez, esa forma de experimentar mi yo amoroso me ha hecho tomar mayor conciencia de mi vulnerabilidad, porque el amor es un riesgo que requiere no solo someterse, sino rendirse a los sentimientos.

En la actualidad, a medida que cobro mayor conciencia de mi propio envejecimiento, tengo la sensación de que algo me lleva a apreciar y valorar aún más mi vulnerabilidad y mi capacidad de entregarme, que ha evolucionado a lo largo de los años y de las relaciones. Poco a poco y a veces no tan gradualmente, los cambios que se producen en mí como resultado del paso de los años amenazan con llenarme de pavor. En tales momentos he comenzado a abrigar la esperanza de que mi vulnerabilidad y la invitación a rendirme, cada vez más, me ofrezcan un camino espiritual a una mayor plenitud de vida ahora y en el futuro.

¿Qué aspecto personal suyo valora en especial?

Carol Orsborn

El hecho de pasar más allá de la mediana edad nos brinda la oportunidad de cuestionar las viejas concepciones de lo que somos y dar cabida a nuevas formas de ser en nuestras vidas. Puede parecer más fácil de lo que realmente es. Cuando estaba por llegar a los sesenta años, me concentré mucho en las cualidades y características que deseaba dejar atrás. Al tratar de responder la pregunta acerca de lo que más valoro de mí misma, habría agitado una mezcla tóxica de introspección, arrepentimiento y autocompasión. Como dice mi mentora octogenaria, la escritora y sabia Connie Goldman: "A veces, parece que solo hemos perdido las partes buenas, mientras que las partes antipáticas, como las preocupaciones, los juicios y cosas por el estilo, son las que han quedado". Pero felizmente, sigue diciendo: "Sucede que ese proceso de pérdida también es crecimiento"[5].

Si trato de sacar fuerzas de las palabras de Connie, debo decir que lo único que valoro de mí en especial, lo único que nunca parece haberse perdido (al menos durante mucho tiempo) es mi ansia de convertirme cada vez más en un todo. Soy una buscadora espiritual hasta el fondo del alma, prestando atención a la voz suave y tranquila que emana alternativamente de la cabeza, el corazón y las entrañas, y que promete la unidad con lo Divino. Es como si hubiera experimentado alguna vez la sublime integridad de la autoaceptación plena y total. Más que aceptación: una irreflexiva fusión con la unidad del Universo, que experimenté, reconocí y recuerdo como amor puro. Desde esa perspectiva, veo todo lo demás como un medio para superar los obstáculos que a la larga me llevan de vuelta a esa unidad. Y el envejecimiento, con todos sus desafíos y oportunidades, contribuye de manera eficiente a acelerar el paso. Por eso es que, al cruzar el umbral de la mediana a la tercera edad, he llegado cada vez más a aceptar el envejecimiento no como la culminación sino, hasta cierto punto, como el comienzo de mi crecimiento espiritual. De hecho, debo decir que mi cualidad más valorada (por mí misma y por quienes me rodean) es mi clara conciencia del envejecimiento como sendero místico.

Mientras escribía mi memoria *Fierce with Age: Chasing God and Squirrels in Brooklyn* [La tenacidad de los años: Tras Dios y las ardillas en Brooklyn], releí la obra de Sam Keen, cuyos *Hymns to an Unknown God* [Himnos a un dios desconocido] tenía en mi librero desde hacía años. Cuando compré el libro en el momento de su publicación quince años atrás, Sam tenía más de sesenta años. Recuerdo que me gustó mucho la primera vez que lo leí, pues aprecié al autor como un sabio y anciano conocedor y sofisticado. Esta vez, mientras lo leía, de adulto a adulta, me sentí al mismo tiempo escarmentada e inspirada por su madurez espiritual.

Al compartir pasajes del libro con una amiga que estaba pasando por una mala racha, hallé la clave de la autoaceptación:

Gran parte de la agitación de mi vida ha provenido de la lucha por convertir en realidad alguna fantasía o algún ideal poco adecuado a mi ser. Me gustaría ser feliz y despreocupado, pausado, de espíritu más ligero. Me engaño en el deseo de ser alguien totalmente distinto de quien realmente soy. Soy infeliz porque me agobia el demonio de la filosofía, la maldición de siempre preguntar "por qué", la obsesión del juego de los significados. Pero de pronto, mis perspectivas cambian y acepto lo que antes era problemático. Veo mi historia, a mis padres, mi tipo corporal, mi extraño interés por hacer preguntas, y mi mente inquieta e inquietante como mi destino. Lo que era una herida se transforma en un don. En ese momento sé que mi libertad final radica en entregarme a ese extraño ser que responde al nombre de Sam Keen[6].

Me ha tomado mucho tiempo llegar a un punto en que puedo decir que encuentro la libertad de entregarme a ese extraño ser que responde al nombre de Carol Orsborn. Ciertamente, ahora la herida se ha transformado en un don.

Pregunta 19

¿Quién ha creído en usted cuando ni usted creía en sí misma?

Carol Orsborn

He sido bendecida con un matrimonio magnífico. He dedicado muchos de mis más de veinte libros a mi marido, Dan, pero como él y yo preferimos mantener en privado ciertos aspectos, he restringido su presencia en los relatos publicados de mi vida a pequeños papeles y apariciones especiales. Sin embargo, esta cuestión, después de todos los miles de páginas, amerita romper el protocolo familiar.

Dan y yo estamos juntos desde que teníamos veintiún años. Son un montón de años y un montón de oportunidades de crecimiento a lo largo de nuestra vida en compañía. Tengo que reconocer que, cuando nos conocimos, yo necesitaba que alguien me salvara. La transición de mi niñez a la juventud fue alocada, a veces desorientada y, al mismo tiempo, apasionante. De forma sutil, perseverante y a veces traumática, esas cualidades se entretejerían durante décadas en una independencia y una ambición vital. Pero la transformación mayor de todas fue la de pasar de considerarme esencialmente indigna de ser amada, a ser una persona que sabe y confía en que es amada de manera profunda e incondicional.

Un buen matrimonio o amistad, o cualquier clase de relación en la que se permite que los errores desaparezcan y el amor persista, es el campo de entrenamiento de la unión mística. Al visitar la tumba de una vieja amiga, quedé profundamente conmovida por las palabras grabadas en la lápida, una cita del Cantar de los Cantares de Salomón: "Yo soy de mi amado, y mi amado es mío". Los teólogos la interpretan como una metáfora de la unidad con lo Divino. Y es por ello que mi matrimonio con Dan, las más de las veces, me ha dado atisbos de lo que siempre había esperado que fuera realidad: que este es un universo amoroso.

Sin embargo, la esperanza no es lo mismo que la creencia. La creencia se desarrolla lentamente, un día tras otro, una riña tras otra, una transgresión tras otra. Por supuesto, nuestro amor creció tanto en los buenos como en los malos tiempos. Pero solo cuando fui capaz de dejar que la totalidad de mi existencia se desplegara en el abrazo de una unión bendecida fue que llegué a entender realmente cuáles serían los componentes básicos de un universo amoroso: cualidades como la compasión, la generosidad y la capacidad de perdonar.

Uno de mis primeros recuerdos de Dan y de nuestra relación (y el momento en que supe que iba a casarme con él) fue después de una de las tantas veces en que hice algo estúpido o egoísta (por fortuna, no recuerdo los detalles exactos después de tantos años) a costa de Dan. De inmediato sentí remordimiento y arrepentimiento, pero me preparé para lo que habría esperado en esas circunstancias antes de conocerlo. Sería marginada, reprendida de forma desproporcionada, u obligada a admitir la culpa de haber herido mortalmente al otro. Pero nada de eso ocurrió. Quizás Dan me dijo con palabras firmes pero neutras lo que percibió en mi comportamiento (si no en ese momento, sin duda muchas veces después, ya que Dan es muy proclive a trazar límites y expresar la verdad de lo que siente). Pero este fue el milagro: mientras me encogía de miedo después de lo sucedido y volvía a intentar disculparme por enésima vez, Dan me detuvo en seco. "¿De qué hablas?", me dijo sin malicia. "No recuerdo nada". Y con una sonrisa y un abrazo, el incidente quedó ahí. Así no más. Borrón y cuenta nueva.

Dan siempre creyó en lo mejor de mí, no en lo peor. Con el paso de los años, como insistía en expresar constantemente su creencia en mi capacidad de ser lo mejor posible, al fin llegué a creerlo yo también.

¿Quién ha creído en usted cuando ni usted creía en sí mismo?

Bob Weber

Después de diez años de ser miembro de la comunidad religiosa jesuita, y después de posponer mi ordenación, de una licencia y varios años de terapia, orientación espiritual y oración, decidí dejar la comunidad en la que había llevado una vida de votos de pobreza, castidad y obediencia, una comunidad que había llegado a querer y respetar. Bob, mi superior jesuita, a cargo de los hombres que se preparaban para la ordenación, fue muy paciente conmigo ante las emociones conflictivas que experimenté hasta llegar a tal decisión. Me dio el espacio que necesitaba para discernir que eso era lo que tenía que hacer para seguir convirtiéndome en mí mismo.

Los jesuitas establecen firmes lazos de afecto filial y lealtad, por lo que la situación puede ser difícil no solo para quien decide abandonar la comunidad, sino para los que se quedan. (Perdí varios amigos que se resintieron por mi salida). Con todo, Bob me dio todo el espacio que necesitaba, sin presionarme de ninguna manera para que me quedara.

No solo creyó en el discernimiento sino en mí, en mi integridad y en mi proceso de toma de decisiones, mientras yo luchaba con la duda, la oscuridad espiritual y la depresión en el camino a mi decisión. Hasta hoy sigue siendo mi amigo, director espiritual y testigo de mi continua búsqueda para madurar cada vez más hasta convertirme en mí mismo.

Antes de recibir orientación de Bob, trabajé con Joe, a quien admiraba, respetaba y amaba profundamente. Su labor conmigo fue la que en realidad me permitió llegar a la decisión de pedir licencia y posponer la ordenación. Sin embargo, Joe no estaba al tanto de la última etapa de mi proceso de discernimiento cuando decidí salir de la comunidad y pedí la liberación de mis votos.

A pesar de que me resultaba incómodo decirle que me iba, le pedí una cita y fui a verlo. Tras el saludo inicial y un breve momento de charla, fui directo al grano y le dije que me iba. De inmediato, comenzó a preguntarme si yo había considerado esto o lo otro y si lo había pensado bien y orado en todo momento. De repente, sentí el tipo de presión que experimenté al crecer, aunque ahora estaba mucho más conectado a mi verdadero yo y recordaba mucho mejor la presión que había sentido cuando era niño, que inconscientemente afectaba mis decisiones en la vida.

Lo paré en seco y le dije que había hecho todo lo que sugería. Tenía la mente y el corazón decididos, y estaba listo para irme, a pesar de mis temores y ansiedades sobre el camino desconocido que tenía por delante. Dejé en claro que no había venido a buscar orientación, sino a decir adiós como jesuita y a comunicarle el gran afecto, amor y gratitud que tenía por él, debido al papel que desempeñó en mi crecimiento como hombre. Nos abrazamos y sollozamos.

Aunque mis familiares sabían que había pedido licencia a los jesuitas, no les di participación ni detalles sobre mis deliberaciones o luchas internas. Llegó el día en que estuve listo para decirles que me había decidido y que estaba listo para dejar la comunidad. Como dije antes, la reacción más fuerte fue la de mi padre, que tanto había deseado que yo fuera sacerdote. Estaba decepcionado y enojado. Me lo hizo saber, pues señaló cosas sobre mí que tenían el potencial de despertar sentimientos de culpabilidad y vergüenza, pero me mantuve firme y le hice frente.

Durante mucho tiempo, varios años según recuerdo, hubo tensión y distancia entre nosotros, pero no importaba. En ese momento, entre los veintiocho y los treinta y dos años, atravesaba lo que Daniel Levinson, profesor de psicología de la Universidad de Yale y autor de *The Seasons of a Man's Life* [Las estaciones de la vida de un hombre], llamó "los años del boom"[7]. En realidad, utiliza el término "boom" como una sigla basada en la expresión inglesa "becoming one's own man", que significa "convertirse en un hombre de ideas propias". Esa palabra también representa el carácter explosivo de lo que sucede al hombre en transición y a aquellos que están cerca de él, como lo estuvieron para mí Joe y mi padre.

Varios años después, cuando estaba por terminar mis estudios de posgrado, casarme con Pamela y encaminar mi vida de maneras muy distintas a lo que mi padre o yo jamás imaginamos, hablamos más abiertamente. Tras haber luchado contra su propio enojo y desilusión debido a mi decisión, la aceptó, como siempre había hecho, como un padre que me quería, solo que ahora de forma mucho más madura. Me quería por haber llegado a ser yo mismo. Me lo dijo con palabras sencillas: "Lo que siempre quise para ti era tu felicidad".

A pesar de las esperanzas, dudas, temores o enojos que esos tres hombres (Bob, Joe y mi padre, Lou) sintieron por mí y hacia mí, descubrí que la verdad era que me amaban. Su amor me alentó y sostuvo, y todavía me sostiene, para nunca cesar de convertirme en mí mismo.

Pregunta 20

¿Usted siente que tiene personalmente algún valor intrínseco en el plan general del universo?

Bob Weber

En mi trabajo de terapia de grupo con pacientes, he encontrado a muchos que, independientemente de lo que digamos otros miembros del grupo o yo, no pueden creer que sean tan queridos como han llegado a ser para nosotros; a pesar de todo lo que se sabe sobre ellos, las buenas cualidades, los malos hábitos y los aspectos de su carácter que han revelado. Las protestas suelen ser simples y directas. Por ejemplo, a mí, el líder del grupo, me dicen: "A usted le pagan para que diga esas cosas". A otros miembros del grupo les dicen: "Si en verdad me conocieras, serías incapaz de decir eso de mí". Por lo general, ese tipo de respuesta se deriva de la profunda vergüenza que sienten por dentro, oculta del escrutinio público y de sí mismos.

Esos momentos me impulsan a cuestionarme mi propia bondad y valor. También soy consciente de las muchas dimensiones vergonzosas de mí mismo que llevo por dentro como hombre y ser humano. Como dije antes, tengo el problema de mi enojo con los malos conductores. Ayer mismo, mientras iba en el carro con mi esposa al volante, nos dio gusto valorar, por primera vez, la dimensión profundamente espiritual de una de las canciones más famosas de Tony Bennett, "If I Ruled the World" ("Si yo gobernara el mundo"). Me sentí transportado a un estado existencial profundamente pacífico, jubiloso y espiritual. Un momento después, una enorme camioneta iba muy pegada detrás de nosotros y mi esposa cambió de senda para permitirle pasar, mientras yo le lanzaba un insulto al chofer antes de que nos dejara en su rastro.

Si ni mis pacientes ni yo podemos escapar de nuestras feas realidades, ¿cómo confiar y creer en que somos valorados y queridos por los demás? Quizás podamos engañarlos ocultando nuestras verdades, que solo mostramos y revelamos involuntariamente. Sin embargo, si creemos que existe Dios, ¿cómo podemos imaginar que nos valora y ama, si nos conoce por los cuatro costados? ¿Podemos esperar alguna vez que ese Dios nos diga: "Eres mi amado hijo [o hija] y estoy satisfecho de ti?". Veamos lo que dice en Salmos 139:1-14.

Señor, tú me examinas, tú me conoces. 2 Sabes cuándo me siento y cuándo me levanto; has entendido desde lejos mis pensamientos. 3 Mis trajines y descansos los conoces; todos mis caminos te son familiares. 4 No me llega aún la palabra a la lengua cuando tú, Señor, ya la sabes toda. 5 Tu protección me envuelve por completo; me cubres con la palma de tu mano. 6 Conocimiento tan maravilloso rebasa mi comprensión; tan sublime es que no puedo entenderlo. 7 ¿A dónde podría alejarme de tu Espíritu? ¿A dónde podría huir de tu presencia? 8 Si subiera al cielo, allí estás tú; si tendiera mi lecho en el fondo del abismo, también estás allí. 9 Si tomara las alas del alba y habitara en el extremo del mar, 10 aun allí tu mano me guiaría, ¡me sostendría tu mano derecha! 11 Y si dijera: "Que me oculten las tinieblas; que la luz se haga noche en torno mío", 12 las tinieblas no serían oscuras para ti, y aun la noche sería clara como el día. ¡Lo mismo son para ti las tinieblas que la luz! 13 Tú creaste mis entrañas; me formaste en el vientre de mi madre. 14 ¡Te alabo porque soy una creación admirable! ¡Tus obras son maravillosas, y esto lo sé muy bien!

¿Qué me ayuda a reconocer que soy valioso ante los ojos de Dios, aunque no todo mi ser lo merezca? ¡Los animales que han sido parte de mi vida! "¿Los animales?", pensará usted. ¡Y es un psicólogo quien lo dice! ¿Cómo es que los animales ayudan a dar respuesta a una pregunta tan profunda? Dos experiencias recientes con animales me hicieron reconocer esto.

Desde hace años mi esposa me insistía en que buscáramos otro perro. Coco era un labrador de color chocolate que fue nuestra mascota querida durante doce años, desde los tres años y medio de edad cuando lo recogimos en un refugio, hasta que tuvimos que dejarlo ir a los quince años y medio, cuando sufrió una hemorragia por un tumor inoperable el día antes del comienzo de nuestras vacaciones de verano de dos semanas. Después de su muerte pasamos la primera semana de vacaciones sollozando todos los días por nuestro querido acompañante. En parte me resistía a tener otra mascota, para evitar el sentimiento de pérdida que acompaña a ese tipo de vínculo. No quería volver a sentir semejante aflicción.

Como sabía lo mucho que significaba para mi esposa, accedí a regañadientes y recibimos a Rosie, una perrita labradora amarilla de seis meses, de un criador de Rangeley (estado de Maine) el 30 de diciembre de 2012. Durante los primeros días, semanas y meses que siguieron, resistí todos los impulsos de forjar un vínculo con Rosie. Sin embargo, poco a poco ella venció mi resistencia y comencé a amarla y a valorar su presencia en mi vida. De paso aprendí algo sobre mi amor por Dios y sobre cuánto Dios me ama y me valora. Me vino a la mente y el corazón otro pasaje bíblico que embelleció mi experiencia con Rosie y mi relación con Dios.

En el Evangelio de Mateo (15:21-28) una mujer cananea sale al encuentro de Jesús y le pide ayuda para su hija endemoniada. En un inicio, tanto sus discípulos como él la rechazan muy descortésmente, de una forma que parece poco característica de Jesús, quien le contesta: "No fui enviado sino a las ovejas perdidas del pueblo de Israel. (...) No está bien quitarles el pan a los hijos y echárselo a los perros". No obstante, la mujer persiste y le replica "hasta los perros comen las migajas que caen de la mesa de sus amos".

Me puedo imaginar a mí mismo a ambos lados de esa interacción entre la mujer cananea y Jesús. Si me pongo en el lugar de ella, la situación exige que sea importuno porque hay demasiado en juego: el bienestar de una hija, a quien amo tanto, aún más que a mí mismo. Estoy dispuesto a humillarme y arrastrarme para conseguir lo que quiero, la bondad y la compasión de Jesús.

Al ponerme en el lugar de Jesús, me crezco para justipreciar a aquella mujer cananea, subvalorada culturalmente por ser mujer y extranjera. La historia revela la verdadera naturaleza de Dios, como un ser que valora no solo a sus seguidores, sino a los parias que no pertenecen a ese grupo. La mujer se gana a Jesús y disfruta de su amor y compasión por ella y su hija.

Mi experiencia con Rosie me convence cada vez más de la profundidad del amor de Dios por nosotros, humildes criaturas, hombres, mujeres y animales por igual. Estoy cada día más convencido del valor, basado en el amor, que tenemos en el ser de Dios. Cada vez que experimentamos amor por una de las criaturas de Dios, humanas o no, aprehendemos la naturaleza de Su amor por nosotros y el valor de nuestra existencia.

¿Usted siente que tiene personalmente algún valor intrínseco en el plan general del universo?

Carol Orsborn

Uno de los desafíos del envejecimiento radica en examinar incluso las aspiraciones más nobles de uno, y encontrar que son insuficientes. Desde que tengo uso de razón, quería que Dios me considerara una persona valiosa. Al examinar mi progreso en ese sentido, es muy fácil quedar decepcionada, e incluso amargada, de que no solo yo, sino tantos de nuestra generación hayamos invertido tanta energía tratando de cambiar el mundo y no lo hayamos logrado. Quisimos hacer que las cosas avanzaran un kilómetro y, en su lugar, avanzaron tal vez un centímetro. De cierta manera, todo se ha puesto "patas arriba" y resulta difícil ver cómo nuestros contemporáneos e hijos tienen grandes dificultades con cuestiones que creíamos haber resuelto para siempre. Cambiar el mundo resultó ser una meta más inalcanzable de lo que pensábamos. Siendo así, y ante mi fracaso en mis esfuerzos por hacer el trabajo de Dios, ¿debo seguir creyendo que Dios me aprecia como una persona valiosa?

Resulta ser que el significado y el propósito no siempre se muestran de forma pasiva, como cuando yo tenía cuatro años y sentí por primera vez a Dios, en un rayo de sol. Reconocí y memoricé ese instante para poder recordarlo durante el resto de mi vida: un contacto tan tangible como la calidez que sentí en la palma abierta de mi mano. A veces la certeza llega tan fácilmente como el rayo de sol a la palma de la mano. Pero en otras ocasiones es algo por lo que hay que luchar, como cuando Jacobo pasó toda la noche forcejeando con un ángel negro a las orillas del Jaboc, para ganarse la bendición de Dios, aunque no salió ileso de ese encuentro. Sigo sin estar dispuesta a renunciar a la esperanza. Pero tener fe, no solo para mí sino para los demás, no siempre es motivo de regocijo. A menudo es una batalla, en la que todavía siento la necesidad de intervenir, alabar, solucionar, salvar. Pero, por desgracia, me enfrento a mis limitaciones. No puedo suplantar a Dios. Ese nunca fue mi sitio. Ahora lo sé, cuando tengo que tomar decisiones difíciles, con recursos cada vez más limitados y una vida a la que se le está acabando la pista de despegue.

¿Qué me convence de que Dios sigue considerándome valiosa? Encuentro consuelo en unas palabras del ex monje trapense James Finley, instruido por Thomas Merton. En una charla sobre Meister Eckhart, Finley abordó la cuestión de ganarse ese lugar de unidad con Dios: la sensación de que se nos valora y de que basta con lo que hemos hecho, lo que hemos sido y lo que somos. Al final de la charla le preguntaron: "¿Por qué no podemos vivir todo el tiempo en esa fusión?". Esta fue más o menos su respuesta: "¿A qué viene la prisa? Estaremos allí muy pronto, al morir". "¡Pero quiero más de esa experiencia ahora mismo!", contestó quien preguntaba. Finley lo pensó un momento y luego dijo: "¿Usted no ha llegado a hacer realidad sus aspiraciones? Esa sensación de abandono, ese miedo, esa tristeza, nunca desaparecerán. Pero se pueden transformar. ¿Cómo? Mediante la compasión de Dios. Uno deja de tratar de deshacerse del dolor, de intentar escapar de él, lo supera, lo domina y más bien lo acepta, profundiza en él y, de repente, comprende (es más, experimenta) que toda su vida (el dolor, la desilusión y también el regocijo) está dentro del tierno abrazo de Dios"[8].

¿Qué pasa si la única verdadera experiencia de felicidad profunda (la certeza de que Dios aprecia la valía de uno) surge cuando aceptamos que el dolor siempre estará presente? Finley concluyó con un relato que aporta más luz y esperanza. Imagínese que vive en un pueblo y toda su vida ha aspirado a alcanzar la cima de la montaña, donde tiene la seguridad de que está la amorosa presencia de Dios. Durante años, lucha por ascender hasta la cumbre y, al fin, le faltan solo unos metros. Entonces, sin esperarlo, se escuchan los sollozos de alguien desde el valle. ¿Qué debe hacer? Si está sintonizado con su corazón, se da la vuelta y desciende la ladera para consolar a quien llora. Camina por el pueblo, buscando el origen de los sollozos, y llega a la puerta de su propia casa. La abre y en un rincón ve a un niño. Mira más de cerca: no es cualquier chico; es usted mismo. Se acerca a él para darle consuelo, su corazón desborda de compasión, mientras el chico se entrega agradecido a su abrazo. Entonces, transportado de repente, mira a su alrededor y comprueba que los dos están en la cima de la montaña[9].

8

¿Qué valor tiene la tercera edad para la sociedad?

21. ¿Tiene algún valor retirarse de la sociedad, sea por elección o por las circunstancias?

22. ¿Cuál es la tensión dinámica entre la idea de aceptar la marginación o luchar contra ella?

23. ¿Hay una respuesta sana desde el punto de vista espiritual o psicológico a los momentos en que uno se siente desconectado de lo Sagrado?

24. ¿Qué valor pueden tener para nosotros las personas que, en su vejez, han sufrido deterioro cognitivo y dolor físico?

25. ¿Cómo puede la madurez espiritual ayudarnos a encarar nuestros propios rasgos desconocidos?

LA CUESTIÓN DEL VALOR
DEL ENVEJECIMIENTO

Esta parte del libro comenzó con la cuestión de la madurez espiritual. En las veinte últimas preguntas, se ha guiado al lector a dar una mirada más profunda no solo a sus puntos de partida en lo que se refiere a actitudes y creencias sobre la vejez, sino a lo que ha avanzado al asumir una visión más plena y sofisticada de las posibilidades.

A estas alturas, ya sabe que no está solo. Una cantidad cada vez mayor de personas de nuestra generación estamos descubriendo el potencial inherente al envejecimiento como culminación de la trayectoria espiritual que hemos descrito durante la mayor parte de nuestras vidas. Eso no significa que sea fácil: despertar de la ilusión para aceptar las sombras y las luces del envejecimiento y la mortalidad es tarea difícil. Como dijera con elocuencia Rick Moody en su artículo titulado "Conscious Aging: A New Level of Growth in Later Life" ("El envejecimiento consciente: Un nuevo nivel de crecimiento en las etapas avanzadas de la vida": "El envejecimiento consciente (la línea holística del desarrollo) no es un camino fácil ni es un proceso que atraiga fácilmente a la mayoría de los que entran en la tercera edad"[1].

Pero, ¿por qué tomar ese camino y no otro? ¿Cuál es el valor de la vejez, para nosotros mismos y para la sociedad? Comencemos con un relato sobre el valor del envejecimiento para la sociedad. En los años cincuenta, la antropóloga Margaret Mead impartió una charla memorable que tiene que ver con nuestro análisis. Su debate se centró en el papel que desempeñan las ciervas de cola roja posmenopáusicas en su manada. Vistas desde afuera, estas ciervas viejas no parecen tener valor alguno. Todos los machos que se encargaban de proteger la manada, han ido muriendo con el paso de los años. Lo natural sería pensar que los ancianos que sobreviven son una carga para la manada. Pero no es así.

Mead continúa: "En la época de sequía, las ciervas viejas eran quienes recordaban dónde, hace mucho tiempo, en circunstancias similares, se había encontrado agua. Cuando la primavera tardaba en llegar, recordaban las laderas soleadas donde la nieve se derretía más pronto. Sabían cómo encontrar refugio, lugares donde guarecerse hasta que pasaran las ventiscas. En tales circunstancias, se hacían cargo de la dirección de la manada"[2].

El relato de Margaret va directo a la esencia de la cuestión que nos ocupa, en un fuerte contraste con la sociedad occidental contemporánea: una cultura que todavía tiende a pensar en la vejez como un problema y que margina, ignora e incluso denigra a los ancianos. Pero al igual que las ciervas viejas sabían dónde encontrar laderas soleadas, quienes estamos envejeciendo tenemos el conocimiento y la sabiduría para compartir con los demás reservas internas de recursos a los que echar mano, que a menudo son desestimadas con facilidad por quienes más se beneficiarían de ello.

Pero no todo lo que podemos dar es interno. Muchos rebasamos la mediana edad con la energía y el deseo de aportar algo a los demás. Sentimos la insistencia del legado que dejaremos, el compromiso del propósito y, como se ha indicado antes, lo que Erik Erikson llamó la pasión por la generatividad[3]. Muchos disponemos del tiempo y los recursos necesarios para el voluntariado, para guiar y para contribuir. La madurez espiritual incorpora orgánicamente el ansia de marcar la diferencia: de hacer lo más que podamos durante el mayor tiempo posible.

Pero también ahí encontramos la paradoja de la edad. Porque al mismo tiempo que respondemos al anhelo de aprovechar al máximo nuestras aptitudes y habilidades por el bien común, sentimos en nuestros corazones el impulso de desarrollar cualidades y potencialidades propias que hemos desatendido desde hace tiempo. A veces por elección, a veces por las circunstancias, nos damos cuenta de hasta qué punto nuestra sensación de control del destino siempre ha sido limitada. Al asumir el envejecimiento con humildad, aceptación y entrega, entramos por fin en el reino de los místicos, donde transitamos por un camino que tiene su propio valor inherente.

Aunque esa forma de ver el envejecimiento como sendero espiritual es profundamente personal, tiene implicaciones para la sociedad en general. Según Moody, esa aceptación más profunda de todo lo que implica la vida ha surgido como un nuevo ideal cultural en un momento específico de la historia que representa "una nueva y genuina fase y nivel del funcionamiento psicológico (...) La evolución de la psicología hacia una visión más profunda del ser humano puede sumarse ahora a la transformación social de las instituciones y crear nuevas oportunidades de desarrollo positivo en las etapas avanzadas de la vida"[4].

Como advierte Moody, el envejecimiento consciente no es para todo el mundo. No obstante, para los que lo hemos asumido como sendero espiritual, este es realmente un magnífico momento para experimentar la vejez.

Pregunta 21
¿Tiene algún valor retirarse de la sociedad, sea por elección o por las circunstancias?

Carol Orsborn

Thomas Merton dedicó gran parte de su vida adulta a buscar la respuesta a esa interrogante. Aunque el propio Merton se debatía entre su pasión por la vida contemplativa y las crecientes exigencias sobre él mediante la entusiasta acogida que tuvieron sus escritos, tenía claro el valor de la abstinencia. Al observar a Los Pobres Hermanos de Dios, un grupo de monjes que decidieron retirarse de la sociedad, escribe: "En sus celdas, degustaron internamente la gloria secreta, el maná oculto, la fortaleza infinita de la presencia de Dios. (...) Se percibía que los mejores de ellos eran los más sencillos y modestos, los que aceptaron su nueva normalidad sin aspavientos y sin mayores presunciones. No llamaban la atención sobre sí, sino que se limitaban a hacer lo que se les decía. Pero siempre eran los más felices, los que estaban más en paz"[5].

A la mayoría no se nos ocurre que la persona que parece "no hacer nada" tal vez está pasando por una experiencia trascendente. Recordemos mi ejemplo anterior sobre la anciana que estaba sentada sola en un banco de un parque. Si llegamos a percatarnos de su presencia, lo que más deseamos para ella es que se haga un cambio de imagen y vaya al gimnasio. Pero sería un desperdicio de potencial humano si solamente definiéramos el envejecimiento provechoso (o la vida) en términos de productividad basada en patrones de juventud, actividad y vigor. Esto me hace recordar un relato apócrifo de la tradición hindú sobre Alejandro Magno. Según ese relato, Alejandro conducía sus hombres por la India y se detuvo al ver a un santo sentado con serenidad a la orilla de un río.

"Ojalá pudiera estar sentado allí como usted, disfrutando del sol", dijo Alejandro.

"¿A dónde va?", respondió el santo.

"Voy a librar una batalla más y luego volveré para sentarme a su lado". El santo lo miró profundamente a los ojos y dijo:

"Si al final lo que realmente quiere es sentarse aquí conmigo junto al río, ¿por qué no lo hace desde ahora?".

Los místicos de casi todas las tradiciones espirituales y religiosas han descubierto lo mismo: que momentos como esos son los que hacen desaparecer cualquier adicción al ajetreo y la ilusión de plenitud que falsamente promete. Al separarnos del statu quo, tenemos la oportunidad de transformar y trascender, abordar las grandes preguntas de la vida, sobre el significado y el propósito, a medida que avanzamos.

Al describir la perspectiva monástica, Thomas Merton la expresó así: "La lógica de la vida cisterciense era, pues, todo lo contrario de la lógica del mundo, en la que los hombres sacan la cabeza y el más excelente es el que se destaca sobre los demás, el que es preeminente por encima del resto, el que atrae la atención... La lógica del éxito mundano se basa en una falacia: el extraño error de que nuestra perfección depende de los pensamientos, opiniones y aplausos de otros"[6].

Alejandro estaba demasiado ocupado, demasiado orientado a lograr sus metas para prestar atención al sabio consejo del santo. También así, muchos pasamos de prisa largas décadas de nuestras vidas, consumidos por cuestiones logísticas, respondiendo a emergencias y a la necesidad de alcanzar metas. Algunos encontramos desafíos en etapas anteriores de la vida que nos refrenan, como enfermedades graves, divorcios o, en algunos casos, el reconocimiento de que sencillamente debería existir algo más en la vida que estar corriendo de un lado a otro. Esa es la lección que la vejez hace más y más accesible para nosotros, a medida que las pérdidas vinculadas con el proceso de envejecimiento nos refrenan de manera natural. De hecho, quienes asumimos en lugar de negar el lado sombrío de la vejez podemos descubrir algo novedoso y transformacional. No tenemos que hacer nada más para ayudarnos a comprender la naturaleza transitoria de la vida. La estamos viviendo.

¿Tiene algún valor retirarse de la sociedad, sea por elección o por las circunstancias?

Bob Weber

Hace poco tiempo compré un libro que pasó a ser el número uno en mi lista de lecturas, una obra de Thomas y Cindy Senior

The Joys of Getting Older [El júbilo de llegar a la vejez]. Primero leí las recomendaciones de la portada y la contraportada, donde lo describían como "un libro directo y claro sobre la forma de agregarle una chispa (¡o dos!) a su vida". Otro comentario decía: "Describe con veracidad la belleza mágica que se puede encontrar en el atardecer de la vida"[7]. Cuando abrí el libro, ¡encontré un fajo de páginas en blanco! Al parecer no hay NADA QUE DECIR sobre "el júbilo de llegar a la vejez". El envejecimiento no es motivo de regocijo.

Me vinieron a la mente la cantante Peggy Lee y el estribillo de su canción más conocida: ¿Eso es todo lo que hay?: "¿Eso es todo lo que hay, amigo mío? Entonces sigamos bailando y bebiendo"[8]. ¿Es que no hay alegría ni valor en la vejez? ¿Existe un fundamento legítimo para la obsesión contra la vejez, y buenas razones para marginar a las personas de la tercera edad como nosotros, los de la generación de posguerra? ¿Es que, como los elefantes viejos, deberíamos ir tomando el camino del cementerio? ¿Absorbemos la valoración que la sociedad hace de nosotros, sus creencias, actitudes, normas y valores sobre el envejecimiento, y nos devaluamos en la senectud? ¿Nos ponemos nosotros mismos en la pila de la basura sin valor?

¿O vemos el envejecimiento desde otro punto de vista? ¿Coincidimos con lo que expresa el título del libro de Wendy Lustbader, *Life Gets Better: The Unexpected Pleasures of Getting Older* [La vida mejora: Los placeres inesperados de la tercera edad]? Wendy es una trabajadora social especializada en geriatría que vive en Seattle (estado de Washington). Cambia la óptica de la obsesión contra la vejez y nos invita a ver ese proceso bajo una luz diferente, como ella misma lo ha visto y como sus muchos clientes le han ayudado a verlo, sin negar el miedo y las realidades temidas de la vejez. Wendy nos invita a valorar más la experiencia del envejecimiento y desarrollar nueva visión de la integración de las experiencias vitales, la profundización de nuestra sabiduría y el sentido de bendición, paz y regocijo que conlleva[9].

¿Qué tal si los hijos de la generación de posguerra asumiéramos nuestro envejecimiento y aceptáramos y replanteáramos la marginación que nos impone la sociedad? Una imagen muy útil me la ofreció mi colega y amiga, la Dra. Jane Marie Thibault, gerontóloga y Profesora Emérita, en su artículo titulado "Aging as a Natural Monastery" ("El envejecimiento como monasterio natural"), que apareció en *Aging & Spirituality,* el boletín del Foro sobre Religión, Espiritualidad y Envejecimiento de la Sociedad Estadounidense sobre el Envejecimiento.

La Dra. Thibault trabajó durante muchos años como directora espiritual de los monjes de la Abadía Trapense de Getsemaní en Kentucky, el monasterio donde Thomas Merton vivió hasta su muerte en 1968. Haciéndose eco de Merton, Thibault explica que el monje se retira y acepta la posición marginal en relación con la sociedad y la cultura. Desde ese punto de observación, y mediante la oración y otras prácticas espirituales, se abre a una realidad más trascendente que pone la vida cotidiana en una perspectiva más amplia y le da coherencia. Esa perspectiva permite tomar una mayor conciencia de uno mismo y de los demás y, a menudo, ilumina de manera saludable y crítica las creencias inherentes y no cuestionadas, las actitudes, normas y valores que permean a nuestra sociedad y a nosotros mismos[10].

En el proceso de aceptar en lugar de rechazar tal posición marginal, el monje percibe la superficialidad de tales creencias, y poco a poco llega a ser más lo que realmente es. A lo largo de los años, los escritos de Merton estuvieron impregnados de una serie de verdades sobre la vida. Una de las más prominentes se refería al contraste entre el ser real y el ser falso. Recordemos una cita anterior del libro de Merton titulado *No Man is an Island* [Nadie es una isla]: "Toda persona tiene vocación de ser alguien; pero debe entender claramente que, para hacerla realidad, solo puede ser una persona: ella misma"[11]. Nuestras creencias sociales y culturales, actitudes, normas y valores crean un falso sentido de identidad, un falso yo, que lleva a una vida erigida sobre la ilusión de que nuestra valía se basa en las convenciones sobre el éxito y el avance económico, los privilegios, el estatus social y el reconocimiento del nombre, es decir, lo que puedo hacer, lo que poseo y la estima en que me tengan los demás que propugnan los mismos valores.

Tanto el monje como la persona mayor, es decir, todos nosotros, tenemos la opción de desvincularnos de las cosas a las que nos aferramos y que se nos aferran, que nos impiden vivir la vida. Antes Carol citó la obra de James Finley, uno de los discípulos de Merton, quien decidió que su vocación no era ser monje trapense y abandonó el monasterio al cabo de seis años. Ha mantenido un comportamiento monástico fuera del claustro, pues se dedica a transmitir el mensaje que interiorizó cuando estuvo en Getsemaní.

En su libro *El palacio del vacío de Merton: Encontrar a Dios y despertar al verdadero yo*, Finley nos ofrece otra manera de expresar el concepto de Thibault sobre "el envejecimiento como monasterio natural", y nos invita a aceptar la posición marginal por elección libre:

Así pues, el contemplativo, el profeta, es según Merton la persona marginal. (...) No pertenece a un orden establecido. Es alguien que se retira deliberadamente a los márgenes de la sociedad, con el interés de profundizar en la experiencia humana fundamental. (...) Desde el marginal, el monje y el desplazado hasta el prisionero [y yo añadiría a la lista "el envejecido"], todos viven en presencia de la muerte, lo que pone en entredicho el sentido de la vida[12].

Pregunta 22

¿Cuál es la tensión dinámica entre la idea de aceptar la marginación o luchar contra ella?

Bob Weber

Los entrenadores suelen decir que la experiencia deportiva y el entrenamiento lo preparan a uno para la vida. No entendí muy bien el significado de ese lugar común mientras hacía mi carrera de futbolista en mi época escolar y universitaria. No tenía la menor idea de cómo lo aplicaría al proceso de envejecimiento, al acercarme al final de la vida y comprender el sentido de las experiencias que acompañarían mi envejecimiento.

Antes me referí a las lesiones que sufrí durante mi carrera deportiva y cómo influyeron en mi autoestima. Recuerdo un período en particular. A finales del verano de 1966, participé en un entrenamiento de pretemporada de fútbol americano durante tres semanas en Blairstown (Nueva Jersey), como preparación para la temporada siguiente en la Universidad de Princeton. Era mi primer año, y yo había sido escogido como el primer corredor de nuestra formación compacta, posición que requiere tres habilidades: correr, pasar y patear. Durante todo el verano hice ejercicios con diligencia y comencé el entrenamiento en excelente forma física, listo para asumir mis responsabilidades y desempeñar un papel decisivo para el equipo.

Al cabo de varios días en el entrenamiento, durante carreras rápidas y cortas, que hacíamos siempre al final de las sesiones matutinas y vespertinas, sufrí un tirón en un músculo de la corva y me quedé cojo. Esto afectó mi preparación, interfirió en el entrenamiento y me ocasionó molestias durante toda la temporada. De repente, mi papel potencial quedó en peligro debido a la lesión, lo que se agravó con otra lesión en un hombro a mediados de la temporada. Nunca antes en la secundaria y el preuniversitario, ni en los primeros años de la universidad, había tenido tantos percances.

El equipo de 1966 culminó con éxito la temporada, pues ganó el título de la Ivy League mientras yo observaba desde los laterales, marginado por mi lesión y relegado al banquillo, salvo las ocasiones en que me enviaban al terreno. Mi suplente, que estaba en segundo año, asumió la posición de corredor, se destacó y contribuyó en gran medida al éxito del equipo.

En consecuencia, durante mi primer año me sentí humillado y, aún sin saberlo, deprimido, ya que me vi despojado de uno de los fundamentos de mi identidad y mi valía debido a una dificultad física en el terreno de juego. La depresión también afectó mi rendimiento académico y mis calificaciones disminuyeron en comparación con los dos primeros años. Alcancé el punto más bajo de mis años universitarios.

En retrospectiva, considero ese período como un momento de "crisis" aunque, en ese entonces, no pensaba en tales términos. Como ya he mencionado, la palabra *crisis* es de raíz griega y significa "momento de decisión o de juicio", y "oportunidad". A los veinte años no imaginaba las posibilidades inherentes a las experiencias que estaba teniendo. Solo veía la oscuridad y el dolor que me producía mi dificultad física, la pérdida de mi papel y la consiguiente marginación. Al dejar de ser "el grandote de la universidad", me sentía olvidado.

Así pues, ¿qué me ha enseñado esa marginación que no aprendí entonces pero que estoy aprendiendo ahora?

Con sesenta y nueve años cumplidos, me encuentro al borde de una marginación potencialmente mucho más profunda debido al envejecimiento y la discriminación por la edad que la que sentí al quedar excluido de un juego deportivo. ¿Qué podemos aprender usted y yo de mi experiencia con la marginación que probablemente nos traerá la vejez? ¿Debemos combatir o aceptar nuestra relegación debido a la vejez? ¿Qué nos cuesta cualquiera de esas opciones? ¿Qué nos ofrece cada una? ¿Cómo puede sernos de utilidad la tensión de la elección y las decisiones que tenemos por delante?

Fui bendecido con la comprensión de que era, y siempre había sido, algo más que un jugador de fútbol americano, aunque mi identidad y valía se habían erigido sobre esa base durante muchos años. Al terminar mi carrera como jugador de fútbol americano, tuve la oportunidad de ser más de lo que yo era.

Ahora, usted y yo, al afrontar la marginación debido al envejecimiento y la discriminación por la edad, lidiamos con la crisis de seguir acumulando años y tenemos la opción de convertirnos y ser más quienes somos, viviendo desde dentro hacia afuera en lugar de afuera hacia adentro. No necesitamos ir en contra de la marginación, ni tampoco aceptarla. Debemos darnos una nueva mirada en términos que trasciendan los límites de los valores socioculturales en que estamos inmersos y de los que no somos conscientes. El envejecimiento es una llamada de atención sobre sí, una oportunidad de despertar como lo hice al final de mi última temporada de fútbol y una oportunidad de descubrir, aún más, quién soy realmente, en lo más profundo de mí.

¿Cuál es la tensión dinámica entre la idea de aceptar la marginación o luchar contra ella?

Carol Orsborn

Cuando Bob y yo comenzamos la conversación en la escalera que después dio lugar a este libro, me debatía entre dos voces en mi corazón que se disputaban mi atención. Una me decía que, como escritora de toda la vida, estaba obligada a empujarme a mí misma y a los demás para seguir teniendo algún tipo de rol público. La otra, igual de fuerte, me instaba a retirarme del mundo de la ambición y la productividad para llevar una vida contemplativa, a la que me atraía con la intuición seductora de que podía haber un valor inherente no solo en aceptar, sino incluso en desear mantenerme al margen de los grupos principales de la sociedad. ¿Cuál voz triunfaría al final, o podría haber una tercera opción que me atrajera hacia la reconciliación que busco?

Ahora me doy cuenta de que el hecho de que fuera capaz de hacerme esa pregunta con alguna seriedad representaba una oportunidad espiritual. Está claro que anhelaba dejar atrás definitivamente los viejos y agotadores hábitos y las antiguas formas de relacionarme con el mundo. Entre los dones del envejecimiento están el tiempo y la oportunidad de desarrollar aspectos personales que no se desarrollaron durante los años ajetreados en los que realicé la dura labor de las etapas anteriores del ciclo de vida.

Antes escribí acerca de la decisión de mudarnos de Los Ángeles a Nashville, para vivir más cerca de nuestros nietos. Pero eso fue solo una parte del asunto. La decisión había recibido una afirmación divina cuando, durante el proceso de escribir este libro, encontramos y luego compramos una antigua casita de piedra junto al río Cumberland, a solo quince minutos de la familia, en la cercana ciudad de Madison. Desde el propio instante en que vimos la casa, me imaginé sentada a la orilla del río, extasiada. En realidad, pasaron varios meses hasta que al fin pude sentarme junto a la orilla para otra cosa que no fuera pasar un rato con amigos en una parrillada. Todo ese tiempo, el río me coqueteaba o me regañaba a ratos, mientras yo andaba a toda prisa, demasiado preocupada con las tareas de la mudanza, la dinámica de la familia extendida y el cuestionamiento sobre mi futuro de escritora, como para detenerme y sentarme. Y aunque siempre era entretenido, hermoso o emocionante observarlo, el río no me había inspirado nada parecido al éxtasis. Pero, al aproximarse el verano, por la gracia de Dios, el río dejó de ser un vano entretenimiento y comenzó a exigirme que le prestara atención. De hecho, me prometí sentarme junto al río para buscar la reconciliación todos los días, hasta que Dios respondió a mi llamado.

Ese verano, emprendí mi búsqueda con la esperanza (y la experiencia) de milagros y visiones. No fue en vano. Desde el primer día encontré fuentes ocultas en las profundidades del río, portales hacia paisajes encantados. Otro día, descendieron treinta y cinco gansos que describieron círculos volando delante de mí, en señal de saludo amoroso. Esos momentos, con su valor inherente, representaron la consumación de mi viejo anhelo de "detenerme a percibir el aroma de las rosas". Pero luego comprobé que esos encuentros de éxtasis eran apenas una breve tregua en medio de las dificultades de la vida cotidiana.

Entonces, un día (de los que parecerían menos inspiradores) algo cambió. Ese día en particular, bien entrado el verano, me había sentado a la orilla del río y disfrutaba de la serenidad de la suave corriente que centelleaba bajo el sol matutino. De repente, silenciosa como un soplo, el agua comenzó a removerse y apareció la proa de una barcaza que se abría paso empujando el agua hacia los lados. El río procuró mantener sus suaves ondulaciones durante el mayor tiempo posible mientras seis contenedores, cada uno del tamaño de un vagón, se deslizaban frente a mi vista. Iban todos cargados hasta el tope de pesada hulla. El estruendo del motor llegó a mis oídos, mientras que el capitán y la tripulación se mantenían invisibles tras las oscuras ventanillas de la elevada cabina que imponía gran autoridad. La superficie del agua no pudo seguir manteniéndose inalterable y se abrió en colas de turbulentas olas coronadas de espuma. Mucho después que la barcaza se perdiera de vista, el río seguía arremolinado como si hubiera pasado una tormenta, con tramos encrespados de espuma fangosa que corrían de aquí para allá, en todas las direcciones.

Al principio, me sentí molesta, por el río y por mí. Después de todo, había venido decidida a encontrar serenidad, no aguas turbulentas. Pero luego me di cuenta de algo. En verdad, lo que el río hace muy bien es amoldarse. Se adapta por igual a la suave brisa o a la proa cortante de la embarcación, sin juzgar. Deja hacer. En un instante está sereno y plácido y, en el otro, da paso a una enorme barcaza con seis contenedores o (con gran intensidad) su corriente se hincha y avanza a toda velocidad, arrastrando a su paso troncos de árbol de nueve metros de largo. Las ondulaciones, las olas y la corriente siempre cambiantes poseen una gracia, una sencillez, que nos muestran no solo por qué debemos confiar y no aferrarnos a las cosas, sino cómo hacerlo.

Cuando la barcaza desapareció tras el meandro y las aguas agitadas finalmente se calmaron, pude apreciar que la experiencia de reconciliación y regocijo que anhelaba no sucedería como un toque de magia, ni sería resultado de la búsqueda de dominio y control, ni ocurriría en el reino material o espiritual. Más bien, surgiría desde el profundo e inquebrantable compromiso de aceptar quien soy en este y en cada momento de mi vida, sin importar lo que me deparara el destino.

En el constante desafío al statu quo que nos pide la vejez, es irónico que el hecho de dejar de aferrarnos, que suele ser simultáneamente la parte menos deseada y más natural del envejecimiento, resulte ser también precisamente lo que nos salvará. Incluso nuestros dramas de siempre, la fascinación con sentirnos víctimas y darnos importancia, al final dejan de tener tanto poder sobre nosotros. No necesitamos recibir aprobación ni emitir juicios. Junto con la erosión del juicio, y de nuestras propias ideas de lo que es marginal y lo que se espera de nosotros, las dicotomías se resuelven al fin. La solución no implica la perfección, sino la capacidad de aceptarlo todo.

Cuando hice mi voto, creía que la reconciliación de las voces disonantes sería algo grandioso, un ascenso a las alturas espirituales. En lugar de ello, allí estaba yo, sentada como un ser pequeño e insignificante. Fue un hundimiento en lugar de un crecimiento. No sabía si era capaz de confiar en que podría invertir tan poco esfuerzo en defender la historia de mi vida y, aun así, tener valor para el mundo. ¡Este miedo es lo que nos impide aspirar, digamos, a hallar un lugar cómodo donde sentarnos (por ejemplo, una mecedora) y leer un libro contemplativo, orar, llevar un diario o incluso hacer algo por mera diversión: ¡caramba, leer una novela detectivesca llena de acción! En la cultura actual, que privilegia la productividad y el ajetreo por encima de todo, qué difícil es sentarse junto al río y observar cómo las hojas pasan flotando, aunque creamos que ese simple acto nos llevaría a la realización. Nuestra retirada gradual de los grupos principales de la sociedad, como una ruptura definitiva con el pasado, o al menos mediante la incorporación ocasional de momentos en que nos retiramos, puede representar la diferencia entre ser víctimas de las circunstancias o permitir que estas nos transformen. Pero la capacidad de elegir ser libres tampoco significa que no podamos responder a las necesidades orgánicas que se nos acumulan por dentro, de crear, construir o aportar algo diferente.

Tras meses de lucha por conciliar mi vocación de escritora y mis aspiraciones de ser una persona contemplativa, he logrado mi propósito. Ahora, mientras sigo sentándome a la orilla del río, cada botella tirada, cada ramita y proa que pasan, se llevan algo de mí: la compulsión de ser respetada y adorada, mis preocupaciones sobre el significado de las cosas, mi remordimiento sobre el pasado y mis aspiraciones para el futuro. Dejé de preocuparme acerca de si luchaba contra la marginación o la aceptaba, y simplemente seguí viviendo mi vida, como escritora, como ser contemplativo y como parte de una gran familia de varias generaciones y muchos perros. Días de corrientes tranquilas, días de aguas agitadas. Días de serenidad. Días de pasión y propósito renovado. En fin, mi vida.

Comienzo a comprender que en realidad no hay nada que temer, porque cuando la vida me lo quite todo, quedará Dios. Hoy el río me dice que no importa cuántos días vaya a sentarme, pluma en mano o no, que incluso los días en que no quiera o no pueda venir más, la respuesta será siempre la misma. Dejar. Esperar. Ver.

Pregunta 23

¿Hay una respuesta sana desde el punto de vista espiritual o psicológico a los momentos en que uno se siente desconectado de lo Sagrado?

Carol Orsborn

En su inspirada obra *Kaddish,* Leon Weiselter escribe: "Hay circunstancias que seguramente nos hacen añicos o, si no tienen ese efecto, es porque no las hemos entendido. En esos casos, el corazón se tiene que afligir, y no vale la pena dar la batalla, pues una pelea le impediría reconocer la oportunidad que su desgracia le ha presentado"[13].

Bob y yo fuimos invitados a disertar sobre el tema de la espiritualidad y el sufrimiento en la Conferencia de la ASA de 2014 en San Diego. Irónicamente, pocos días antes, Bob resbaló en el hielo cuando iba caminando con su querida perra, Rosie, y sufrió una dolorosa y debilitante fractura en el hombro. Mientras, a regañadientes, le aseguraba por teléfono que yo podría hacer la disertación sola, Bob se ocupaba de presentarme a su vieja amiga y colaboradora, Jane Marie Thibault, la oradora principal del programa. No tardé mucho en descubrir que, además de compartir la decepción por la ausencia inesperada de Bob, Jane y yo habíamos experimentado serios trastornos en la vida a causa de enfermedades. Como ya he mencionado, hacía dieciocho años me habían diagnosticado cáncer de mama, potencialmente mortal. El encuentro más reciente de Jane con la mortalidad había sucedido hacía pocos años. No hace falta decir que ninguna de las dos tuvo que profundizar mucho para colocar en una perspectiva personal el tema de la espiritualidad y el sufrimiento.

En su alocución, Jane Marie expuso con franqueza su reacción inicial a su diagnóstico. "¿Quiere usted perseverar orgullosa en su forma anterior de vida? Desde luego que sí, pues fue una buena vida, pero es que ya no está a su alcance. Se ha ido, irreversiblemente". Jane Marie comprendió que tenía que hacer duelo: "Decir Kaddish al yo que había sido (...) y no volvería a ser más".

De modo similar, me he dado cuenta de que sufro más cuando quiero mantener el control, resistirme al cambio o forzar una solución prematura. Muy consciente de mis propias pérdidas en los difíciles días que siguieron a la operación por el cáncer, me costó encontrar significado o valor en lo que me estaba pasando. En el diario que llevaba en ese entonces, escribí:

Hay momentos en la vida en que el dolor es tan grande, que hay que acordarse de seguir respirando. Confío en que, con el tiempo, descubriré si existe o no un significado inherente a lo que me está pasando. Pero también me doy cuenta de que tratar de cortar, eludir o negar mi dolor fingiendo que creo que es una especie de regalo, cuando claramente no lo creo, es trivializar y degradar a mi propio ser y a la Divinidad. Más bien, me parece suficientemente difícil el simple hecho de mantenerme alerta como para echar un pulso con las cuestiones reales que subyacen en mi vacilante fe: ¿La Divinidad es realmente el origen de mi dolor? ¿En verdad, Dios me ha abandonado? ¿Cómo debo sentir el significado en medio del sufrimiento?[14]

En momentos como esos, o sea, todo el tiempo mientras más maduramos, Jane Marie nos sugiere no pensar en la vida como un viaje, sino como peregrinaje. La espiritualidad madura no es solo cuestión de ir siempre disfrutando el aroma de las rosas mientras avanzamos por el camino. Lo cierto es que, nos guste o no, todos nos encaminamos al mismo destino. Incluso si esquivamos a la parca ahora, o dieciocho años atrás, la mortalidad no es negociable. "Dignificar el golpe", escribe. "Hundirnos, para poder levantarnos".

> ¿Cómo podemos experimentar el envejecimiento como peregrinaje? Para ello hay que ver las cosas que ocurren en las etapas avanzadas de la vida no como una serie aleatoria de acontecimientos a veces positivos, pero a menudo negativos, que se tienen que sufrir, soportar o asimilar, sino como la aceptación intencional de todas las experiencias mientras avanzamos hacia la sabiduría, el verdadero yo, la realidad en sí, el significado, Dios y la muerte propia como la consumación final[15].

Paradójicamente, la única forma de transformar el viaje en peregrinaje es renunciar al control y orar por tener fe. Eso es lo más importante que he aprendido en cuanto a aceptar tanto el lado sombrío como el lado luminoso de la vejez. Tal vez no seamos capaces de evitar ni transformar el sufrimiento. Lo que sí podríamos transformar es nuestro miedo.

Cuando siento miedo, me acuerdo de un relato que una vez me contaron sobre los momentos más tétricos del gueto de Varsovia. Mientras las familias judías presenciaban la destrucción de su mundo, un rabino compartía palabras de consuelo con las personas que acudían a él con preguntas acerca del significado.

"Podemos llorar por el sufrimiento hasta perder toda esperanza, o podemos sentir en nuestro llanto que Dios también llora con nosotros".

Eso es lo que experimenté cuando me enfrenté a mi propia mortalidad. Cuando dejé de buscar con ahínco la explicación, la culpa o el significado, Dios me encontró. Dieciocho años después de mi diagnóstico inicial de cáncer de mama, ese sigue siendo mi Dios. No el que dio origen a mi padecimiento, sino el que me promete que, a sabiendas o no, nunca he de sufrir sola.

¿Hay una respuesta sana desde el punto de vista espiritual o psicológico a esos momentos en que uno se siente desconectado de lo Sagrado?

Bob Weber

¿Realmente estoy cualificado para responder a esa pregunta? ¿He experimentado momentos en que sentí verdadera y profundamente que Dios me había abandonado? No sé si ha habido experiencias que hayan provocado en mí, desde lo más hondo de mi ser, sentimientos como los del salmista:

> *Dios mío, Dios mío, ¿por qué me has abandonado?*
> *Lejos estás para salvarme, lejos de mis palabras de*
>   *lamento.*
> *Dios mío, clamo de día y no me respondes;*
> *clamo de noche y no hallo reposo.*
>
> (SALMOS 22:1-2)

En mi caso, me pregunto por qué no he llegado a sentir ese abandono, cuando sé de tantos otros que han experimentado tales sentimientos en relación con los demás y con Dios. ¿He tenido la vida de Job antes que le acontecieran todos los infortunios, una vida llena de prosperidad y bienestar? ¿Es que me espera en el futuro un destino similar, cuando Dios apuesta con Satanás que me apartaré de él cuando me acosen pruebas más severas que las que jamás haya experimentado?

A veces me pregunto si se me habrá dotado de una constitución psicológicamente sana debido a la naturaleza y a la crianza que tuve en la vida. ¡Eso no significa que sea perfecto!

La única vez en que mi fe se vio sacudida muy profundamente fue el incidente que abordé en una sección anterior, al enfrentarme a la idea de la mortalidad de mis padres cuando tenía siete años. Mi experiencia coincidió más o menos con la época en que la Iglesia Católica considera que un niño puede hacer la Primera Comunión. En otras palabras, había alcanzado una etapa de madurez suficiente como para participar más plenamente en la Iglesia y entender la Eucaristía suficientemente como para recibirla.

A pesar de mi temprana confrontación con la sombra, el profundo sentido de paz y regocijo que conocí a los siete años es lo que ha permanecido como mi anclaje, incluso a los sesenta y nueve años, pasadas seis décadas. Esto solo me ha hecho valorar aún más el versículo que dice "si no cambian y se vuelven como niños, no entrarán en el reino de los cielos". Paradójicamente, la respuesta saludable desde el punto de vista espiritual y psicológico, la respuesta madura a los momentos que nos ponen a prueba es volver a ser como niños, menos agobiados por nuestras mentes de adultos y sus elucubraciones o por nuestros corazones de adultos y sus cinismos. En su lugar, podemos llenarnos de asombro, aunque tengamos más preguntas y dudas que respuestas y certezas. Entonces, podemos dejarnos empapar de paz y calma, y no dejarnos llevar por la náusea causada por los mares tormentosos de la vida. Así podemos sumarnos al salmista:

> *Señor, no se ha envanecido mi corazón,*
> *ni son altivos mis ojos;*
> *no busco grandezas desmedidas,*
> *ni proezas que excedan a mis fuerzas.*

En verdad he calmado y aquietado mi alma,
como un niño recién amamantado en el regazo de su madre.
¡Mi alma es como un niño recién amamantado!
Israel, pon tu esperanza en el Señor,
desde ahora y para siempre.

(Salmos 131:1-3)

Pregunta 24

¿Qué valor pueden tener para nosotros las personas que, en su vejez, han sufrido deterioro cognitivo y dolor físico?

Bob Weber

Como crecí en Nueva Jersey, nunca había experimentado un sismo. Sí conocía los huracanes, las tormentas de nieve y alguna que otra inundación, pero nunca había estado en un terremoto. Hasta que lo experimenté un día, en un viaje de vacaciones al sur de California. Mi esposa y yo estábamos en un motel cuando, de repente, las cosas de los estantes comenzaron a repiquetear y la habitación a moverse hasta causarme vértigo.

Mi esposa, que había vivido un tiempo en San Francisco, dijo: "Eso fue un terremoto". En realidad fue un pequeño temblor de tierra, pero creaba la sensación de que no todo estaba bien y definitivamente me hizo sentir que el suelo que pisábamos no era tan sólido como parecía. En un instante, mi percepción del mundo y de la vida cambió. De repente vi la vida de manera muy diferente, bajo otra óptica, que me dio una imagen mucho más clara de la realidad.

De vuelta en casa, el recuerdo de aquel sismo fue desapareciendo de mi memoria con el paso del tiempo y su impacto se suavizó, incluso lo olvidé. Entonces, hace poco, se produjo uno que tuvo su epicentro en Virginia y los temblores se sintieron en Nueva Inglaterra, donde vivo ahora. De repente, la posibilidad de los terremotos no era algo que pasaba a cinco mil kilómetros de donde yo estaba. Era un fenómeno que estaba en mi propio patio, por así decirlo. Una vez más, veo la vida de manera diferente, y las percepciones y preguntas, los temores y el pavor resurgieron y tuve que lidiar con ellos para volver a poner los pies sobre la tierra, aunque no fuera muy sólida.

El envejecimiento y sus diversas manifestaciones son como los terremotos de nuestras vidas. Desde pequeños temblores que hacen repiquetear las cosas en los estantes, hasta los sismos de mayor magnitud en la escala de Richter, que dejan zonas enteras destruidas, quedando solo los cimientos de las casas, nuestro mundo se estremece y cambia para siempre. Desde los lapsos de la memoria y otras formas de deterioro cognitivo, como la incapacidad para recordar un hecho que antes era tan conocido, hasta la experiencia de no reconocer a su cónyuge de cuarenta años, sentado frente a usted en la mesa del comedor, cuando comienzan los síntomas de la demencia senil o el mal de Alzheimer, súbitamente, la vida no se ve tan segura como antes y el suelo no es tan sólido como parecía.

Y después del sismo, ¿qué hacer con el dolor que sentimos al ver las ruinas de las casas donde hemos pasado la vida? ¿Cómo encontrarle sentido y vivir con el dolor que desgarra el cuerpo y el propio ser? ¿Cómo soportar el dolor artrítico en todas las articulaciones? ¿Qué hacer con el dolor de las intervenciones quirúrgicas que tal vez hayamos tenido, quizás para tratar una fractura de cadera que se produjo por una caída debido al deterioro del equilibrio, o para reparar una rodilla desgastada y cansada después de sostenernos durante años?

¿Tiene algún valor tanto sufrimiento provocado por la vejez? La primera reacción a esa pregunta tal vez sea: "¡No!". ¡Un rotundo NO! A primera vista, tal dolor y sufrimiento carecen de sentido y solo queremos que alguien nos lo alivie, sea un doctor, un cónyuge o hijo que nos quieren, o el propio Dios. Mientras reflexionaba sobre esa pregunta, el escritor Louis Lavelle me dio sobre esos terremotos una perspectiva como la que un buen sismólogo daría a la trémula población. El dolor y el sufrimiento no pueden eliminarse, el deterioro cognitivo no necesariamente se puede revertir, pero pueden llevarnos a sitios donde nunca antes habíamos estado y permitirnos ver, como nunca antes.

Estas palabras de Lavelle, tomadas de *The Dilemma of Narcissus* [El dilema de Narciso] me sirven de bálsamo:

> El sufrimiento se aferra a nuestro verdadero ser con firmeza y tenacidad; se abre paso a través de todas las apariencias tras las que nos escondemos, hasta que llega a las profundidades donde habita el yo viviente. (...) Descubrimos lo que somos en el instante en que el mundo nos falla, y lo que queda de nosotros cuando se nos despoja de todo lo demás... El sufrimiento es lo que profundiza nuestra conciencia, deja surcos en ella y la vuelve comprensiva y amorosa, excava en nuestras almas un refugio donde podemos acoger al mundo. Refina con extrema delicadeza todos nuestros contactos con el mundo... Y si todo el sufrimiento del mundo no nos diera mejor alternativa que rebelarnos o renunciar, uno bien podría creer que el mundo carece de valor... el sufrimiento solo adquiere sentido cuando alimenta la llama de la vida espiritual[16].

¿Qué valor pueden tener para nosotros las personas que, en su vejez, han sufrido deterioro cognitivo y dolor físico?

Carol Orsborn

En esta pregunta subyace una preocupación que cada uno de nosotros debe tomar en consideración al hacer frente a sus mayores temores sobre el envejecimiento. ¿Nuestras vidas solamente tienen valor en la medida en que seamos productivos y participemos en la sociedad? La respuesta que usted mismo se dé a esta pregunta probablemente cambiará con el paso del tiempo. En la presente etapa de mi vida, en que pertenezco al grupo de los "viejos jóvenes", puedo darme el lujo de utilizar mi temor sobre el futuro como acicate para explorar las profundidades de mi fe en la vida y mi relación con Dios. Vuelvo a tomar como referencia las obras de Thomas Merton, Abraham Joshua Heschel, Evelyn Underhill y muchos otros que no solo nos instan a que no neguemos el dolor ni tratemos de alejarnos de él, sino a que nos abramos a la posibilidad de realizar un cambio interno en el que la separación entre nuestra vida cotidiana y la Divinidad sea realmente mínima.

La poetisa May Sarton, que sufrió dolor físico y espiritual en sus últimos años, se refirió a esa aceptación de la luz y la sombra en su poema "Riches Made of Loss" ("Riquezas obtenidas con la pérdida")[17].

¿Cuáles son esas riquezas? Por supuesto, cuando somos testigos de la fragilidad de la vida, tenemos la oportunidad de asumir con tanto más fervor lo precioso que es cada momento. Pero hay más. El envejecimiento, incluso cuando no tiene mayores complicaciones, nos coloca en un espectro continuo de pérdida creciente y de dolor potencial. Como lo describe el Dr. John C. Robinson: hay "un desvanecimiento gradual de la identidad, como si la persona que uno fue, o que piensa que es, ya no es muy importante o ni siquiera muy real"[18]. Hay lapsos de memoria, marginación, erosión de la capacidad física y mental, y más. Pero Robinson sugiere que esos problemas no son el obstáculo que nos impide realizar nuestro potencial espiritual, sino el medio para lograrlo. "La idea del yo, o el falso yo, creada y mantenida por una densa maraña de pensamientos, ha ocultado parcialmente al Yo

Divino durante la mayor parte de la historia reciente. Sin embargo, cuando desaparece la idea del yo, la consciencia divina comienza a rellenar y reorganizar la personalidad de formas que trascienden la visión limitada del ego… Al despertar de las ilusiones de la mente, hacemos la transición de la identidad personal a la consciencia de la Divinidad, y entonces nace el anciano iluminado"[19].

Creo que ese es el valor de prestar atención a las personas que, en su vejez, han sufrido deterioro cognitivo y dolor físico. Pero, ¿acaso tiene algún valor la vida para quienes sufren ahora, o para nosotros, en la medida que vayamos a sufrir en el futuro? Un número cada vez mayor de personas que trabajan cotidianamente con ancianos que padecen de demencia senil se cuestiona el antiguo paradigma (basado en formas de juzgar a quienes tienen a su cuidado) y lo consideran una tragedia. Nancy Gordon, del Centro de Espiritualidad de los Hogares Luteranos de California, escribió en un artículo muy debatido que apareció en la publicación *Aging Today,* de la Sociedad Estadounidense sobre el Envejecimiento:

> ¿Qué es lo que tanto tememos? Vivimos en una sociedad que algunos han descrito como "hipercognitiva", que considera que lo más importante es la capacidad de pensar y recordar, y que define nuestro valor como personas sobre la base de nuestra capacidad cognitiva. (…) No perdemos el alma cuando se nos deteriora la mente. Incluso aquellos que padecen de deterioro cognitivo severo tienen la capacidad de amar y ser amados: de seguir manteniendo relaciones. Y, si bien tenemos la tendencia a equiparar la pérdida de las funciones cognitivas con la pérdida de todo, incluso cuando la mente no nos funciona, todavía tenemos espíritu, cuerpo y emociones (elementos que nos proporcionan formas de relacionarnos con otros y con Dios)[20].

Si bien Nancy escribe a partir de la observación directa, para muchos de nosotros el cambio de perspectiva requiere un profundo salto de fe, especialmente cuando la persona diagnosticada con demencia actúa con hostilidad o ira, en lugar de pasividad y afecto. Pero ese es el mismo salto de fe que en algunos de nosotros hace despertar un ansia inconfundible en relación con algo más allá de nuestro juicio limitado sobre la vida cotidiana en el mundo material. Por supuesto, todos estamos en esa trayectoria que nos conduce al abismo de la mortalidad. Pero sí podemos estar seguros de que es un don espiritual poder contarnos entre aquellos que, en una etapa anterior de la vida, llegamos a percibir que el ansia por la libertad final estaba oculta incluso en nuestros mayores temores. Terminaré mi respuesta a esta pregunta con una de mis citas favoritas del libro *The Mystic Way* [El camino místico], de Evelyn Underhill:

La mirada anhelante de la vida se enfoca hacia una visión que también es un Hogar, del que de vez en cuando nos pueden llegar noticias. De ese modo, si miramos desde nuestro propio ser hacia nuestro Universo, parece que captamos un atisbo de algo detrás de ese gran cosmos pictórico de "soles y sistemas solares", ese mundo más inmediato de lucha, crecimiento y deterioro que el intelecto ha desenmarañado del Abismo. Sentimos la interpenetración y el apoyo de las acciones de un espíritu ascendente y creativo que trasciende todas sus manifestaciones materiales. (...) Se abre paso hasta la superficie de las cosas, como si luchara por expresarse, aunque trasciende todo lo que habita. Es, al mismo tiempo, un Convertirse y un Ser, un Crecimiento y una Consumación: la esencia misma de la Eternidad, que apoya y realiza el proceso del Tiempo. En esas horas de lucidez vemos, de hecho, los tenues contornos de la gran paradoja de la Deidad, como la han percibido los místicos de cada época[21].

En la imperfección y la agitación, "el gemido y el esfuerzo de la creación", podemos percibir el ansia de la Vida por trascender lo mundano y dar expresión a un significado y un propósito más elevados. Esto no siempre es bonito, y el potencial espiritual tampoco hace menos real el dolor y el sufrimiento. Pero exactamente por eso es que una madurez espiritual en la que se acepta tanto la sombra como la luz requiere un acto de fe.

Pregunta 25
¿Cómo puede la madurez espiritual ayudarnos a encarar nuestros propios rasgos desconocidos?

Carol Orsborn

El dolor puede iluminar todo un invierno, al igual que la fiebre nos obliga a vivir con profundidad e intensidad...

MAY SARTON

A lo largo de este libro, he escrito del ansia de crecer espiritualmente como el anhelo de realizar el verdadero potencial humano. Pero, al abordar esta pregunta culminante, me siento obligada a compartir con el lector otra motivación, de un matiz un tanto más oscuro. Dicho sin ambages: no quiero morir como mi madre.

Mi madre perteneció a una generación de doncellas de hierro, convertidas en acero por la Gran Depresión y la Segunda Guerra Mundial. Alcanzaron la edad adulta en una época en que el éxito aparente en la vida se correlacionaba directamente con una potente combinación de pensamiento positivo, voluntad y motivación. Para los de su generación, la introspección equivalía a debilidad o excesos, y la religión, en todo caso, era estrictamente una cuestión del bien contra el mal. Esa creencia de toda la vida en el dominio de su propio ser tenía sus puntos fuertes y débiles. Pero la debilidad me resultó más evidente en sus años finales.

Con la intención de mantener su dominio y control en sus años de jubilación, mis padres se mudaron a un barrio cerrado. En busca de comodidad y seguridad, entregaron las riendas de su vida cotidiana a los administradores, que decidían a qué volumen podían poner la televisión y los obligaron a quitar sus plantas del patio porque el agua caía sobre la terraza de abajo. Cuando mi padre falleció y mi madre emprendió un largo y doloroso proceso de deterioro, comenzó a ser víctima de circunstancias que se escapaban cada vez más de su control. Las palabras de consuelo y fe no le sirvieron de ayuda porque, al quebrantarse la determinación que antes la caracterizaba, lo único que le quedaba era dejar ver la ansiedad que había sido el verdadero cimiento de su vida, la profunda desilusión con la vida y la vergüenza de haberse defraudado a sí misma.

Cuando pienso en la experiencia de mi madre con el envejecimiento, tengo la suficiente humildad para darme cuenta de que, sin duda, también yo tendré que encarar situaciones desconocidas que me plantearán un reto a los niveles más profundos. Y, aunque yo también quisiera tener la posibilidad de mantener el dominio de mi vida hasta el fin, doy gracias por haber encontrado una alternativa en una etapa más temprana de la vida. Se puede resumir en la oración esencial de Reinhold Niebuhr, adoptada de manera tan sabia por los llamados programas de doce pasos: "Señor, concédeme serenidad para aceptar lo que no puedo cambiar, valor para cambiar lo que sí puedo y sabiduría para reconocer la diferencia"[22].

Esto suele ser más fácil de decir que de hacer. Como lo expresó uno de mis maestros espirituales: "La mayoría de las personas tratan de aumentar su nivel de comodidad. Sin embargo, la clave para los buscadores de la sabiduría consiste más bien en aumentar su nivel de incomodidad". A medida que voy dejando atrás la afirmación externa y el ambicioso ajetreo de mi vida juvenil, y se llevan con ellos las fantasías de inmortalidad, me sorprende y me satisface el hecho de que ya no intento resolver cada nota disonante de mi vida. Reconozco que esto es algo nuevo, algo que mi madre no podía visualizar ni lograr.

Como estoy obligada a recordarme, el envejecimiento espiritual no siempre se asemeja a la serenidad. Pero puede haber momentos de trascendencia: cuando miro las estrellas y los planetas, celebro el nacimiento de un nieto, miro a los ojos de un perro o disfruto la bondad de un paño fresco y húmedo sobre mi frente. Como dice un refrán irlandés: "El Cielo siempre está a solo media pulgada por encima de la cabeza".

¿Realmente he llegado? A veces, hacer aunque sea una ínfima transición es una tarea prácticamente imposible. La madurez espiritual requiere verdadero crecimiento de mi parte pues, además de resolver la logística del momento presente, también me veo obligada a prepararme para el futuro, al mismo tiempo que encaro aspectos de mi pasado que hubiera querido resolver mejor. Así como hay cosas que quisiera que mi madre hubiera hecho de una manera distinta, también estoy descubriendo que el mayor desafío espiritual de todos es el de perdonarme a mí misma.

Creo que hasta cierto punto es un avance mi mera disposición a contemplar la asunción de todos estos retos. ¿Pero tengo dominio y control? No. ¿Representa un riesgo? Sí. ¿Puedo fracasar? Tristemente, así es... pero, como hace tiempo aprendí, si no hay probabilidades de fracaso, no es realmente un riesgo. A veces damos un salto de fe, pero lo más común es que se nos dé un empujón.

He llegado a esta edad y a esta etapa en busca de una vida espiritual y sencilla. No obstante, ello también implica una ironía. En lugar de cantar con los ángeles, a menudo me encuentro peleando con ellos. Pero es una pelea divina, como la de Jacobo a la orilla del Jaboc en el desfiladero de Penuel. Al final, al ver cómo la vida me arranca mis ilusiones una por una, me entrego a la posibilidad de morir con una sola aspiración intacta: la capacidad de amar. Afortunadamente, con eso basta.

¿Cómo puede la madurez espiritual ayudarnos a encarar nuestros propios rasgos desconocidos?

Bob Weber

> *No cesaremos en la exploración*
> *Y el final de nuestro explorar*
> *Será llegar a donde empezamos*
> *Y conocer el lugar por vez primera.*
>
> T. S. ELIOT, *CUATRO CUARTETOS*

La actual cultura norteamericana no nos prepara para lidiar con las situaciones desconocidas que nos esperan. Se nos insta a tratar de no mirar siquiera al vacío, aunque acecha en el fondo y nos persigue con su presencia (sobre todo lo desconocido por antonomasia, es decir, la muerte). En lugar de ello, se nos insiste en que miremos hacia el otro lado, nos remontemos a los años pasados, ansiemos la juventud perpetua, busquemos maneras de enmascarar la verdad de lo que está sucediendo y neguemos la verdad del avanzar de las manecillas del reloj hasta llegar al final, sin reconocer que nos estamos poniendo mayores y que ni todo el bótox del mundo logrará revertir esa realidad, como tampoco conseguirán vencer a la muerte los esfuerzos científicos en pos de la inmortalidad.

De modo que nuestra cultura nos insta a aceptar respuestas que no funcionan y crear falsas esperanzas que, a la postre, crearán desesperanza. No se nos lleva a hacer preguntas que nos ayuden a lidiar con las verdades y realidades de nuestra existencia humana y nos orienten para elaborar respuestas que nos den esperanza ante lo desconocido y experiencias espirituales que respalden esa esperanza.

Cuando era más joven, deseaba que me consideraran una persona carismática, dotada y bendecida con un don particular que no tenía igual en el mundo, un don que me haría sobresalir de la multitud. Ahora que soy mayor, lo que deseo es ser una persona "prismática", alguien que irradie la belleza, la fascinación y la maravilla de la vida, de quien "se refracte" un increíble arcoíris que contenga potencial de vida para todos. Además, quiero ser parte del grupo, en mi caso, de los hijos de la explosión demográfica que nos estamos poniendo mayores y percibiendo atisbos del final del camino, para enfrentar las situaciones desconocidas solos y, al mismo tiempo, como parte de una generación de buscadores. Los versos del poema "Ulises", de Alfred, Lord Tennyson, captan esa visión.

> *La vejez guarda todavía su honor y su empresa;*
> *la muerte todo lo acaba, pero algo antes del fin*
> *ha de hacerse todavía, cierta labor de nobles méritos,*
> *no indigna de hombres que pugnaron con dioses.*
> *Aunque mucho se ha perdido, mucho queda aún;*
> *y si bien no tenemos ahora aquella fuerza que*
> *   en los viejos tiempos*
> *movía tierra y cielo, somos lo que somos:*
> *corazones heroicos de parejo temple, debilitados*
> *por el tiempo y el destino, pero fuertes en su afán*
> *de luchar, buscar, encontrar y de no doblegarse.*

De la mediana edad al más allá

QUE DIOS NOS LLEVE CONSIGO

A lo largo de *La espiritualidad de los años,* hemos invitado al lector a sumarse a nosotros para hacer frente a preguntas difíciles, con el fin de profundizar y cultivar una vida que se pueda vivir más plenamente, anclada en una fe y esperanza basadas en la verdad. Nos complace que haya elegido venir con nosotros en esta exploración que hemos vivido y compartido.

La visión de la espiritualidad de Anthony de Mello nos ha ayudado a enmarcar los temas de nuestra propia indagación, a saber, que la espiritualidad consiste en: (1) despertar, (2) dejar atrás las ilusiones, (3) no quedar nunca a merced de ningún acontecimiento, cosa o persona, y (4) descubrir la mina de diamantes que tenemos por dentro. Creemos que el marco creado por de Mello trasciende cualquier religión porque asume la esencia de una progresión casi universal en la vida espiritual (y psicológica): el crecimiento hacia una mayor libertad.

Al vivir nuestra espiritualidad de esa manera, ya no vamos

más por la vida como sonámbulos. En lugar de ello, podemos experimentar y valorar la totalidad de la vida, independientemente de lo que las circunstancias nos impongan cada momento de cada día. Al vivir de esa manera, dejamos atrás una vida basada en mentiras y falsedades. Así, se nos aligera la carga opresiva de la gente, las cosas y los acontecimientos y alcanzamos una mayor libertad para ser quienes realmente somos, sin tener que hacer ninguna contorsión ni perder la forma. Al convertirnos en lo que verdaderamente somos y cubrirnos de un profundo sentido de amor (sin negar ni excluir nada de lo bueno, lo malo y lo feo que tenemos por dentro) podemos vivir con una dulce sensación de haber alcanzado la integridad y el potencial de experimentar un nivel más amplio de paz y regocijo.

Tras explorar con honestidad las preguntas e ir abriéndonos paso en la vida hacia la(s) respuesta(s) de una manera que sea válida para nosotros en este momento, comprendemos las palabras de Mia Farrow que, en medio de las dificultades de su propia vida, tuvo la entereza de darnos este consejo: "La vida consiste en perderlo todo, pero con dignidad"[1].

Jean Vanier presenta otra visión de la espiritualidad madura en su libro *Community and Growth* [Comunidad y crecimiento] que enmarca nuestra propia indagación:

La vejez es la etapa más preciosa de la vida, la más cercana a la eternidad. Hay dos maneras de envejecer. Hay ancianos llenos de ansiedad y amargura, que viven en el pasado y las ilusiones, que critican todo lo que sucede a su alrededor. (...) Pero también hay personas mayores de corazón infantil que, al dejar atrás las ataduras de las funciones y las responsabilidades, han aprovechado la oportunidad para encontrar una nueva juventud. Tienen una capacidad infantil de maravillarse, acompañada de la sabiduría de la madurez. Han integrado sus años de actividad y, por lo tanto, pueden vivir sin apego al poder. Como han liberado sus corazones y han aceptado sus limitaciones y su debilidad, se convierten en personas cuyo resplandor ilumina a toda la comunidad. Son amables y agradecidos, símbolos de compasión y perdón. Son los tesoros ocultos de su colectividad y se convierten en fuente de unidad y vida. Son personas verdaderamente contemplativas en el corazón de la comunidad[2].

En nuestra calidad de interlocutores y coautores, a lo largo de los años de nuestra amistad cada vez mayor, así como mientras escribíamos este libro, nos hemos planteado el reto de asumir una visión del envejecimiento y la espiritualidad que sea realmente perdurable.

Llevábamos más de un año en nuestra conversación cuando tropezamos con nuestro primer gran desafío. Uno de los dos (no importa quién, porque esto nos ha tocado a ambos en distintas ocasiones a lo largo de los años) pasaba por uno de esos momentos en que las circunstancias que debía afrontar superaban temporalmente su fe. Como ya sabe el lector, incluso mientras escribíamos este libro, cada uno tuvo que afrontar todo tipo de situaciones, desde la pérdida de un ser querido hasta dificultades vocacionales y físicas, cada una de las cuales fue uno de los tantos ejemplos de lo que puede venir del lado sombrío del envejecimiento. En esos momentos, no servía de nada tratar de cubrirlo todo superficialmente con una idea romántica del sufrimiento. Al mismo tiempo, habíamos pasado a un punto en que la negación no nos serviría de nada. Lo que necesitábamos era una espiritualidad que no se pudiera dejar atrás ni convertir en algo trivial, que no quedara superada por las circunstancias de la vida. La encontramos en las palabras y la oración de Teilhard de Chardin, que nunca han dejado de reconfortarnos y darnos consuelo en medio del terror, ni de aportarnos una perspectiva que nunca dejaremos atrás, independientemente de lo que nos depare el futuro:

Oración para pedir la gracia de envejecer bien

Cuando los signos de la edad marquen mi cuerpo
(y más aún cuando afecten mi mente);
cuando la enfermedad que vaya a disminuirme
o a causarme la muerte
me golpee desde fuera o nazca en mi interior;
cuando llegue el doloroso momento
de tomar conciencia de pronto
de que estoy enfermo o envejeciendo;
y sobre todo en ese último momento
en que sienta que pierdo el control de mí mismo
y que estoy absolutamente inerte en manos
de las grandes fuerzas desconocidas
que me han formado;
en todos esos oscuros momentos, oh Dios,
concédeme comprender que eres tú
(solo si mi fe es lo suficientemente fuerte)
quien separa dolorosamente las fibras de mi ser
para penetrar hasta la misma médula
de mi esencia y llevarme contigo[3].

LA ÚLTIMA PREGUNTA:
¿QUÉ VIENE DESPUÉS?

A lo largo de este libro, nuestras veinticinco preguntas se han concentrado en cómo vivir la tercera edad como un sendero espiritual. Lo que más nos ha interesado ha sido aprovechar las oportunidades de crecimiento que nos presenta la vejez. Sin embargo, como señala tan sabiamente Jane Marie Thibault, el envejecimiento es también un peregrinaje. Como mortales, no vivimos simplemente en el momento presente; también nos encaminamos hacia un destino inevitable.

De cierto modo, hemos guardado para el final la pregunta más importante. Los humanos tenemos la capacidad de hacer algo en relación con nuestras preocupaciones y temores más profundos. Con valor e imaginación, somos capaces de transformar en regocijo incluso nuestro mayor temor. Para lograr esto hacemos lo mismo que han hecho distintas personas de casi todas las tradiciones espirituales y religiosas a lo largo de los milenios: tratar de dar respuesta a la pregunta "¿qué viene después?".

Algunos tienen la suerte de que su propia fe ofrece visiones y promesas específicas sobre la vida en el más allá. Para los creyentes, la contemplación de lo que viene después (su visión del Paraíso) puede ser "¡dee-liciosa!", como dice Bob. Para otros, el cielo y la vida después de la muerte, al menos en esta etapa de sus vidas, puede ser, cuando más, un intenso ejercicio de la imaginación. No obstante, incluso para aquellos que seguimos considerando un misterio la vida en el más allá, la propia contemplación de las posibilidades puede llenarnos de júbilo. Cuando utilizamos la fe y la imaginación para lidiar con "lo que viene después", o sea, con nuestras preocupaciones sobre el futuro, nos damos permiso para vivir en el momento presente con el mayor potencial humanamente posible de regocijo.

Mientras íbamos escribiendo este libro, hemos visto crecer nuestra amistad y nuestra fe. No sabemos lo que nos deparará el futuro, pero sí que, al realizar esta labor espiritual, hacemos todo lo que está en nuestro poder para obtener el mejor resultado posible. Más importante aún, juntos, estamos descubriendo los límites de la ilusión de nuestro dominio y control de la vida, ante cada circunstancia vital que afrontamos, tanto las que se pueden disfrutar como las que no habríamos invitado, que, en definitiva, no es más que la manera en que Dios nos lleva consigo. ¿A dónde nos lleva? Confiamos en que la contemplación de esta última pregunta se convierta para el lector en una constante fuente de regocijo.

Sinceramente esperamos que, a medida que envejezca, su libertad de corazón y espíritu, así como la aceptación de sus limitaciones y su debilidad, hagan que su luz pase por un prisma que ilumine a toda la comunidad. Lo saludamos al embarcarse en su propio viaje de descubrimiento y acogemos con gusto su compañía en nuestro peregrinaje por esta nueva etapa de la vida, con sus dificultades y emociones.

Momentos extraordinarios en el tiempo ordinario

Dr. W. Andrew Achenbaum

Creo que las charlas hasta altas horas de la noche fueron de los mejores momentos de mis años universitarios. Mucho después de la hora hasta la que era plausible terminar cualquier tarea académica, dos de mis compañeros de cuarto (como si conocieran el momento justo) comenzaban a discutir, reír y conversar en la sala de estar. Los temas eran muy diversos, desde cómo resolver los problemas del mundo hasta criticar a las novias y burlarse de los profesores, además de soñar en voz alta sobre lo que la vida nos depararía después de la graduación.

Décadas después, se me olvida la mayor parte de lo que se dijo, pero recuerdo la emoción de escuchar cómo mis compañeros de viaje compartían impresiones sobre el sentido de la vida. No siempre fue una experiencia cómoda: mis padres me habían enseñado a comportarme como un camaleón; la introspección sostenida casi nunca me resultó iluminadora ni gratificante. No obstante, atesoré esas nuevas oportunidades de quitarme la máscara. Con mis contemporáneos, me sentía reticente, pero al mismo tiempo animado, para discernir verdades sobre mí mismo y sobre otros. Se me alentó, es más, se me empoderó, a expresar ideas sobre lo que realmente significaba para mí el hecho de ser humano.

Salvo en algunos momentos pasajeros mientras impartía clases a alumnos notables o dirigía seminarios de posgrado, aquellas conversaciones durante mi segundo año son lo más parecido que jamás he experimentado a participar en el simposio de Platón. Incluso en los momentos más entonados y extravagantes, la plática era honesta y reveladora. Aquellas veladas de camaradería eran festines de amor: se unían las fuerzas de los corazones y las mentes mientras nosotros, en la adolescencia tardía, procurábamos imaginarnos y afirmar la mejor forma de prepararnos para hacer el bien, prosperar y ayudar a nuestros amigos a lograr ese mismo propósito.

Este libro, *La espiritualidad de los años,* de cierto modo engendra en mí la misma euforia que antes sentía al dar las buenas noches a mis compañeros de cuarto y amigos. Estas páginas no paraban de aportar reflexiones sobre lo que realmente importa. Ahora, casi medio siglo después de mi segundo año en la universidad, me considero privilegiado al estar en compañía de Bob Weber y Carol Orsborn. Los autores han dominado el arte y la ciencia de representar pensamientos, sentimientos y comportamientos sin pretensiones de ser tomados por sabios. Saben cómo guiar a los buscadores, es decir, los que anhelamos alcanzar el crecimiento espiritual y encontrar la esencia interpersonal e intrapersonal. Carol y Bob logran poner al descubierto sus vulnerabilidades y reconocer sus imperfecciones, al mismo tiempo que imparten sabiduría práctica. En medio del regocijo y el misterio de la vida, Bob y Carol vislumbran amaneceres que, según ellos, todavía iluminarán nuestros años del ocaso.

A decir verdad, a mí me parece más valioso ser lector, oyente o expositor de ideas entre personas mayores de mi generación que participar en las conversaciones nocturnas de mis tiempos de universitario. No muchos de nosotros éramos introspectivos en los años sesenta: estábamos muy ocupados con nuestro narcisismo. Ninguno había tenido suficientes experiencias como para repasar su vida, y ni siquiera sabíamos lo que era eso. Lo que queríamos era obtener títulos de posgrado y participar en programas profesionales, para formalizar las relaciones a largo plazo después de la graduación. Mayormente, estábamos seguros de que nuestras próximas travesías se iban a desenvolver de una forma clara y sencilla, independientemente del reclutamiento para la guerra.

Los lectores de *La espiritualidad de los años,* al mirarse en el espejo, sin duda percibirán destellos de su propio pasado. Pero ahora hay mucho más que considerar. Los que pertenecemos a la generación de la explosión demográfica hemos avanzado mucho, pero todavía nos queda un tramo por recorrer. Son pocos los que han llegado a su edad actual sin tener que lidiar con una concatenación de pérdidas y desilusiones. Sin embargo, eso no ha hecho que se extinga la esperanza.

Los de esa generación somos afortunados de tener la posibilidad de reconocer y valorar las numerosas invitaciones que se nos han hecho a que nos veamos tal cual somos. Al mismo tiempo, estamos en mejores condiciones de situarnos en relación con otros. A un nivel más profundo, muchos intentamos acercarnos a lo Inefable. Para la mayoría de nosotros, la vida no ha satisfecho todas sus expectativas (para bien y para mal) y nuestro futuro está envuelto en el misterio. Al reconocer que las hojas de ruta son de utilidad limitada, buscamos ciertos parámetros y puntos de referencia que nos indiquen el camino.

Carol Osborn y Bob Weber no dicen mucho en materia de consejos de inversión ni de cómo lidiar con el carácter recalcitrante de los hijos y nietos adultos. Su intención es ayudarnos a establecer una conexión a tierra mediante la atención a los elementos básicos. Las veinticinco preguntas formuladas y respondidas en

La espiritualidad de los años me dieron un espacio para pensar (y hacer comparaciones) sobre cómo mis respuestas serían similares o diferentes a las de nuestros guías, en su función de sanadores, por profesión o vocación.

Por ejemplo, al escribir este epílogo mientras termino de leer el libro, veo que sigo dándole vueltas a mi respuesta personal a la pregunta cumbre: "¿Cómo puede la madurez espiritual ayudarnos a encarar nuestros propios rasgos desconocidos?". Al leerla y pensar en cómo responderla, me doy cuenta de que la poca o mucha madurez espiritual que he alcanzado me hace agradecer los innumerables regalos y premios de consolación que he recibido, sobre todo durante la penúltima etapa de la vida.

Aunque mis padres siempre intentaron protegernos de los funerales a mí y a mis hermanos, desde hace décadas he tenido conciencia del aguijón de la muerte. Tuve que reconocer cada vez más la fragilidad de la vida, después de haber enterrado a mis padres y a un hermano. Últimamente, parece ser que dedico cada vez más tiempo a leer obituarios, escribir condolencias y consolar a los afligidos. Yo mismo he estado al borde de la muerte en tres ocasiones (una vez a los siete años, otra a los cuarenta y, la más reciente, cuando tenía cincuenta y cinco años). Como sé perfectamente que es inevitable que mi propia vida llegue a su fin, he preparado documentos legales para que no se intente hacer intervenciones heroicas. Les he explicado a mis hijas y a mi otro hermano que me queda (y a mi sobrino) mis instrucciones sobre la forma de cumplir mis últimos deseos.

He hecho lo que ha estado a mi alcance, desde el punto de vista espiritual y religioso, de una forma prudente y razonada. Me aterra el sufrimiento prolongado por una enfermedad que me prive de mi humanidad, pero no le temo a la muerte misma. Me tomo muy en serio la realidad de que, cuando muera, no habrá vuelta atrás. Acepto las enseñanzas de mi iglesia sobre lo que sucede después del momento de la muerte, aunque no comprendo gran parte de los pronunciamientos de teólogos y ministros acerca del cielo y el infierno. Quizás por eso es que leo diariamente a Rumi y el salterio, porque me ofrecen metáforas e imágenes que de cierto modo me preparan para lo que venga después. Y confío en que otros buscadores espirituales, como ahora Bob y Carol, me ayuden a guiarme y sostenerme durante el trayecto restante de mi viaje por la tercera edad.

Desde el comienzo de los materiales introductorios con los que empezaron este libro, su sensatez y sensibilidad, generosas y sin juzgar, influyeron en mi manera de responder a la serie de preguntas. Los autores me dieron licencia para ir modificando mi relato a medida que avanzaba. La secuencia de preguntas sugería nuevas posibilidades de crecimiento. Bob y Carol predican con el ejemplo, al mostrarnos cómo entretejer los anhelos espirituales con las actividades diarias y las metas futuras. La ferviente búsqueda de conexiones espirituales nos ha puesto a todos en contacto con momentos extraordinarios en el tiempo ordinario.

Los de la generación de posguerra que nos metemos de lleno en *La espiritualidad de los años* podemos permitirnos extraer cierto grado de ecuanimidad de lo que hemos leído. Esa tranquilidad surge de la aceptación de las situaciones en que nos hemos encontrado en medio de los intentos (a menudo fallidos) de mantener la intencionalidad en cuanto al rumbo por el que esperamos estar encaminados. Al igual que los autores, hemos sufrido dolores físicos, dudas que nos torturan, crisis médicas y decepciones ocupacionales. También tenemos esperanzas, aspiraciones y alegrías inesperadas, a veces en los momentos menos pensados.

Es imposible volver a las charlas hasta altas horas de la noche de la época universitaria, pero nos puede reconfortar e inspirar el hecho de pasar un rato de calidad con otros que piensan como nosotros. Al igual que Bob y Carol, ansiamos extraer algún sentido de los contratiempos. Atesoramos las afirmaciones con las personas que amamos y que nos quieren. Y nos sentimos agradecidos cuando encontramos un libro, como *La espiritualidad de los años,* que nos vuelve a colocar ante el umbral de lo que realmente importa.

W. ANDREW ACHENBAUM, experto en Historia y Trabajo Social, es profesor de Envejecimiento Global en la Universidad de Houston. También ocupa puestos en el Instituto de Espiritualidad y Salud y el Centro de Sanación y Salud, y es profesor adjunto del Departamento de Medicina Geriátrica y Cuidados Paliativos del Centro Médico de la Universidad de Texas en Houston y en el Centro McGovern de Humanidades y Ética.

Después de obtener títulos de la Universidad de Amherst, la Universidad de Pensilvania y la Universidad de Michigan, el profesor Achenbaum ha impartido clases en la Universidad Canisius, la Universidad Carnegie Mellon y la Universidad de Michigan, donde fue vicedirector de su Instituto de Gerontología.

Achenbaum, que ha trabajado en los intersticios de la historia y la gerontología durante más de cuatro décadas, es autor de los libros *Old Age in the New Land* [La tercera edad en la nueva tierra], *Shades of Gray* [Matices de gris], *Social Security* [La Seguridad Social], *Crossing Frontiers* [El cruce de fronteras], *Old Americans* [Los norteamericanos de la tercera edad], *Vital Communities* [Comunidades vitales] y *Robert N. Butler, M.D.: Visionary of Healthy Aging* [Robert N. Butler: Un visionario del envejecimiento con salud], y ha editado o coeditado otros seis volúmenes.

Por haber sido presidente del Consejo Nacional sobre el Envejecimiento en el pasado, recibió el Premio Kent, el más distinguido honor de la Sociedad de Gerontología. En la Universidad de Houston, el profesor Achenbaum imparte cada año un curso sobre la espiritualidad y el envejecimiento.

Doce ejercicios para buscadores espirituales

Al llegar a estas páginas finales, confiamos en que nuestros lectores se sientan, igual que nosotros, llenos de esperanza y misterio. Como hemos dicho antes, lo que nos ha quedado más que claro es que, al entrar en la tercera edad en una época de crecimiento espiritual, no nos encontramos en el fin, sino en un comienzo.

A medida que vayamos desvelando muchas nuevas preguntas (y, felizmente, también muchas nuevas respuestas), continuaremos nuestro diálogo entre nosotros dos y con un número cada vez mayor de personas que comparten nuestra curiosidad y nuestra pasión por la vida en su evolución. También tenemos algunos ejercicios espirituales favoritos de los que nos valemos para extraer conocimiento, confort, claridad e inspiración, más allá de lo que hubiéramos podido lograr con nuestras técnicas cotidianas para solucionar problemas.

En esta sección compartimos con el lector algunos de nuestros ejercicios favoritos. Como verá, estas sugerencias provienen de una amplia gama de tradiciones espirituales y de fe, lo que refleja el carácter ecléctico de los intereses religiosos, psicológicos y filosóficos de los autores. Utilizamos estos ejercicios personalmente y también cuando estamos al frente de retiros espirituales. Confiamos en que encontrará algunos que le aportarán algo y esperamos que los incorpore en sus propias prácticas. Los publicaremos en nuestro sitio web [en inglés], **www.SpiritualityofAge.com,** y esperamos que por esa vía comparta con nosotros sus propios ejercicios favoritos.

EJERCICIO 1

La escala de los monjes

Un método de ejercicio espiritual que ha sido útil para muchos se encuentra en la tradición mística cristiana occidental. Quien lo describió por primera vez fue Guigo II, prior del monasterio cartujo de las cercanías de Grenoble (Francia), conocido como La Grande Chartreuse. Guigo II escribió una pieza muy breve titulada "La escala de los monjes". En ella expuso cuatro pasos para profundizar la conexión con Dios y con el yo. En latín, los cuatro pasos son: *lectio, meditatio, oratio* y *contemplatio.* Es decir, "lectura, meditación, oración y contemplación".

En términos sencillos, el primer paso de la escala de los monjes consiste en seleccionar un pasaje de la literatura sagrada, por ejemplo, de las escrituras, y leerlo lentamente, como si estuviéramos llevándonos a la boca un plato preparado por un gran chef. Luego tendríamos que meditar sobre el pasaje como si estuviéramos degustando lentamente el bocado y comenzando a apreciar la variedad de gustos y su complejidad. Después hay que orar en reacción a los gustos y su complejidad, quizás con un suspiro de "¡Ahhhh!". Por último, debemos contemplar la experiencia mediante el simple acto de "saborear", sin palabras, el plato que hemos probado.

Puede aplicarse a sí mismo la técnica de la escala de los monjes si aborda las interrogantes de su propia vida como si fueran un texto sagrado. Por ejemplo, tal vez se haga cualquiera de las preguntas siguientes:

¿Cómo debo leer las señales de los tiempos a medida que envejezco y qué debo hacer a ese respecto?

¿Qué será de mí ahora que mi salud física está cambiando?

¿Qué debo hacer y qué seré, ahora que mi carrera llega a su fin y los papeles que he conocido en la vida ya no están a mi alcance?

¿Qué debo hacer con el sufrimiento experimentado al ir perdiendo a mis familiares, amigos y personas de mi grupo de edad?

A medida que se abre paso entre las interrogantes que surgen en su vida, la técnica de la escala de los monjes lo insta a no limitarse a reaccionar ante lo que experimenta. Tendrá que responder con una valoración más profunda de las oportunidades espirituales que le aguardan. Esto es lo que puede esperar cuando aplique la escala de los monjes a sus preguntas a medida que vayan surgiendo:

- Prestará mayor atención a lo que realmente sucede. Poco a poco comenzará a oír lo mismo que ya ha escuchado, pero de forma más armónica, sin dejar de apreciar las sutilezas ni los detalles.

- Se le invitará a responder ante su experiencia con mayor profundidad, sin reaccionar a sus ansiedades ni a sus miedos, ni a sus deseos y anhelos de obtener respuestas rápidas y fáciles.

- Por último, sentirá más paz y conformidad de disfrutar el momento, degustando el sabor espiritual de su experiencia.

Los lectores que estén más familiarizados y prácticos con las técnicas orientales de ejercicio espiritual notarán similitudes entre estos ejercicios y la práctica de la "atención plena". Ambos permiten obtener una valoración más profunda de lo que está sucediendo en el momento, a medida que tratamos de encontrarle sentido y hallar el significado que anhelamos en medio de las preguntas desconcertantes y difíciles de la vida.

EJERCICIO 2

Saque sus preguntas de paseo

En la vida cotidiana, acostumbramos a abordar las preguntas valiéndonos del hemisferio izquierdo del cerebro: utilizando la lógica, la voluntad y el pensamiento racional. No obstante, cuando se trata de cuestiones del espíritu, necesitamos basarnos en otra modalidad de la existencia: acceder a la intuición del hemisferio derecho del cerebro y hacernos receptivos a la Divinidad. Lo que resulta difícil para muchos es que, a diferencia del pensamiento racional, no podemos hacer que la sabiduría y la inspiración funcionen en el momento justo. Es más, lo mejor que podemos hacer es mantenernos receptivos.

Una manera de lograr esto consiste en sacar sus preguntas a caminar en la naturaleza. No se trata de una simple caminata o paseo. Tómelo como un ejercicio espiritual y encontrará que así accede a fuentes de sabiduría que afirman, revelan y profundizan su relación con lo sagrado.

Disponga como mínimo de una hora en la que pueda estar solo y sin presión. Elija un lugar para su paseo que le resulte agradable y conocido, por ejemplo, su parque favorito o un sendero alrededor de un lago.

Antes de salir, anote en un papel la pregunta sobre la que más desearía recibir respuesta. Compenétrese lo más posible con la pregunta mientras la escribe, y piense en por qué esa interrogante en particular es importante para usted y en el agradecimiento que sentirá al recibir cualquier nueva perspectiva, orientación o respuesta.

Estruje el papel y láncelo a la basura. Al hacerlo, borre por completo la pregunta de su mente consciente. En lugar de pensar en ello, mientras pasea, concéntrese en las maravillas de la naturaleza. Deje que la vista se vaya hacia cualquier cosa que capture su curiosidad o apreciación: una flor que crece de una roca, o un gusano que avanza por un tallo. Disfrute la abundancia que lo rodea sin necesitar nada de ella, sin juzgar ni exigir, al mismo tiempo que mantiene su receptividad.

Sobre todo, no piense en la pregunta que le ocupaba la mente antes de comenzar el paseo. Si la pregunta trata de ocupar el primer plano, reconózcala, agradézcale y déjela ir.

De esa manera prepara el espacio óptimo para que su intuición traiga a la superficie la respuesta que busca. Cuando esta aparezca en su mente, tendrá una cualidad distinta a las respuestas que han sido forzadas o pensadas. Ese es el "eureka" que experimentó Arquímedes en su bañera cuando descubrió que el desplazamiento del agua respondía a un principio fundamental de la física. La respuesta puede ser activada por algo que vivió durante el paseo, o le puede llegar "de la nada", experiencia que Carol describe en sus retiros como "recibir un golpe sorpresivo".

Cuando termine la caminata, ya tendrá la respuesta a su pregunta. Esto le llegará en forma de una nueva perspectiva, orientación o certidumbre. O la respuesta será que aún no ha llegado el momento para que reciba esa revelación y que la sabiduría le pide que confíe en el devenir del tiempo.

El espíritu funciona a un nivel invisible. Es como un río, que fluye libremente hasta que tropieza con un obstáculo. Entonces hace una pausa y sus aguas se van acumulando, hasta que suben lo suficiente como para vencer el obstáculo y continuar hacia el otro lado. El antiguo libro chino de la sabiduría conocido como I Ching le enseña lo que ha podido observar por sí mismo: si el incremento se realiza de manera acumulativa, debe haber una superación o rompimiento[1]. El tiempo que dedique a ese paseo es como el agua que se acumula detrás de una represa. Recuerde que, si trata de ver el agua acumulada desde el otro lado del muro, no podrá verla subir hasta que una última gota la haga correr por encima. De modo similar, el trabajo interior realizado con buenas intenciones nunca se desperdicia. Cada gota contribuye a que aumente su sabiduría, esté o no en condiciones de recibir la recompensa. Es un proceso totalmente eficiente. La manera más segura de alcanzar la respuesta que busca consiste en mantenerse a plenitud donde mismo está ahora, independientemente de los resultados que haya obtenido. Si recibe la respuesta que esperaba, al final del paseo, debe detenerse y dar las gracias. Si no la ha recibido, dé las gracias de todas formas y simplemente haga lo que corresponda en ese momento.

EJERCICIO 3

La prueba de la visión

Como ya sabrá a estas alturas, en la lista de aspiraciones a medida que envejecemos, hemos puesto la idea de estar en paz más abajo que otras cualidades y características, como la de aceptar tanto la sombra como la luz y despertar para vivir la vida con mayor plenitud. En este ejercicio le pediremos que construya una visión propia del envejecimiento que sea sana desde el punto de vista psicológico y espiritual. El ejercicio consta de dos partes.

PRIMERA PARTE

Lea hasta el final la siguiente lista de preguntas. Luego cierre los ojos e imagine con el mayor detalle posible cómo sería su vida a una edad muy avanzada.

¿Cómo se siente emocionalmente?

¿Qué piensa?

¿Qué percibe?

¿Está dando y recibiendo amor?

¿Es consciente de la presencia de la Divinidad?

¿Qué es lo más importante para usted?

¿Hay alguna otra cosa que quisiera incorporar en su visión de una vejez con buena salud psicológica y espiritual?

Cuando haya terminado la primera parte del ejercicio, abra los ojos y anote con el mayor detalle posible todo lo que ha imaginado. Cuando haya terminado ese retrato de la vejez, estará listo para la segunda parte.

SEGUNDA PARTE

Relea la lista y subraye cualquier cualidad o característica que NO dependa de las circunstancias externas; por ejemplo, tal vez no pueda correr el maratón, pero sí podría mantener el sentido del humor. Y ahí está la recompensa. Mientras más cosas haya subrayado, mayores serán sus probabilidades de tener ahora mismo una actitud sana acerca del envejecimiento. Tiene una sólida base espiritual, emocional y psicológica para proseguir. Si ha subrayado menos cosas de lo que quisiera, mantenga la lista y vaya haciéndole adiciones con el paso del tiempo. Observe bien a las personas mayores que, independientemente de las dificultades externas que afrontan, tienen el mismo tipo de relación con la vejez que usted quisiera tener.

Esa es su lista principal. Consérvela mientras va conociendo las dificultades y oportunidades que la vida le trae. Recuerde que lo que haya incluido en esa lista no es negociable, pues constituye la esencia de las aspiraciones que lo llevarán a la libertad interior.

EJERCICIO 4

¿Cuál es su nombre?

El capítulo 43 de Isaías dice: "Te he llamado por tu nombre, eres mío". Piense en su nombre y la manera en que este le enseña sobre su relación con la Divinidad. En la tradición judía, los niños reciben un nombre hebreo al nacer. Como ya se mencionó, la traducción del nombre hebreo de Carol significa "vida y alegría". No obstante, muchos de nosotros, incluida Carol, hemos tenido a lo largo de los años muchos nombres, que representan diversas influencias externas e internas. Por ejemplo, a veces Carol ha utilizado o dejado de utilizar su segundo nombre, ha adoptado el apellido de su esposo, o se ha añadido títulos. En total, a lo largo de su vida ha tenido ocho cambios importantes de nombre, cada uno de los cuales refleja sus valores y la evolución de su comprensión espiritual en esa etapa particular.

Muchas personas, al hacer este ejercicio, tropiezan con vínculos emocionales (orgullo o rechazo) al saber que llevan el nombre de un santo, de un personaje bíblico o sagrado, etc. Otros nombres reflejan el legado de la práctica de un oficio en particular, lo que denota la intimidad entre distintas generaciones, o una relación con algo que no pertenece al mundo natural.

Así pues, ¿qué le revela su nombre? Puede profundizar más en esto sí se hace las siguientes preguntas:

¿Quién le dio su nombre?

¿Su nombre original le revela algo sobre las influencias o expectativas que le han impuesto otros?

¿Es el nombre de alguna persona que le debía servir como ejemplo a seguir?

¿En qué se inspiraron los cambios (o no) que hizo a lo largo del camino?

¿Recibió un apodo?

¿Qué le dice su nombre actual en cuanto a su procedencia, su relación cada vez mayor con la Divinidad y su idea de cómo debería vivir?

Si la Divinidad fuera a llamarlo por su nombre ahora, ¿cuál sería ese nombre?[2]

EJERCICIO 5

Mírese en el espejo

Este ejercicio consta de tres partes.

PRIMERA PARTE

Después de salir de la ducha, mírese con amor en el espejo durante un buen rato. ¿Qué es lo que ve? No se fije solo en sus canas y arrugas. No se vea solamente a usted mismo en el momento presente, sino a todas las personas y cosas que han contribuido a hacerlo quien hoy es.

Recuerde con amor a las personas que lo ayudaron a ser quien es, mientras observa, en la imagen del espejo, los aspectos de su propia personalidad que usted valora. Preste particular atención a los detalles de sus recuerdos, sobre todo a los pensamientos y sentimientos específicos que van surgiendo de su memoria. ¿Ve el destello de sus ojos? ¿Las comisuras de sus labios al sonreír? ¿Qué sensación le crea esto interiormente?

Recuerde a los hombres y mujeres a quienes idealizó. ¿Qué aspectos de su persona incorporó en el nuevo sentido de su propio ser? ¿Qué aspectos le permitieron convertirse más en su propia persona? ¿Cuándo y de qué manera se aproximó a lo mejor que ellos dieron y a su propio yo?

SEGUNDA PARTE

Imagine una escena de su vida con un ser querido, en la que usted sabía que era amado por lo que él o ella dijo, sintió o hizo. Imagínese ahora que es abrazado por la Divinidad con inconfundible amor. Tome nota de los detalles de su experiencia en ese momento. ¿Cuál es su reacción? ¿Cómo le hace sentir? ¿Qué lo lleva a pensar y a comprender?

TERCERA PARTE

Vuelva ante el espejo y vea si ahora se experimenta de alguna forma distinta.

EJERCICIO 6

La imagen de la Divinidad

Este ejercicio consta de dos partes.

PRIMERA PARTE

Recuerde sus imágenes más antiguas de la Divinidad y concéntrese en la más predominante. ¿Cuál era el fruto de esa imagen (miedo, pavor, vergüenza, culpabilidad) o paz, alivio, consuelo, libertad?

¿Cómo fue que cobró existencia para usted esa representación de la Divinidad? ¿Qué personas, instituciones y experiencias contribuyeron a esa imagen?

SEGUNDA PARTE

En este momento de su vida, ¿qué imagen tiene de la Divinidad? ¿Esa imagen le ayuda a vivir de una manera más plena y afrontar con mayor paz las circunstancias de su vida, sean cuales sean?

¿Puede identificar las experiencias y personas que dieron lugar a esa nueva imagen?

EJERCICIO 7

La intimidad con lo Sagrado: Cronología

Este ejercicio consta de cuatro partes.

A veces, la espiritualidad existe independientemente de la religión; otras veces, es a la inversa. Pero hay momentos en que ambas convergen. ¿Cómo se han entretejido en su vida esas dos vertientes del vínculo con la Divinidad, y qué puede aprender de la relación entre ambas con el paso del tiempo?

PRIMERA PARTE

Para hacer este ejercicio, tome una hoja en blanco y cuatro lápices de colores. En la parte inferior de la hoja, trace con uno de los colores una línea cronológica de su vida, dividida en segmentos de diez años.

SEGUNDA PARTE

Luego tome otro color y trace, paralelamente a la primera línea, los años en que se ha considerado "religioso". Tal vez sea una línea continua de principio a fin, o una línea discontinua, por ejemplo, para indicar que se consideró religioso hasta los diez años de edad, y luego no volvió a serlo hasta los cincuenta años. También es posible que no trace ninguna línea.

TERCERA PARTE

Tome un tercer color, que representará su espiritualidad, y trace una tercera línea paralela a la primera y la segunda. Al igual que en el caso anterior, tal vez sea una línea continua de principio a fin, o una línea discontinua, por ejemplo, para indicar que se consideró espiritual de los veinte a los treinta años de edad, y luego no volvió a serlo hasta los sesenta años. Es posible también que no trace ninguna línea.

CUARTA PARTE

Por último, tome un cuarto color, que representará su intimidad con la Divinidad, y trace una cuarta línea paralela a la primera, la segunda y la tercera. Como en los casos anteriores, podría ser una línea continua de principio a fin, o una línea discontinua, por ejemplo, para indicar que consideró tener una mayor intimidad con la Divinidad de los diez a los veinte años de edad, y luego no volvió a sentirla hasta los cuarenta años. También en este caso es posible que no trace ninguna línea.

Al terminar, dé una mirada al gráfico que ha creado. ¿Cuándo ha sentido una mayor intimidad con la Divinidad? ¿Ese período coincide más bien con los momentos en que ha sido religioso pero no espiritual, o espiritual pero no religioso, o ambas cosas, o ninguna de las dos?

EJERCICIO 8

La instantánea de su vida

Este ejercicio consta de dos partes.

PRIMERA PARTE

Dedique un tiempo a mirar álbumes de fotos suyas en etapas anteriores de la vida, por ejemplo, fíjese en una foto de cada década. Concéntrese sobre todo en seis o siete fotos que realmente le digan algo: que evoquen en usted los sentimientos que tenía en esa edad, o en esas circunstancias o fases de la vida.

Entonces pregúntese, o más bien pregunte a su ser reflejado en cada foto, lo siguiente:

¿En qué aspectos se sentía vivo?

¿En qué aspectos se sentía dormido?

¿En relación con qué aspectos que no reconocía en ese entonces le faltaba despertar?

SEGUNDA PARTE

Luego busque una foto reciente, que le resulte expresiva, y hágase las tres preguntas siguientes:

¿En qué aspectos se siente vivo?

¿En qué aspectos se siente dormido?

¿En relación con qué aspectos que aún no reconoce le falta por despertar?

EJERCICIO 9

El despertar: Un inventario

Este ejercicio consta de varios pasos.

PRIMERA PARTE

Comience por hacer una lista de uno o más despertares importantes en su vida.

Si ha tenido un solo despertar, dedique un momento a describir su vida antes y después de ese momento. ¿Podría decir que ha experimentado un despertar definitivo? En ese caso, ¿a qué ha despertado? Si logra responder satisfactoriamente esa pregunta, ha terminado este ejercicio.

SEGUNDA PARTE

Si no logra responder satisfactoriamente la pregunta anterior, o si ya ha anotado más de un despertar, siga leyendo.

Dibuje una espiral que tenga, como mínimo, siete círculos. (Esos círculos no equivalen a períodos de tiempo específicos, como un año o una década, sino que sirven más bien como una metáfora general de las etapas de su vida).

Sin pensarlo demasiado, coloque una equis ("X") en el punto de la espiral de la vida donde siente que está ahora. ¿Se encuentra en una etapa ascendente, que culminará en una nueva cumbre? ¿O está en un valle, o recién ha salido de él? Sea cual sea el punto en que cree encontrarse ahora mismo, márquelo con la equis.

Por último, vuelva a consultar su lista y coloque en el gráfico los despertares que enumeró en ella. ¿Sus despertares suelen ocurrir en los valles o en las cumbres, o en ambos, o quizás incluso en momentos intermedios?

¿Los momentos en que han ocurrido los despertares anteriores han seguido alguna pauta? ¿Tiene la sensación de que habrá más despertares en su futuro?

EJERCICIO 10

Reparar el daño hecho a otros

En su obra *El don de los años*, Joan Chittister escribe:

Una de las funciones (o dones) del envejecimiento consiste en hacernos aceptar en mayor grado lo que somos, en lugar de lamentarnos por lo que no somos. Uno de nuestros momentos de iluminación es cuando nos damos cuenta de que los años no solo nos han sostenido, sino que nos han hecho madurar. Ahora tenemos más sustancia que cuando éramos jóvenes, con independencia de lo que hiciéramos en el pasado o dónde estuviéramos cuando lo hicimos. Lo cierto es que los remordimientos son un punto de transición en la vida. Nos invitan a reconsiderar los ideales y motivaciones que nos trajeron a donde ahora nos encontramos[3].

Ese es, al fin, el momento en que resarcirá al prójimo por todos los errores del pasado que sean rectificables y se habrá comprometido firmemente a lidiar con las nuevas causas de remordimiento en el momento presente, a medida que tropieza con ellas y que ocurren. Como nos enseña el programa de doce pasos, uno llega a aceptar lo que no puede cambiar, tiene el valor para cambiar lo que sí puede y tiene una sabiduría cada vez mayor que lo hace más capaz de reconocer la diferencia. En ese instante deja de vivir mirando en el espejo retrovisor y vuelve a enfilarse hacia el calor de la vida. En el momento presente, como indicamos antes, puede encontrar que, a veces o incluso a menudo, es suficientemente serio y constructivo reflexionar sobre el misterio de las estrellas y los planetas, el nacimiento de un niño, o el amor que irradia de los ojos de una mascota favorita. Esto no solo lo hace una persona que se toma en serio su crecimiento espiritual y psicológico, sino que se convierte en un místico.

Este ejercicio consta de cuatro pasos. Haga cada paso después de leerlo y resista la tentación de seguir leyendo antes de tiempo.

1. Anote diez de sus mayores motivos de arrepentimiento, u ocasiones de sentir culpabilidad o vergüenza que todavía lleva consigo. Después de anotarlos, vuelva para leer el paso 2.

2. Encierre en un círculo cada elemento de la lista respecto al que pueda hacer algo: ofrecer una disculpa, reparar el daño hecho a otros, o rectificar de una manera u otra. Cuando haya terminado con esa lista, hágase el compromiso de proceder cuanto antes con esas rectificaciones, y de la manera más valerosa y sensible que pueda.

3. Subraye todo lo demás de la lista.

4. Libérese de cada uno de los elementos subrayados de la manera que considere apropiada. Quizás desee anotarlos en una lista aparte y quemarlos. O tal vez quiera bendecirlos y liberarlos, imaginándose que cada elemento desarrolla alas y sale volando a lo lejos. Aporte creatividad y compasión a su propia vida, con partes iguales de perdón y aceptación, al dejar ir todo lo que ya no le sirva de nada.

EJERCICIO 11

¿Cuál es su vocación en la vida?

Piense en alguien a quien haya conocido personalmente, o en un personaje literario o histórico, que sea una ilustración del concepto del tikún, la creencia judía de que a cada persona le corresponde recuperar las chispas de bondad y luz y hacer ese pequeño aporte para ayudar a reparar el mundo. ¿Qué adjetivos, cualidades y características describen mejor la esencia de la persona que usted eligió para que representara el tikún? Antes de seguir leyendo, dedique un momento a hacer una lista de esos descriptores.

ANÁLISIS

La lista que haga dice tanto de usted como de la propia persona que seleccionó. Las palabras particulares que haya elegido para describir a alguien que representa el tikún le dan un perfil vívido y concreto de las cosas a las que aspira despertar. Tal vez no todas las palabras de la lista se apliquen a usted pero, en general, le proporcionarán perspectivas interesantes sobre sí mismo y sobre lo que le da sentido y propósito a su vida, independientemente de las circunstancias que le toque afrontar en los años por venir. De hecho, en lo que respecta a recuperar las chispas de luz (o sea, hacer la labor sagrada del tikún), bien podría decirse que mientras más grandes sean las sombras que debe afrontar a lo largo de sus años, mayores serán las probabilidades de que sea grande su contribución a la reparación del mundo.

EJERCICIO 12

El próximo capítulo

Piense en su progresión espiritual por la vida y véala como capítulos de su autobiografía espiritual. No es necesario que escriba cada capítulo. A los efectos de este ejercicio, basta con dar a cada uno un título adecuado.

En el primero se describe la visión espiritual del mundo en la que usted nació. ¿Qué título le daría a ese capítulo? Piense en lo que sucedió después: ¿pasó por un período de rebelión? ¿Hubo una época en la que asumía más plenamente las creencias con las que nació? ¿Quizás encontró una comunidad alternativa que le permitió profundizar en la experiencia de su fe?

Su libro podría tener tres o diez capítulos, o tantos como sean necesarios para poder contar toda su historia. Sea cual sea la cantidad que elija, dé a cada uno un título y anótelo.

Luego, si todavía no lo ha hecho, añada al libro un último capítulo: sus aspiraciones espirituales, esperanzas y creencias acerca del futuro. Siéntase en libertad de definir el "futuro" como lo desee, haciendo un repaso imaginario del final de la vida y más allá. En sus manos está limitarse a darle un título a ese capítulo o tomar el tiempo que sea necesario para escribirlo.

Lecturas recomendadas

La bibliografía contiene todos los detalles de las publicaciones aquí enumeradas. En los resúmenes siguientes se incluyen las descripciones de los editores junto a los comentarios de los coautores de este libro. Los libros cuyo título se indica primero en inglés y luego en español entre corchetes solo están disponibles en su versión inglesa.

Aging as a Spiritual Practice: A Contemplative Guide to Growing Older and Wiser **[El envejecimiento como práctica espiritual: Una guía contemplativa para alcanzar la vejez con sabiduría], por Lewis Richmond.** El maestro Lewis Richmond afirma: "La vejez es la etapa culminante de una vida plena. Cuando llega el momento, podemos (aunque no siempre) asumir la vejez como una especie de derecho de nacimiento... En la actualidad, cada uno tiene que imaginarse y construir su propia expresión de la vejez, y buscar maneras de sacarla a la luz". El envejecimiento lleva consigo la pérdida y la ruptura de la identificación con su propio ego. El budismo, con su énfasis en la des-ilusión, ve el envejecimiento como un proceso que tiene el potencial de servirnos como camino espiritual.

Aging: The Fulfillment of Life [**El envejecimiento: Realización de la vida**]**, por Henri J. M. Nouwen y Walter J. Gaffney. En** este libro, los autores comparten pensamientos conmovedores e inspiradores sobre lo que el envejecimiento significa (y puede significar) para todos nosotros, independientemente de si nos encontramos en la juventud, la mediana edad o la vejez. Muestra cómo hacer que la tercera edad no sea una época de soledad, sino una fuente de esperanza, una forma de salir de la oscuridad hacia la luz. Nos recuerda la responsabilidad que tenemos de incorporar a los ancianos en el entramado de nuestras propias vidas y ayudarlos a volver a ser maestros para que ellos nos ayuden a reparar las conexiones fragmentadas entre las generaciones.

At Eighty Two: A Journal by May Sarton [**A los ochenta y dos: Un diario de May Sarton**]**.** La autora escribió este diario pocos años antes de su muerte, y en él busca un equilibrio entre las realidades de los días cada vez más difíciles de la poetisa-escritora y las meditaciones optimistas de una persona contemplativa. Reflejó en su crónica tanto lo mundano como lo sublime y es, al mismo tiempo, reveladora y generosa al narrar las frustraciones de la fragilidad física mientras su mente seguía siendo ágil y curiosa. Este libro, y todos los diarios anteriores de la autora, nos recuerdan que no es necesario experimentar ni describir ideas románticas de nuestras travesías para que la vida tenga significado.

Contemplative Aging: A Way of Being in Later Life [**El envejecimiento contemplativo: Una manera de ser en las etapas avanzadas de la vida**]**, por Edmund Sherman. Este** libro es para hombres y mujeres de más de sesenta años que desean experimentar una forma más pacífica y consciente del ser mediante prácticas contemplativas, y transcender las múltiples causas de sufrimiento inherentes a las etapas avanzadas de la vida.

El proyecto diciembre, por Sara Davidson. A los ochenta y cinco años, el rabino Zalman Schachter-Shalomi le pidió a la escritora Sara Davidson mantener con él una conversación continua sobre cómo podemos experimentar adecuadamente el último mes de la vida y ayudarnos a "no asustarnos por la perspectiva de morir". El libro ofrece una profunda sabiduría, caracterizada por la honestidad y la vulnerabilidad, e incluye ejercicios espirituales para ayudar al lector a experimentar un cambio radical ante su mortalidad.

A Deepening Love Affair: The Gift of God in Later Life [**Una relación que se intensifica: El don de Dios en las etapas avanzadas de la vida**], por Jane Marie Thibault. Este libro de Jane Thibault es para todo el que anhela algo más en su vida. Ese algo, afirma la autora, es el don de una relación íntima con Dios, que se puede recibir en cualquier etapa de la vida pero, según las observaciones y estudios de la autora, el anciano es el más indicado para entrar plenamente en una relación de ese tipo. El tema es el trabajo interior que debe realizar el adulto maduro en su vida espiritual. La autora está convencida de que Dios ha reservado lo mejor para el final.

Caer y levantarse: Una espiritualidad para la segunda mitad de la vida, por Richard Rohr. El autor comparte con nosotros su propio envejecimiento de una manera que nos ayuda a perder el miedo a ese proceso. Nos lleva a reconocer que, a medida que envejecemos, podemos despertar a los profundos misterios de la vida y las realidades que ni reconocíamos ni valorábamos en la juventud.

Finding Meaning in the Second Half of Life: How to Finally, Really Grow Up [**Encontrar sentido en la segunda mitad de la vida: Cómo madurar de una vez por todas**], por James Hollis. El autor trata de dar respuesta a la pregunta: "¿Qué significa en realidad ser un adulto en el mundo actual?". Cree que solo en la segunda mitad de la vida podemos llegar a conocer de veras quiénes somos y crear así una vida con sentido. Ofrece un importante puente para pasar esa etapa crítica del desarrollo del adulto.

The Five Stages of the Soul [**Las cinco etapas del alma**], por Harry R. Moody y David Carroll. Los autores nos llevan a una emocionante exploración de las transiciones espirituales por las que pasamos a medida que envejecemos (desde la crisis de la mediana edad hasta la búsqueda del propósito interior) y las abundantes posibilidades que ofrecen de realización en la travesía por la vida. Mediante una combinación de psicología, religión, mitología y literatura, Moody describe las transiciones de un sinnúmero de personas de todo el país, que han pasado por las cinco etapas del despertar espiritual que son comunes para todos: el Llamamiento, la Búsqueda, la Lucha, el Logro y, por último, el Regreso. Ofrece a los lectores una hoja de ruta detallada de su búsqueda de significado y autodescubrimiento.

From Age-ing to Sage-ing: A Profound New Vision of Growing Older [**De la madurez a la sabiduría: Una nueva y profunda visión del envejecimiento**], por Zalman Schachter-Shalomi. En este libro del respetado rabino Zalman Schachter-Shalomi, ya fallecido, se combinan la espiritualidad, el fundamento espiritual y la aplicación práctica. Ante sus propios miedos relacionados con la vejez, el rabino emprendió una búsqueda de visión en la que encontró la ayuda y la sabiduría de eruditos sufíes, maestros budistas, investigaciones sobre el cerebro y la mente y chamanes nativos norteamericanos. El libro rebosa de sabor, inspiración y vida. Pero nos recuerda que todo esto tiene un precio y que es importante hacer las paces con la idea de la muerte y su proceso, dado que nuestros temores en relación con la vejez se basan en nuestros sentimientos sin procesar sobre la mortalidad.

A Generation of Seekers: The Spiritual Journeys of the Baby Boom Generation [**Una generación de buscadores: Los viajes espirituales de la generación de la explosión demográfica**], por Wade Clark Roof. En esta obra se examina de manera reveladora la "cultura de la generación de posguerra" y su búsqueda de significado y valores en un mundo complejo. Los que pertenecemos a esa generación fuimos sacudidos espiritualmente por los años sesenta del siglo pasado, sentimos las réplicas de esos temblores en los setenta y, por el simple hecho de ser tan numerosos, hemos seguido siendo un poderoso instrumento de cambio social. Roof nos describe el trasfondo de todo esto y lo coloca en una perspectiva sociológica.

El don de los años: Saber envejecer, por Joan Chittister. La hermana Joan Chittister tiene muy claros los desafíos y las posibilidades inherentes al envejecimiento. Su capítulo sobre "El arrepentimiento" es lectura obligada para todos los que tengamos cuentas pendientes con el pasado. Joan escribe: "La idea de lo que hubiera podido ser nos carcome el centro del corazón. Finge ser como una reflexión, un recuento de los años. Pero, muy en el fondo, da más una idea de fracaso que de comprensión. (...) La lamentación es una tentación. Nos tienta a anhelar lo que nunca fue en el pasado en lugar de aportar nueva energía a nuestro presente cambiante".

Hymns to an Unknown God: Awakening the Spirit in Everyday Life [**Himnos a un Dios desconocido: El despertar del espíritu en la vida cotidiana**], por Sam Keen. Este clásico fue escrito cuando el autor tenía más de sesenta años. Reta al lector a cuestionar todos los aspectos de su vida e identidad, construidos a lo largo de los años, y abrirse a los misterios y posibilidades de una realidad más amplia. Keen escribe: "Gran parte de la agitación de mi vida se debe a la lucha por convertir en realidad alguna fantasía o ideal poco adecuado a mi ser. (...) Pero de pronto, mis perspectivas cambian y acepto lo que antes era problemático. Veo mi historia, a mis padres, mi tipo corporal, mi extraño interés por hacer preguntas, y mi mente inquieta e inquietante como mi destino. Lo que era una herida se transforma en un don".

Life Gets Better: The Unexpected Pleasures of Growing Older [**La vida mejora: Los placeres inesperados de la tercera edad**]**,** por Wendy Lustbader. Esta gran colección de relatos sobre los hombres y mujeres con quienes ha trabajado la autora rebosa de sabiduría y nos ofrece valiosas reflexiones a través de su experiencia vivida. Aunque Lustbader es una profesional consumada, ello no la hace menos humana. La empatía y la compasión de Wendy por sus clientes nos hacen abrir los ojos al carácter especial de nuestro sufrimiento humano común y a las posibilidades de trascendencia.

The Measure of My Days: One Woman's Vivid, Enduring Celebration of Life and Aging [**La medida de mis días: Una celebración vívida y perdurable de la vida y el envejecimiento de una mujer**]**,** por Florida Scott-Maxwell. Florida, que también tiene más de ochenta años, emprende una búsqueda profunda y sincera del sentido de su vida en la vejez y triunfa en su intento. Como analista junguiana, escribe: "El envejecimiento me desconcierta. Pensé que sería más tranquilo. Mi séptima década fue interesante y bastante serena, pero la octava está llena de pasión. Me vuelvo más intensa a medida que envejezco". Esto tiene su lado sombrío, como afirma la escritora: "También encontramos que, a medida que pasa el tiempo, tenemos más vitalidad de lo que parece conveniente, o incluso soportable". Florida nos muestra, en fin, la forma de volvernos "tenaces ante la realidad".

Pilgrimage into the Last Third of Life: 7 Gateways to Spiritual Growth [**Peregrinaje a la última etapa de la vida: Siete puertas hacia el crecimiento espiritual**], por Jane Marie Thibault y Richard L. Morgan. La última etapa de la vida (a partir de los sesenta) plantea importantes dificultades que Thibault y Morgan sugieren que abordemos como peregrinaje. En sus meditaciones y preguntas reflexivas basadas en las escrituras se examinan siete tareas esenciales para vivir el último tercio de la vida intrépidamente y con propósito: encarar la vejez y la muerte, aprender a vivir con limitaciones, hacer el trabajo interior, vivir en comunidad, oración y contemplación, ser redimidos por la pérdida y el sufrimiento, y dejar un legado.

Remembering Your Story: Creating Your Own Spiritual Autobiography [**Recuerde su historia: Cómo crear su propia autobiografía espiritual**], por Richard L. Morgan. Este libro ofrece a los lectores de todas las edades una manera de crear sus autobiografías espirituales. Es un recurso útil para grupos pequeños y para individuos. Propone diez semanas de estudio que incluyen temas como: la historia de la vida, la recuperación de relatos de la infancia, las relaciones familiares, relatos que conectan a las generaciones y la sanación de los recuerdos.

The Return of the Prodigal Son: A Story of Homecoming [**El regreso del hijo pródigo: La vuelta a casa**], por Henri Nouwen. En su calidad de sacerdote católico y erudito, Nouwen desciende a las trincheras de las relaciones familiares. Mira su propia vida a través de múltiples lentes simbólicos, por ejemplo, mediante la identificación con los hermanos mayores y menores, con el padre y el hijo. El libro se basa al mismo tiempo en la parábola cristiana del hijo pródigo y en la pintura de Rembrandt que, según la describe el *New Oxford Review,* nos revela "la terrible verdad de la transformación a la que nos llama".

Second Journeys: The Dance of Spirit in Later Life [**Los segundos viajes: La danza del espíritu en etapas avanzadas de la vida**], editado por Bolton Anthony. Los treinta y ocho ensayos de esta antología, incluido uno de Carol Orsborn, abarcan muy diversos temas tratados por importantes autores del movimiento por el envejecimiento consciente. Entre ellos figuran: "Los segundos viajes", "El envejecimiento como práctica espiritual", "El servicio desde el Espíritu", y "Ritos de transición hacia la vejez". Bolton Anthony, de SecondJourney.org, fue el editor principal, y los otros editores fueron Ron Pevny, Ellen B. Ryan, Claudia Moore y Randy Morris.

Spiritual Marketplace: Baby Boomers and the Remaking of American Religion [**El mercado espiritual: Los hijos de la explosión demográfica y la reformulación de la religión en Estados Unidos**], por Wade Clark Roof. El autor volvió a entrevistar a personas de la mediana edad que habían participado en el estudio que lo llevó a escribir *A Generation of Seekers* [Una generación de buscadores]. Percibió un alejamiento de la religión según se entiende tradicionalmente hacia enfoques más diversos y creativos. Encontró un singular conjunto de valores espirituales y describió el surgimiento de cinco subculturas entre las personas mayores pertenecientes a la generación de posguerra: los dogmáticos, los cristianos renacidos, los creyentes convencionales, los creyentes y buscadores metafísicos y los secularistas.

Spirituality and Aging [**La espiritualidad y el envejecimiento**], por Robert C. Atchley. Este libro incorpora materiales de dos décadas de entrevistas, observaciones, estudio y reflexión para ilustrar formas de pensamiento y debates sobre la espiritualidad, es decir, en qué consiste, por qué es importante, y cómo influye en la experiencia del envejecimiento. Ofrece una perspectiva matizada de la espiritualidad y de la riqueza que aporta a las vidas de los ancianos.

Staring at the Sun: Overcoming the Dread of Death [**De cara al sol: Cómo superar el miedo a la muerte**], por Irvin D. Yalom. Aunque esta influyente obra del psicoterapeuta Irvin Yalom no es técnicamente un libro sobre el envejecimiento, sí revela cómo el conocimiento de nuestra propia mortalidad afecta a la mente inconsciente de cada ser humano en cada etapa de la vida y se hace especialmente agudo en la vejez. Yalom, que tenía más de setenta años cuando escribió este libro, nos enseña que la negación de la muerte es la raíz de nuestro miedo, estrés y depresión. Adapta palabras de Nietzsche para resumir el camino a la trascendencia: "Si quieres volverte sabio, primero tendrás que escuchar a los perros salvajes que ladran en tu sótano".

The Three Secrets of Aging: A Radical Guide [**Los tres secretos del envejecimiento: una guía radical**], por John C. Robinson. Este influyente librito del ministro interdenominacional John Robinson va incluso más allá de describir el envejecimiento como sendero espiritual. Robinson afirma que el propio envejecimiento puede ser una experiencia mística. Considera que la revolución de la longevidad representa una etapa totalmente nueva de la evolución: una transformación del yo y de la consciencia, y una revelación de un mundo nuevo y sagrado. "El propósito del envejecimiento no es enfermar y morir miserablemente, sino transformar progresivamente el yo y la consciencia, de manera que podamos volver a descubrir el Cielo en la Tierra", escribe Robinson.

Who Am I . . . Now That I'm Not Who I Was? Conversations with Women in Mid-Life and the Years Beyond [**¿Quién soy, ahora que he dejado de ser quien era? Conversaciones con mujeres en la mediana edad y los años posteriores**], por Connie Goldman. La autora, a sus más de ochenta años, entrevistó a ochenta mujeres entre las edades de cincuenta y dos y ochenta y siete años, que nos ofrecen extraordinarios ejemplos a seguir de autoaceptación y envejecimiento con elegancia. Pero la propia voz de Connie es la que transmite el mensaje central: que el envejecimiento no solo es una oportunidad de acumular años, sino de volvernos íntegros. Una cita de la introducción: "El viaje entre lo que usted fue y en lo que ahora se está convirtiendo es donde realmente ocurre la danza de la vida".

Winter Grace: Spirituality and Aging [**Gracia invernal: La espiritualidad y el envejecimiento**], por Kathleen Fischer. En su introducción, Fischer escribe: "La edad avanzada nos lleva a la esencia de la paradoja central cristiana de la muerte y la resurrección. Al vivir las pautas de ese misterio es que las personas descubren la gracia del invierno de la vida y la comparten con todos nosotros".

Notas

PREFACIO. LLAMAMIENTO A DAR UN SALTO DE FE

1. Rilke, *Cartas a un joven poeta,* 35.

CAPÍTULO 1. EL ENVEJECIMIENTO COMO SENDERO HACIA LA MADUREZ ESPIRITUAL

1. Cumming y Henry, *Growing Old.*
2. Ibid.
3. Havighurst y Albrecht, *Older People;* Lemon, Bengtson, y Peterson, "An Exploration of the Activity Theory of Aging", 511–23.
4. Maddox, "Disengagement Theory", 80–83.
5. Becker, *The Denial of Death.*
6. Nouwen y Gaffney, *Aging.*
7. Jacoby, *Never Say Die,* 190–92.
8. Erikson, *The Life Cycle Completed,* 61–66.
9. Eliot, "The Four Quartets", 117.
10. Rilke, *Cartas a un joven poeta,* 18–19.
11. Ibid., 34–35.
12. Larson, *The Far Side Gallery 2,* 14.
13. Rumi, "Casa de huéspedes", 109.
14. Lynch, *Christ and Apollo,* 27–33.

CAPÍTULO 2. NUESTRAS BIOGRAFÍAS ESPIRITUALES

1. Puhl, *The Spiritual Exercises of St. Ignatius.*

2. Goldman, en una conversación privada en la conferencia anual de 2011 de la Sociedad Estadounidense sobre el Envejecimiento, cita indirecta de su libro *Who Am I . . . Now That I'm Not Who I Was?*

CAPÍTULO 3. LA GUÍA DEL BUSCADOR ESPIRITUAL

1. Rabino Nathan Siegel, sermón de Rosh Hashaná en el Centro Comunitario Judío del Condado de Marin, 1991.

2. Puhl, *The Spiritual Exercises of St. Ignatius,* 141–50.

3. Maimónides, *Guía de perplejos o descarriados.*

4. Hollis, *Finding Meaning in the Second Half of Life.*

CAPÍTULO 4. ¿QUÉ ES LA MADUREZ ESPIRITUAL?

1. Orsborn, diario privado, 2012, citada indirectamente en Orsborn, *Fierce with Age,* 201–2.

2. Finley, cita indirecta de la meditación y la charla sobre Meister Eckhardt, en la noche del 19 de julio de 2012 en la comunidad católica de Santa Mónica, en Los Ángeles.

3. Mello, *Caminar sobre las aguas,* 83.

4. Young-Eisendrath y Miller, *The Psychology of Mature Spirituality.*

5. Erikson, *The Life Cycle Completed,* 61–66.

6. Kula y Loewenthal, *Yearnings.*

7. Merton, *No Man Is an Island,* 133.

8. Feinstein y Krippner, *The Mythic Path* and *Personal Mythology.*

9. Bridges, *Transitions,* 119.

10. Rizzuto, *The Birth of the Living God.*

11. Puhl, *The Spiritual Exercises of St. Ignatius,* 154–56.

12. Cox, entrevistado por Allis en "Finding Their Religion".

13. Steinfels, "Charting the Currents of Belief for the Generation that Rebelled".

14. Roof, *Spiritual Marketplace,* texto de la contraportada.

15. Ibid.

16. Carlin, citado en la sección Wit & Wisdom, *The Week,* 10 de febrero de 2012, 17.

17. Mello, *Caminar sobre las aguas,* 83.

18. MacMurray, citado por Barry, SJ, en "The Kingdom of God and Discernment", 157.

19. Smull y Orsborn, *The Silver Pearl.*

20. Haronian, "The Repression of the Sublime", 51–62.

21. Ibid.

22. Ibid.

CAPÍTULO 5. ¿QUÉ ES EL DESPERTAR ESPIRITUAL?

1. Comunicación personal.

2. Thomas, "Do not go gentle into that good night".

3. Faulkner, "The Bear", *The Saturday Evening Post,* 9 de mayo de 1942.

4. Unamuno, BrainyQuote.com, https://www.brainyquote.com/quotes /quotes/m/migueldeun106560,html (consultado el 27 de abril de 2015).

5. Rinpoche, citado por Yalom en *Staring at the Sun,* 155.

6. Lessing, citado por Orsborn en *The Art of Resilience,* 6.

7. Merton, *The Silent Life,* Farrar, Strauss y Giroux, editores, 127–44.

8. Gunn, *Journey to Emptiness.*

9. Farrer-Halls, *The Illustrated Encyclopedia of Buddhist Wisdom,* 7.

10. McCartney, "Let It Be".

11. Wilhelm y Baynes, *The I Ching.*

12. Friedman, conversación privada, 2011, y "Shever v'Tikkun/Shattering and Repair".

13. Ibid.

14. Ibid.

15. Merton, *The Silent Life,* Farrar, Strauss y Giroux editores, 127–44.

16. Kohut y Wolf, "The Disorders of the Self and Their Treatment", 55.

17. Ibid.

18. Nouwen, "Being the Beloved" ("Ser el ser querido)", sermón dictado en

la Catedral de Cristal de Robert Schuller, en Garden Grove, California, 22 de noviembre de 2012.

19. Chittister, *El don de los años,* 5.

20. Midler, "What I Know Now".

21. Chittister, *El don de los años,* 3.

22. Ibid.

CAPÍTULO 6. ¿QUÉ ES LA LIBERTAD?

1. Dullea, "Enough is Enough for Ex-Superwoman".

2. Malraux, *The Walnut Trees of Altenburg,* 74.

3. Hollis, *Finding Meaning in the Second Half of Life,* 29.

4. Ibid., 40.

5. Ibid.

6. Short, *The Gospel According to Peanuts,* 86.

7. Unamuno, BrainyQuote.com, www.brainyquote.com/quotes/quotes /m/migueldeun106560,html (consultado el 27 de abril de 2015).

8. Spielberg, *Caballo de batalla.*

9. Claudel, citado por Cowley en *The View from 80,* 17.

10. Robinson, *The Three Secrets of Aging,* 65–66.

11. Orsborn, *The Art of Resilience,* 209.

12. Feinstein y Krippner, *Personal Mythology,* citados por Smull y Orsborn en *The Silver Pearl,* 219.

CAPÍTULO 7. ¿CÓMO PODEMOS LLEGAR A SER NOSOTROS MISMOS CON MAYOR PLENITUD?

1. Camus, citado en la sección Wit & Wisdom, *The Week,* 1º de noviembre de 2013, 15.

2. Santayana, citado en la sección Wit & Wisdom, *The Week,* 1º de noviembre de 2013, 15.

3. Roosevelt, citado en la sección Wit & Wisdom, *The Week,* 1º de noviembre de 2013, 15.

4. Weber, "Unraveling Projective Identification and Enactment", 71–83.

5. Goldman, en una conversación privada en la conferencia anual de 2011

de la Sociedad Estadounidense sobre el Envejecimiento, cita indirecta de su libro: *Who Am I . . . Now That I'm Not Who I Was?*

6. Keen, *Hymns to an Unknown God,* citado en Orsborn, *Fierce with Age,* 201–2.

7. Levinson, *The Seasons of a Man's Life,* 59–60.

8. Finley, cita indirecta de la meditación y la charla sobre Meister Eckhardt, en la noche del 19 de julio de 2012 en la comunidad católica de Santa Mónica, en Los Ángeles.

9. Ibid.

CAPÍTULO 8. ¿QUÉ VALOR TIENE LA TERCERA EDAD PARA LA SOCIEDAD?

1. Moody, "Conscious Aging".

2. Erikson, *Wisdom and the Senses,* 187.

3. Erikson, *The Life Cycle Completed,* 61–66.

4. Moody, "Conscious Aging".

5. Merton, *The Seven Story Mountain,* 347.

6. Ibid., 362.

7. Senior, *The Joys of Getting Older,* citas de contraportada.

8. Leiber y Stoller, "Is That All There Is?". Grabación publicada por Peggy Lee, 1969.

9. Lustbader, *Life Gets Better.*

10. Thibault, "Aging as a Natural Monastery", 5.

11. Merton, *No Man is an Island,* 133.

12. Finley, *El palacio del vacío de Merton,* 51.

13. Weiselter, *Kaddish,* 226.

14. Orsborn, diario personal, 1997.

15. Thibault, "Aging as a Natural Monastery", citada indirectamente en su alocución en la conferencia anual de 2011 de la Sociedad Estadounidense sobre el Envejecimiento, 13 de marzo de 2014.

16. Lavelle, *The Dilemma of Narcissus,* 102–5.

17. Sarton, "Riches Made of Loss", en *Collected Poems: 1930–1973,* 409–10.

18. Robinson, *The Three Secrets of Aging,* 60.

19. Ibid.

20. Gordon, "In-the-Moment Connecting with Dementia Patients Reaps Rewards", 11.

21. Underhill, *The Mystic Way,* 4–5.

22. Niebuhr, citado en *Grapevine,* 6–7.

CONCLUSIÓN. DE LA MEDIANA EDAD AL MÁS ALLÁ

1. Farrow, citada en la sección Wit & Wisdom, *The Week,* 18 de octubre de 2013, 17.

2. Vanier, *Community and Growth,* 140–41.

3. Teilhard de Chardin, "Prayer for the Grace to Age Well", 178.

APÉNDICE. DOCE EJERCICIOS PARA BUSCADORES ESPIRITUALES

1. Rogala y Orsborn, *Trust, Inc.*

2. Baynes y Wilhelm, *The I Ching.*

3. Chittister, *El don de los años,* 4.

Bibliografía

Abrams, M. H., editor. *The Norton Anthology of English Literature.* Vol. 2. Nueva York: W. W. Norton & Company, 1962.

Achenbaum, W. Andrew. *Crossing Frontiers.* Nueva York: Cambridge University Press, 1995.

———. *Old Age in the New Land.* Baltimore, Maryland: Johns Hopkins University Press, 1978.

———. *Old Americans, Vital Communities.* Baltimore, Maryland: Johns Hopkins University Press, 2005.

———. *Dr. Robert N. Butler: Visionary of Healthy Aging.* Nueva York: Columbia University Press, 2013.

———. *Shades of Gray: Old Age, American Values, and Federal Policies since 1920.* Boston: Little Brown, 1983.

———. *Social Security: Visions and Revisions.* Nueva York: Cambridge University Press, 1986.

Anthony, Bolton. *Second Journeys: The Dance of Spirit in Later Life.* Chapel Hill, Carolina del Norte: Second Journeys Publications, 2013.

Atchley, Robert C. *Spirituality and Aging.* Baltimore, Maryland: Johns Hopkins University Press, 2009.

Barks, Coleman, y John Moyne, traductores. *The Essential Rumi.* San Francisco: HarperSanFrancisco, 1995.

Barry, William, SJ "The Kingdom of God and Discernment". *America* 57(7) (1987): 157.

Becker, Ernst. *The Denial of Death*. Nueva York: Free Press, 1973.

Bridges, Bill. *The Way of Transition: Embracing Life's Most Difficult Moments*. Reimpresión, Nueva York: De Capo Press, 2001.

———. *Transitions: Making Sense of Life's Changes*. Nueva York: Perseus Book Publishing, 1980.

Campbell, Joseph. *The Hero with a Thousand Faces*. San Rafael, California: New World Library, 2008.

Camus, Albert. Citado en la sección Wit & Wisdom, *The Week* 13(641) (1 de noviembre de 2013): 15.

Carlin, George. Citado en la sección Wit & Wisdom, *The Week* 12(552) (10 de febrero de 2012): 17.

Carlson, Richard. *Don't Sweat the Small Stuff and It's All Small Stuff: Simple Ways to Keep the Little Things from Taking Over Your Life*. Nueva York: Hyperion, 1996.

Chittister, Joan. *El don de los años: Saber envejecer*. Santander, España: Sal Terrae, 2009.

Cowley, Malcolm. *The View from 80*. Nueva York: Viking Press, 1980.

Cox, Harvey. Entrevistado por Sam Allis in "Finding Their Religion". Home/Lifestyle, *The Boston Globe,* 3 de junio de 2011.

Cumming, Elaine, and William E. Henry. *Growing Old: The Process of Disengagement*. Nueva York: Basic Books, 1961.

Davidson, Sara. *The December Project: An Extraordinary Rabbi and a Skeptical Seeker Confront Life's Greatest Mystery*. Nueva York: HarperOne, 2014.

Dullea, Georgia. "Enough is Enough for Ex-Superwoman", *New York Times*, 15 de noviembre de 1985.

Eliot, T. S. "The Four Quartets". En *T.S. Eliot: The Complete Poems and Plays, 1909–1950*. Nueva York: Harcourt, Brace and World, 1952.

Erikson, Erik H. *The Life Cycle Completed: A Review*. Nueva York: W. W. Norton & Company, 1982.

Erikson, Joan M. *Wisdom and the Senses: The Way of Creativity*. Nueva York: W. W. Norton & Company, 1988.

Farrer-Halls, Gill. *The Illustrated Encyclopedia of Buddhist Wisdom*. Wheaton, Illinois: Theosophical Publishing House, 2000.

Farrow, Mia. Citada en la sección Wit & Wisdom, *The Week* 13(639) (18 de octubre de 2013): 17.

Faulkner, William. "The Bear", *The Saturday Evening Post*, 9 de mayo de 1942.

Feinstein, David, y Stanley Krippner. *The Mythic Path: Discovering the Guiding Stories of Your Past—Creating a Vision for Your Future.* Nueva York: Jeremy P. Tarcher, 1997.

———. *Personal Mythology: The Psychology of Your Evolving Self.* Los Ángeles: Jeremy P. Tarcher, 1988.

Finley, James. *El palacio del vacío de Merton: Encontrar a Dios y despertar al verdadero yo.* Santander, España: Sal Terrae, 2014.

Fischer, Kathleen. *Winter Grace: Spirituality and Aging.* Nashville: Upper Room Books, 1998.

Friedman, Dayle (rabina). "Shever v'Tikkun/Shattering and Repair: Lessons from the Journey of Aging". Disponible en línea (en inglés) en http://zeek.forward.com/articles/117413.

Goldman, Connie. *Who Am I . . . Now That I'm Not Who I Was? Conversations with Women in Mid-Life and the Years Beyond.* Minneapolis, Minnesota: Nodin, 2009.

Gordon, Nancy. "In-the-Moment Connecting with Dementia Patients Reaps Rewards". *Aging Today,* publicación *bimensual de la Sociedad Estadounidense sobre el Envejecimiento*, 30 de mayo de 2013.

Guigo I. I. *Ladder of the Monks and Twelve Meditations.* Spencer, Massachusetts: Cistercian Publications, 1979.

Gunn, Robert Jingen. *Journey to Emptiness: Dogen, Merton, Jung and the Quest for Transformation.* Mahwah, Nueva Jersey: Paulist Press, 2000.

Haronian, Frank. "The Repression of the Sublime". *Synthesis* 1(1) (1974): 51–62.

Harter, Michael, SJ, editor. *Hearts on Fire: Praying with Jesuits.* Chicago: Loyola Press. 2004.

Havighurst, Robert J., y Ruth Albrecht. *Older People.* Nueva York: Longmans, Green, and Company, 1953.

Havighurst, Robert J., Bernice L. Neugarten, y Sheldon S. Tobin. "Disengagement and Patterns of Aging". En *Middle Age and Aging:*

A Reader in Social Psychology, editado por Bernice L. Neugarten. Chicago: The University of Chicago Press, 1968.

Heschel, Abraham Joshua. *I Asked for Wonder.* Nueva York: Charles Scribner, 1954.

———. *Man's Quest for God*, Nueva York: Charles Scribner, 1954.

———. *A Passion for Truth.* Woodstock, Vermont: Jewish Lights, 1995.

Hollis, James. *Finding Meaning in the Second Half of Life: How to Finally, Really Grow Up.* Nueva York: Gotham Books, 2005.

Jacoby, Susan. *Never Say Die: The Myth and Marketing of the New Old Age.* Nueva York: Pantheon Books, 2011.

Kabat-Zinn, Jon. *Wherever You Go, There You Are: Mindfulness Meditation in Everyday Life.* Nueva York: Hyperion, 2005.

Keen, Sam. *Hymns to an Unknown God: Awakening the Spirit in Everyday Life.* Reimpresión, Nueva York: Bantam Books, 1995.

Kohut, Heinz, y Ernest S. Wolf. "The Disorders of the Self and Their Treatment". In *Curative Factors in Dynamic Psychotherapy,* editado por Samuel Slipp, 44–59. Nueva York: McGraw-Hill, 1982.

Kubler-Ross, Elisabeth, e Ira Byock. *On Death and Dying: What the Dying Have to Teach Doctors, Nurses, Clergy and Their Own Families.* Nueva York: Scribner, 1969.

Kula, Irwin, y Linda Loewenthal. *Yearnings: Embracing the Sacred Messiness of Life.* Nueva York: Hyperion, 2006.

Kuner, Susan, Carol Orsborn, Linda Quigley, y Karen Stroup. *Speak the Language of Healing: Living with Breast Cancer without Going to War.* Prefacio por la Dra. Jean Shinoda Bolen. Berkeley, California: Conari Press, 1997.

Larson, Gary. *The Far Side Gallery 2.* Nueva York: Andrews, McMeel & Parker, 1986.

Lavelle, Louis. *The Dilemma of Narcissus.* Burdett, Nueva York: Larson Publications, 1993.

Leiber, Jerry, y Mike Stoller. "Is That All There Is?". Grabación publicada por Peggy Lee, 1969.

Lemon, B. W., V. L. Bengtson, y J. A. Peterson. "An Exploration of the Activity Theory of Aging: Activity Types and Life Satisfaction among

In-Movers to a Retirement Community". *Journal of Gerontology* 27(4) (1972): 511–23.

Levinson, Daniel, con Charlotte Darrow, Edward Klein, Maria Levinson, y Braxton McKee. *The Seasons of a Man's Life*. Nueva York: Alfred A. Knopf, 1978.

Lustbader, Wendy. *Life Gets Better: The Unexpected Pleasures of Growing Older*. Nueva York: Jeremy P. Tarcher, 2011.

Lynch, William F., SJ *Christ and Apollo: The Dimensions of the Literary Imagination*. Nueva York: Sheed & Ward, 1960.

Maddox, G. L. "Disengagement Theory: A Critical Evaluation". *The Gerontologist* 2 (1964): 80–83.

Maimónides, Moisés. *Guía de perplejos o descarriados*. Barcelona, España: Ediciones Obelisco, 2010.

Malraux, Andre. *The Walnut Trees of Altenburg*. Chicago: Chicago University Press, 1992.

Martin, James, SJ. *Between Heaven and Mirth: Why Joy, Humor, and Laughter Are at the Heart of the Spiritual Life*. San Francisco: HarperOne, 2011.

May, Rollo. *The Courage to Create*. Nueva York: W. W. Norton & Company, 1975.

———. *Freedom and Destiny*. Nueva York: W. W. Norton & Company, 1981.

———. *Love and Will*. Nueva York: W. W. Norton & Company, 1969.

McCartney, Paul. *Let It Be,* Apple Records. Grabado en 1969.

Mello, Anthony de. *Caminar sobre las aguas*. Navarra, España: Editorial Verbo Divino, 1994.

Merton, Thomas. *No Man Is an Island*. Nueva York: Image/Doubleday, 1955.

———. *The Seven Storey Mountain*. Nueva York: Harcourt, 1948.

———. *The Silent Life*. Nueva York: Dell, 1957, y Nueva York: Farrar, Strauss y Giroux, 1999.

Midler, Bette "What I Know Now", *AARP The Magazine,* edición en línea, 21 de septiembre de 2012, www.aarp.org/entertainment /movies-for-grownups/info-09-2012/bette-midler-shares-life-lessons .html (consultado el 28 de mayo de 2015).

Moody, Harry R. *Abundance of Life: Human Development Policies for an Aging Society*. Nueva York: Columbia University Press, 1988.

———. *Aging: Concepts and Controversies,* séptima edición. Woburn, Massachusetts: Sage Publications, 2011.

———. "Conscious Aging: A New Level of Growth in Later Life". Boletín del Instituto por los Valores Humanos en el Envejecimiento, 2000.

———. *Ethics in an Aging Society*. Baltimore, Maryland: Johns Hopkins University Press, 1992.

Moody, Harry R., y David Carroll. *The Five Stages of the Soul*. Nueva York: Anchor Books, 1997.

Morgan, Richard L. *Remembering Your Story: Creating Your Own Spiritual Autobiography*. Nashville, Tennessee: Upper Room Books, 2002.

Neugarten, Bernice L., editor. *Middle Age and Aging: A Reader in Social Psychology*. Chicago: The University of Chicago Press, 1968.

Niebuhr, Reinhold. Citado en *Grapevine: The International Journal of Alcoholics Anonymous,* enero de 1950, 6–7.

Nouwen, Henri J. M. *The Return of the Prodigal Son: A Story of Homecoming*. Nueva York: Image Books, 1994.

Nouwen, Henri J. M., y Walter J. Gaffney. *Aging: The Fulfillment of Life*. Nueva York: Image Books, 1976.

Orsborn, Carol. *The Art of Resilience: 100 Paths to Wisdom and Strength in an Uncertain World*. Nueva York: Three Rivers Press, 1997.

———. *Enough is Enough: Exploding the Myth of Having it All*. Nueva York: Putnam, 1986.

———. *Fierce with Age: Chasing God and Squirrels in Brooklyn*. Nashville, Tennessee: Turner Publishing, 2013.

———. *Nothing Left Unsaid: Words to Help You and Your Loved Ones through the Hardest Time*. Berkeley, California: Conari Press, 2001.

———. *Solved by Sunset: The Self-Guided Intuitive Decision-Making Retreat*. Nueva York: Harmony, 1996 y Nueva York: Crown, 1997.

Puhl, Louis J., SJ. *The Spiritual Exercises of St. Ignatius*. Chicago: Loyola University Press, 1951.

Richmond, Lewis. *Aging as a Spiritual Practice: A Contemplative Guide to Growing Older and Wiser*. Nueva York: Gotham Books, 2012.

Rilke, Rainer Maria. *Cartas a un joven poeta*. Madrid (España): Alianza Editorial, 2012.

Rizzuto, Ana-Marie. *The Birth of the Living God: A Psychoanalytic Study*. Chicago: University of Chicago Press, 1979.

Robinson, John C. *The Three Secrets of Aging: A Radical Guide*. Winchester, Reino Unido: O-Books, 2012.

Rogala, Judith, y Carol Orsborn. *Trust, Inc*. Chicago: Ampersand, 2005.

Rohr, Richard. *Caer y levantarse. Una espiritualidad para la segunda mitad de la vida*. Madrid, España: PPC Editorial, 2015.

Roof, Wade Clark. *A Generation of Seekers: The Spiritual Journeys of the Baby Boom Generation*. San Francisco: HarperSanFrancisco, 1994.

———. *Spiritual Marketplace: Baby Boomers and the Remaking of American Religion*. Princeton, Nueva Jersey: Princeton University Press, 1999.

Roosevelt, Eleanor. Citada en la sección Wit & Wisdom, *The Week* 13(641) (1º de noviembre de 2013): 15.

Rumi, "The Guest House" ("Casa de huéspedes"). en *The Essential Rumi*. Traducido al inglés por Coleman Barks y John Moyne. San Francisco: HarperSanFrancisco, 1995.

Santayana, Jorge. Citado en la sección Wit & Wisdom, *The Week* 13(641) (1º de noviembre de 2013): 15.

Sarton, May. *At Eighty-Two: A Journal*. Nueva York: Norton, 1996.

———. "Riches Made of Loss" en *Collected Poems: 1930-1973*. Nueva York: W. W. Norton & Company, 1974.

Schachter-Shalomi, Zalman. *From Age-ing to Sage-ing: A Profound New Vision of Growing Older*. Nueva York: Oxford University Press, 1997.

Schimmel, Solomon. *The Seven Deadly Sins: Jewish, Christian, and Classical Reflections on Human Psychology*. Nueva York: Oxford University Press, 1997.

Scott-Maxwell, Florida. *The Measure of My Days: One Woman's Vivid, Enduring Celebration of Life and Aging*. Nueva York: Penguin Books, 1968.

Senior, Thomas, y Cindy Senior. *The Joys of Getting Older*. Kansas City, Missouri: Andrews McMeel Publishing, 1999.

Sherman, Edmund. *Contemplative Aging: A Way of Being in Later Life*. Nueva York: Gordian Knot Books, 2010.

Short, Robert L. *The Gospel According to Peanuts*. Richmond, Virginia: John Knox Press, 1965.

Smull, Jimmy Laura, y Carol Orsborn. *The Silver Pearl: Our Generation's Journey to Wisdom*. Chicago: Ampersand, 2005.

Spielberg, Stephen. *Caballo de batalla*. 2011.

Steinfels, Peter. "Conversations/Wade Clark Roof: Charting the Currents of Belief for the Generation That Rebelled". *New York Times*, 30 de mayo de 1993, reseña semanal.

Teilhard de Chardin, Pierre. "Prayer for the Grace to Age Well". En Michael Harter, SJ, editor. *Hearts on Fire: Praying with Jesuits*. Chicago: Loyola Press, 2004.

Tennyson, Alfred, Lord. "Ulysses". En *The Norton Anthology of English Literature,* vol. 2., editado por M. H. Abrams, 736–37. Nueva York: W.W. Norton & Company, 1962.

Thibault, Jane Marie. "Aging as a Natural Monastery". *Aging & Spirituality, boletín del Foro sobre Religión, Espiritualidad y Envejecimiento de la Sociedad Estadounidense sobre el Envejecimiento*. San Francisco, 1996.

———. *A Deepening Love Affair: The Gift of God in Later Life*. Nashville, Tennessee: Upper Room Books, 1993.

Thibault, Jane Marie, y Richard L. Morgan. *Pilgrimage into the Last Third of Life: 7 Gateways to Spiritual Growth*. Nashville, Tennessee: Upper Room Books, 2012.

Thomas, Dylan. "Do not go gentle into that good night". En *In Country Sleep and Other Poems*. Nueva York: New Directions, 1952.

Underhill, Evelyn. *The Mystic Way*. Londres: Forgotten Books, 2013.

———. *Practical Mysticism: A Little Book for Normal People*. Nueva York: Dutton, 1943.

Vanier, Jean. *Community and Growth*. Mahwah, Nueva Jersey: Paulist Press, 1979/1989.

Weber, Robert. "Unraveling Projective Identification and Enactment". En *Complex Dilemmas in Group Therapy: Pathways to Resolution,* segunda edición, editado pot Lise Motherwell y Joseph J. Shay, 71–83. Nueva York: Routledge, 2014.

Weber, Robert, y Carol Orsborn. "The Question(s) of Age: Calling for a New Vision of Spiritual Aging". *Aging Today,* publicación *bimensual de la Sociedad Estadounidense sobre el Envejecimiento* (marzo-abril de 2013).

Weiselter, Leon. *Kaddish*. Nueva York: Alfred A. Knopf, 1998.

Wilhelm, Hellmut, editor, y Cary F. Baynes, traductora al inglés. *The I Ching*. Princeton, Nueva Jersey: Princeton University Press, 1967.

Yalom, Irvin D. *Staring at the Sun: Overcoming the Dread of Death*. San Francisco: Jossey-Bass, 2008.

Young-Eisendrath, Polly, y Melvin E. Miller. *The Psychology of Mature Spirituality: Integrity, Wisdom, Transcendence*. Philadelphia: Routledge, 2000.

Acerca de los autores

DR. ROBERT L. WEBER

El Dr. Robert (Bob) L. Weber fue jesuita y actualmente es profesor auxiliar de Psicología, a tiempo parcial, en el Departamento de Psicología de la Facultad de Medicina de Harvard. Fue galardonado en 2014 con el Premio del Foro sobre Religión, Espiritualidad y Envejecimiento de la Sociedad Estadounidense sobre el Envejecimiento, como reconocimiento de su liderazgo, a nivel local y nacional, en cuanto a la exploración del papel de la espiritualidad de la religión en el campo de los servicios relacionados con el envejecimiento.

Tras graduarse con mención honorífica de la Universidad de Princeton, Bob comenzó un programa de maestría en Pedagogía en la Universidad de Harvard. Después de su primer año de estudios y práctica del magisterio en ese programa, se incorporó a la Provincia de Nueva Inglaterra de la Compañía de Jesús, a los veintitrés años. Tras su noviciado de dos años como jesuita, Bob regresó a Harvard, terminó su título de maestría en Pedagogía, y luego comenzó y terminó con distinción una maestría de tres años en Divinidad, como parte de la preparación para ser ordenado como sacerdote.

Bob vivió, trabajó y se formó como jesuita durante casi diez años. Al cabo de ese tiempo, después de reflexionar mucho al respecto, decidió abandonar la orden. Posteriormente estudió un doctorado en Psicología Clínica en la Universidad de Temple en Filadelfia. Allí estudió con Diana Woodruff, profesora y protegida de James Birren, preeminente gerontólogo de la USC. Uno de los frutos de esos estudios fue su tesis de maestría en Psicología sobre el tema "Cambios de valores y ajuste en los ancianos".

Posteriormente, Bob se casó y regresó a Boston, donde terminó una pasantía predoctoral y una beca de investigación posdoctoral en la Facultad de Medicina de Harvard en el Hospital General de Massachusetts (MGH-HMS, sigla en inglés) y dio inicio a su carrera profesional como psicólogo.

En los años subsiguientes, Bob se metió de lleno en la teoría y la práctica psicoanalítica y psicodinámica, mientras dirigía el programa en grupo de la Facultad de Medicina de Harvard en el Hospital de Cambridge. Además, fue cofundador de un servicio de terapia en grupo, elaboró un nuevo programa de formación para la Sociedad de Psicoterapia en Grupo del Noreste (NSGP, sigla en inglés), y redactó el manual de capacitación de la Asociación Estadounidense de Terapia en Grupo (AGPA, sigla en inglés) y el Registro Nacional de Psicoterapeutas Certificados en Terapia de Grupo (NRCGP, sigla en inglés).

En medio de su quinta década de vida, Bob emprendió una travesía personal y profesional con la intención de integrar los tres hilos principales de su vida: la psicología, la espiritualidad y el envejecimiento. Al cabo de un tiempo, se hizo miembro activo de la Sociedad Estadounidense sobre el Envejecimiento y prestó servicio en el Consejo de Liderazgo del Foro sobre Religión, Espiritualidad y Envejecimiento. Comenzó a viajar por todos los Estados Unidos impartiendo charlas y talleres sobre espiritualidad, envejecimiento y salud mental.

En la Facultad de Psicología Profesional de Massachusetts (MSPP, sigla en inglés), Bob estableció una Conferencia sobre

Espiritualidad, Envejecimiento y Salud Mental, copatrocinada por el Centro de Salud Mental y Envejecimiento de la MSPP y su Centro de Psicoterapia y Espiritualidad. En este último, fue miembro de la Junta Consultiva. También prestó servicio con carácter consultivo al nuevo programa de divulgación espiritual de Servicios a la Tercera Edad de Somerville-Cambridge.

Junto con su colega, la Dra. Jane Marie Thibault, gerontóloga y Profesora Emérita de la Facultad de Medicina de la Universidad de Louisville (Kentucky), Bob estableció un sitio web y un blog (www.contemplAgeing.com) para divulgar ideas sobre la integración de la espiritualidad, el envejecimiento y la salud mental. También es coeditor, junto con Carol Orsborn, del sitio web basado en este libro: www.spiritualityofage.com.

DRA. CAROL ORSBORN

La Dra. Carol Orsborn obtuvo su doctorado en la Universidad de Vanderbilt, en los temas de la historia y la teoría crítica de la religión, en la especialidad de estudios rituales y desarrollo espiritual del adulto. Ha escrito más de veinticinco libros sobre el tema de la calidad de vida de las personas pertenecientes a la generación de posguerra, a medida que ese grupo humano ha pasado por múltiples etapas vitales en las últimas tres décadas. Su libro más reciente se titula *Fierce with Age: Chasing God and Squirrels in Brooklyn* [La tenacidad de los años: Tras Dios y las ardillas en Brooklyn], y es una memoria sobre el año turbulento en el que hizo la transición "al espacio indómito de los años posteriores a la mediana edad". Su obra original sobre la capacidad de adaptación, basada en su libro publicado por Random House *The Art of Resilience: One Hundred Paths to Wisdom and Strength in an Uncertain World* [El arte de la resiliencia: cien caminos de sabiduría y fortaleza en un mundo incierto], ha sido presentada a diversos clientes corporativos, como Walt Disney, la cadena televisiva ABC y Wellpoint.

Carol es fundadora y editora en jefe del sitio web de *Fierce with Age: The Digest of Boomer Wisdom, Inspiration & Spirituality* [Tenacidad de los años: Compendio de sabiduría, inspiración y espiritualidad para la generación de posguerra], www.fiercewithage .com, y directora ejecutiva de CoroFaith, una aplicación móvil sobre temas de salud que ofrece contenido espiritual adaptado a las características de personas de muy diversas religiones. Se ha convertido en una importante voz de su generación, al escribir blogs populares para Huffington Post, la página web de PBS "NextAvenue.org" y el sitio "BeliefNet.com". Además de sus escritos sobre la espiritualidad y el envejecimiento, Carol lleva un blog para lectores que comparten su concepto de volverse más tenaces con el paso de los años y que están interesados en sus charlas y en los retiros organizados por ella: www.carolorsborn.com. También es coeditora, junto con Bob Weber, del sitio web basado en este libro, www.spiritualityofage.com.

Carol ha impartido charlas ante diversas asociaciones y grupos empresariales, por ejemplo, en múltiples convenciones de la Asociación de Expositores de Libros, como uno de los presidentes de las sesiones de la Sociedad Estadounidense sobre el Envejecimiento, la Conferencia sobre el Envejecimiento Positivo, y muchas más. A menudo es entrevistada por la prensa y habla en nombre de su generación.

A finales de la década de los ochenta, Carol comenzó el grupo "Supermujeres Anónimas". Esta iniciativa tuvo impacto, lo que le mereció la cobertura del periódico *The New York Times,* y los programas de variedades *The Today Show* y *Oprah,* entre otros. La divulgación de la labor realizada por su organización, seguida por su primer libro, *Enough is Enough: Exploding the Myth of Having It All* [Basta ya: Rompamos el mito de tenerlo todo], tuvo el efecto de ayudar a poner en marcha el movimiento en pos de la sencillez y el equilibrio entre el trabajo y la vida. Le siguieron más de veinticinco libros, en los que se relataban las dificultades con que ha tropezado su generación de hombres y mujeres y los estereotipos que han debido superar en su transición desde que se hicieron padres y madres hasta la crisis de la mediana edad y los años posteriores.

Carol, graduada Phi Beta Kappa de la Universidad de California en Berkeley, recibió su Maestría en Estudios Teológicos de la Facultad de Divinidad de la Universidad de Vanderbilt. Ha realizado trabajos de posgrado en orientación espiritual en Stillpoint y el Centro de Espiritualidad de la Universidad de Mount St. Mary en Los Ángeles y en el Nuevo Seminario de Estudios Interreligiosos en Manhattan. Ha sido profesora de ética, liderazgo y resiliencia en la Universidad de Georgetown, en el Centro de Desarrollo del Liderazgo de la Universidad de Vanderbilt (Facultad Owen de Posgrado de Administración), la Universidad Loyola Marymount y el Programa de Doctorado en Liderazgo Organizativo de la Facultad de Posgrado en Educación y Psicología de la Universidad Pepperdine.

Carol es madre y abuela, y vive junto al río Cumberland en Madison (Tennessee), con su esposo, Dan, y sus perras, Lucky y Molly.

Invitación a mantenernos conectados

Invitamos al lector a visitar el sitio web de este libro,
www.SpiritualityofAge.com [en inglés],
donde encontrará:

- Enlaces a los blogs y actualizaciones de Bob Weber y Carol Orsborn
- Guías gratuitas de lectura y debate para los miembros del club de lectura
- Un calendario de próximas actividades
- Ejercicios espirituales
- Contacto con los autores en los medios sociales, como Facebook, Twitter y LinkedIn

Para obtener información sobre oportunidades de
participar en charlas y en retiros con los autores,
contacte a Bob Weber en la dirección:
Bob@SpiritualityofAge.com

También se le invita a que visite los sitios web personales de los autores, que aparecen en la página 246.

CAROL ORSBORN

www.FierceWithAge.com
(Compendio de sabiduría, inspiración y espiritualidad para la generación de posguerra)
Resumen mensual en línea gratuito y actualizaciones diarias de los mejores contenidos relacionados con la espiritualidad y el envejecimiento para la generación de posguerra

www.CarolOrsborn.com
Un blog personal de Carol Orsborn sobre el envejecimiento como sendero espiritual

Puede contactar a Carol Orsborn en la dirección:
Carol@fiercewithage.com

BOB WEBER

www.Contemplageing.com
El sitio web donde Jane Marie Thibault y Bob Weber llevan un blog, para divulgar ideas sobre la integración de la espiritualidad, el envejecimiento y la salud mental

Puede contactar a Bob Weber en la dirección:
Bob@SpiritualityofAge.com